新视野教师教育丛书·学科课程与教学系列

小学英语课程与教学论

主　编　詹丽芹　曹少卿
副主编　张　婷　余干龙　熊群红
　　　　秦自江　胡　恒

北京大学出版社
PEKING UNIVERSITY PRESS

内 容 简 介

《小学英语课程与教学论》是一本专为高等师范专科院校英语专业的学生编写的英语教学法教材，也可作为小学英语教师的继续教育和英语教师职业技能培训的教材。全书由三个部分共计十三章组成。第一部分课程理论篇包括四章，主要对我国小学英语课程进行了概述。第二部分是英语教学理论与实践篇共八章，主要对小学英语教学方法进行了归纳和总结，并配有丰富的教学案例。第三部分是教学科研篇，简单介绍了小学英语教师如何进行小学英语科研活动。全书结构清楚，内容通俗易懂，富有启发性。

图书在版编目(CIP)数据

小学英语课程与教学论/詹丽芹，曹少卿主编. —北京：北京大学出版社，2012.9
（新视野教师教育丛书·学科课程与教学系列）
ISBN 978-7-301-16278-1

Ⅰ. ①小… Ⅱ. ①詹… ②曹… Ⅲ. ①英语课－教学研究－小学 Ⅳ. ①G623.312

中国版本图书馆 CIP 数据核字（2012）第 190987 号

书　　　名：小学英语课程与教学论
著作责任者：詹丽芹　曹少卿　主编
策 划 编 辑：李　玥
责 任 编 辑：李　玥
标 准 书 号：ISBN 978-7-301-16278-1/G · 3492
出 版 发 行：北京大学出版社
地　　　址：北京市海淀区成府路 205 号　100871
网　　　址：http://www.pup.cn
电 子 信 箱：zyjy@pup.cn
电　　　话：邮购部 62752015　发行部 62750672　编辑部 62765126　出版部 62754962
印 刷 者：北京虎彩文化传播有限公司
经 销 者：新华书店
　　　　　787 毫米×1092 毫米　16 开本　15.75 印张　383 千字
　　　　　2012 年 9 月第 1 版　2022 年 8 月第 8 次印刷
定　　　价：33.00 元

未经许可，不得以任何方式复制或抄袭本书之部分或全部内容。
版权所有，侵权必究
举报电话：010-62752024　电子信箱：fd@pup.pku.edu.cn

前　　言

基础教育课程改革的全面推进，对中小学教师的素质提出了新的要求，同时也为高等师范院校的课程改革提供了历史契机。进入新世纪后，我国教师教育体系开始发生深刻的变化，师资培养从一元化走向多元化，体现出更加开放灵活的格局。为了适应这一宏观环境的变化，各高等师范院校在课程体系方面根据各自学校的实际情况进行了一系列的深入探索和实践。

"小学英语教学法"是师范类学生的必修课程，目前该课程的教材往往偏重理论体系的建构，教材中相应的教学案例较少，且针对性不强，现实性的指导较少，因而教学效果难以保证。

高等师范专科院校是培养小学教师的重要基地，要想成为一名合格的小学英语教师，不但要有系统的英语语言基本知识和基本技能，还要具有与英语学科相关的教育理论知识，并能够在相关理论的指导下运用好英语基本知识和基本技能，采用合适的教学方法与技巧，具有较强的课堂管理能力、教材驾驭能力和教学评价能力。

为了帮助小学英语教师和高等师范专科院校英语教育专业的学生达到此目的，我们组织了一批具有丰富教育理论、教学经验和教学能力的一线老师合作撰写了《小学英语课程与教学论》。

《小学英语课程与教学论》是专为高等师范专科院校英语专业的学生编写的英语教学法教材，也可作为小学英语教师的继续教育和英语教师职业技能培训的教材。本书以教育和外语教育理论为基础，遵循英语教学原则与规律，紧扣小学英语新课标的要求，力争做到理论性、科学性、实践性相结合，强调内容的可操作性，做到有利于促进英语教师的专业发展。本书的编写从基础入手，由浅入深，通过典型案例的学习与讲解引导学生掌握各种最基本的教学方法与技巧。本书共分为三大部分，即课程理论篇、英语教学理论与实践篇、教学科研篇。每一部分又分为若干章节，共计十三章。课程理论篇包括绪论、小学英语课程概述、英语新课程标准解读、国内外英语教学流派简介等四章。教学理论与实践篇包括小学英语教学技能、小学英语教学法、小学英语教学技巧、新课标下的学习方法与教法、小学英语课程评价与测试、英语课外活动、多媒体技术在小学英语教学中的应用等八章。教学科研篇扼要介绍了小学英语教学科研，简单地讲解了最基本的英语科研方法。本书每一章后都附有思考与练习，旨在帮助学生复习和掌握教材主要内容。

本书由詹丽芹、曹少卿负责全书的策划、结构设计和全书的统稿。曹少卿编写第一章至第四章，张婷编写第五章和第六章，余干龙编写第七章和第八章，熊群红编写第九章和第十章，秦自江编写第十一章，詹丽芹编写第十二章，胡恒编写第十三章。

本书在撰写过程中参考了大量的国内外英语教学法专著、资料与科研成果，同时，还征求了部分同行的建议。本书的出版得到了九江职业大学、九江小学和北京大学出版社领导及同人的大力支持，在此一并表示衷心的感谢！

由于时间紧任务重，加上作者水平有限，书中错漏之处在所难免，恳请使用本书的读者批评指正。

编　者
2012 年 5 月

目录

第一章 绪论 1
第一节 课程 1
一、国内课程的出现 1
二、西方课程的出现 1
三、课程内涵的发展 1
四、课程类型 3
五、课程含义 4

第二节 课程与教学的关系 5
一、什么是教学 5
二、教学的作用 5
三、教学任务 6
四、课程与教学的关系 8

第二章 小学英语课程概述 9
第一节 小学英语课程设置 9
一、英语课程设置的指导思想 9
二、英语课程设置的要求 10
三、英语课程设置的原则 11

第二节 小学英语课程的内容与基本要求 12
一、小学英语课程的基本内容 12
二、小学英语课程的基本要求 13

第三节 小学英语教学的目的和意义 14
一、小学英语教学的目的 14
二、小学英语教学的意义 14

第四节 研究和学习小学英语课程与教学论的意义及方法 14
一、研究和学习小学英语课程与教学论的意义 14
二、研究和学习小学英语课程与教学论的方法 15

第三章 英语新课程标准解读 17
第一节 中国英语教学历史简介 17

  一、第一个历史时期 17
  二、第二个历史时期 17
  三、第三个历史时期 17
  四、第四个历史时期 18
 第二节 英语课程改革的背景 18
  一、国际背景 18
  二、国内背景 20
 第三节 英语课程改革的方向和目标 20
  一、英语课程改革的方向 20
  二、英语课程改革的目标 20
 第四节 新课标的基本理念和教学要求 21
  一、新课标的基本理念 21
  二、新课标教学的基本要求 23
 第五节 新课标的小学英语教学大纲 27
  一、教学目的 27
  二、教学要求 27
  三、教学内容 29
  四、英语教学中应注意的几个问题 33
  五、积极开展英语课外活动 35
  六、测试 35

第四章 国内外英语教学流派简介 36
 第一节 国外英语教学主要流派 36
  一、翻译法 36
  二、直接法 36
  三、听说法 37
  四、视听法 38
  五、认知法 39
  六、交际法 40
  七、自然法 41
 第二节 国内英语教学主要流派 42
  一、辩证综合法 42
  二、张思中英语教学法 44
  三、"四位一体"英语教学法 44
  四、"情意—情景—知识—交际—调控"五因素教学法 45
 第三节 英语教学法在小学英语教学中的具体运用 47
  一、正确理解和认识英语教学各种流派 47
  二、主要流派在小学英语教学中的具体运用 47

第五章 小学英语教学技能 ... 49

第一节 备课 ... 49
一、备课的原则 ... 49
二、备课的环节 ... 50
三、备课的内容 ... 52

第二节 上课 ... 57
一、把握小学英语课堂教学的特点 ... 57
二、正确处理英语课堂上教师和学生的关系 ... 58
三、小学英语课的主要流程 ... 59

第三节 说课 ... 61
一、说课的意义与目的 ... 61
二、说课与上课的区别 ... 62
三、说课的内容 ... 63
四、说课的准备工作 ... 66
五、说课的原则 ... 67

第四节 听课与评课 ... 68
一、听课 ... 68
二、评课 ... 70

第五节 教学反思 ... 72
一、教学反思的含义 ... 72
二、教学反思的类型和特征 ... 73
三、教学反思的内容 ... 73
四、教学反思的形式 ... 75
五、教师进行教学反思时应注意的问题 ... 75

第六章 小学英语教学法（Ⅰ） ... 76

第一节 语音教学 ... 76
一、语音教学的必要性 ... 76
二、语音教学的目标 ... 76
三、语音教学的内容 ... 77
四、语音教学原则 ... 81
五、语音教学方法 ... 82

第二节 语法教学 ... 84
一、语法教学的必要性 ... 84
二、语法教学的目标与要求 ... 85
三、语法教学的原则 ... 86
四、语法教学的方法 ... 88

第三节 词汇教学 ... 93
一、词汇教学的意义与内容 ... 93

二、词汇教学的原则　　94
　　三、词汇教学的方法　　96

第七章　小学英语教学法（Ⅱ）　　105

第一节　听的教学　　105
　　一、规范语音发音和加强辨音训练　　105
　　二、营造和谐的英语氛围　　106
　　三、培养听的兴趣　　106
　　四、理解中外文化差异，加强听力理解　　107
　　五、教授一定的听力技能　　108

第二节　英语口试　　109
　　一、英语口试的目的　　109
　　二、英语口试的原则　　109
　　三、英语口试的主要题型　　110
　　四、英语口试的类型及其操作方法　　110

第三节　阅读教学　　111
　　一、采用有效策略，培养阅读能力　　111
　　二、丰富教学形式，促进学生发展　　112

第四节　写的教学　　113
　　一、建立良好的写作模式　　113
　　二、传授基本的写作知识　　114
　　三、开展扎实的写作训练　　114

第八章　小学英语教学技巧　　117

第一节　课堂管理　　117
　　一、教师的仪表风度，影响教师的课堂管理　　117
　　二、教师自身的素质、能力，影响课堂管理　　118
　　三、采用的方法是否灵活，影响课堂管理　　118
　　四、管理方法上应做到的几种配合　　118

第二节　导课的技巧　　119
　　一、直观导入法　　119
　　二、会话导入　　120
　　三、活动导入法　　120
　　四、情景导入法　　121

第三节　授课和示范（案例）　　121

第四节　课堂提问　　130
　　一、把握好难度和提问的时机　　130
　　二、不同问题交叉运用　　130
　　三、停顿时间要适当　　130
　　四、要有疑问　　130

五、提示要适当　　　　　　　　　　　　　　　　　　　　131
　　六、反馈要注意方法　　　　　　　　　　　　　　　　　　131
　　七、提问形式要多样　　　　　　　　　　　　　　　　　　131
第五节　课堂激励　　　　　　　　　　　　　　　　　　　　　131
　　一、激励性评价在小学英语教学中的运用手段　　　　　　　132
　　二、激励性评价在小学英语教学中的运用原则　　　　　　　134
　　三、运用激励性评价必须注意的问题　　　　　　　　　　　134
第六节　与学生沟通　　　　　　　　　　　　　　　　　　　　135
　　一、用爱心接纳每个孩子　　　　　　　　　　　　　　　　135
　　二、缓解学生的心理压力　　　　　　　　　　　　　　　　135
　　三、用诚心赞美、鼓励学生　　　　　　　　　　　　　　　136
　　四、专心倾听　　　　　　　　　　　　　　　　　　　　　136
　　五、潜移默化的作用　　　　　　　　　　　　　　　　　　137
第七节　简笔画应用　　　　　　　　　　　　　　　　　　　　138
　　一、简笔画在英语课堂教学中的辅助作用　　　　　　　　　138
　　二、简笔画辅助英语教学的具体应用　　　　　　　　　　　139
第八节　童谣与歌曲教学　　　　　　　　　　　　　　　　　　141
　　一、英语儿歌的特点和学习英语儿歌的重要性　　　　　　　141
　　二、课堂教学中如何进行儿歌的教学　　　　　　　　　　　142
　　三、注重体验，促使学生调动多种感官感受儿歌内容　　　　143
　　四、培养语感，引导学生用多种形式表现儿歌的节奏　　　　144
第九节　游戏教学　　　　　　　　　　　　　　　　　　　　　144
　　一、词汇游戏　　　　　　　　　　　　　　　　　　　　　144
　　二、句型游戏　　　　　　　　　　　　　　　　　　　　　145

第九章　新课标下的学习方法与教法　　　　　　　　　　　　146
第一节　新课标下的新型学习方式　　　　　　　　　　　　　　146
　　一、传统课堂教学方式的特点及弊端　　　　　　　　　　　146
　　二、新课标下的教学要求　　　　　　　　　　　　　　　　147
第二节　合作学习　　　　　　　　　　　　　　　　　　　　　147
　　一、合作学习的定义　　　　　　　　　　　　　　　　　　147
　　二、合作学习的基本要素　　　　　　　　　　　　　　　　147
　　三、合作学习中教师与学生的角色　　　　　　　　　　　　148
　　四、合作学习的特征与基本方法　　　　　　　　　　　　　148
　　五、目前合作学习在国内外普遍应用的五种具体形式　　　　149
　　六、如何进行科学分组　　　　　　　　　　　　　　　　　150
　　七、合作学习的课堂教学模式解析　　　　　　　　　　　　150
　　八、合作学习在小学英语教学中的运用　　　　　　　　　　151
第三节　探究性学习　　　　　　　　　　　　　　　　　　　　153
　　一、探究性学习的理论依据　　　　　　　　　　　　　　　153

二、探究性学习的含义　　　　　　　　　　　　　　　　153
　　三、探究性学习应处理的四种关系　　　　　　　　　　　154
　　四、探究性学习应把握的三个环节　　　　　　　　　　　154
　　五、探究性学习应设定的五种课堂教学模式　　　　　　　155
　　六、探究性学习方法在小学英语课堂教学中的运用　　　　156
　　七、探究性学习案例　　　　　　　　　　　　　　　　　158
第四节　自主性学习　　　　　　　　　　　　　　　　　　　160
　　一、自主性学习的含义　　　　　　　　　　　　　　　　160
　　二、自主性学习的特点　　　　　　　　　　　　　　　　160
　　三、正确指导小学生自主性学习的基本方法　　　　　　　160
　　四、自主性学习的教学模式　　　　　　　　　　　　　　161
第五节　任务型教学法　　　　　　　　　　　　　　　　　　162
　　一、什么是任务型教学法　　　　　　　　　　　　　　　162
　　二、任务型教学法的基本原则　　　　　　　　　　　　　162
　　三、任务型教学法的课堂实施　　　　　　　　　　　　　163
　　四、任务型教学法典型案例　　　　　　　　　　　　　　164

第十章　小学英语课程评价与测试　　　　　　　　　　　　168
第一节　课程与评价概述　　　　　　　　　　　　　　　　　168
　　一、课程评价的含义　　　　　　　　　　　　　　　　　168
　　二、课程与教学评价的意义　　　　　　　　　　　　　　168
　　三、课程评价的原则　　　　　　　　　　　　　　　　　168
　　四、课程评价的主体对象　　　　　　　　　　　　　　　169
第二节　形成性评价　　　　　　　　　　　　　　　　　　　170
　　一、什么是形成性评价　　　　　　　　　　　　　　　　170
　　二、形成性评价的特点　　　　　　　　　　　　　　　　170
　　三、形成性评价的内容　　　　　　　　　　　　　　　　171
　　四、形成性评价的实施原则　　　　　　　　　　　　　　172
　　五、形成性评价的具体实施　　　　　　　　　　　　　　172
　　六、形成性评价实施应注意的问题　　　　　　　　　　　175
　　七、形成性评价的实践案例　　　　　　　　　　　　　　176
第三节　总结性评价　　　　　　　　　　　　　　　　　　　178
　　一、什么是总结性评价　　　　　　　　　　　　　　　　178
　　二、总结性评价的作用　　　　　　　　　　　　　　　　179
　　三、总结性评价设计原则　　　　　　　　　　　　　　　180
　　四、总结性评价工具　　　　　　　　　　　　　　　　　180
　　五、总结性评价的方式　　　　　　　　　　　　　　　　180
第四节　诊断性评价　　　　　　　　　　　　　　　　　　　181
　　一、什么是诊断性评价　　　　　　　　　　　　　　　　181
　　二、形成性评价、总结性评价与诊断性评价对照表　　　　182

第五节　课堂教学评价　182
一、课堂教学评价的含义　182
二、课堂教学评价的内容　183
三、课堂教学评价的指标体系　183
四、课程教学评价的方法　183
五、课堂教学评价的意义　183
六、课堂教学评价的基本原则　184

第六节　英语测试与评价　188
一、英语测试与评价的主要作用　188
二、英语测试与评价的基本要求　189

第十一章　英语课外活动　190

第一节　开展英语课外活动的意义与原则　190
一、开展英语课外活动的意义　190
二、开展英语课外活动的原则　191

第二节　课外活动的形式　193
一、创设情景，巩固英语语言技能　193
二、组织竞赛，激发学生学习积极性　194
三、寓教于乐，培养学生学习兴趣　194
四、动手创作，提高学生创新能力　195

第十二章　多媒体技术在小学英语教学中的应用　196

第一节　多媒体技术对小学英语教学的影响　196
一、多媒体技术辅助英语教学的特点　196
二、多媒体技术对英语教学的影响　197
三、多媒体技术辅助英语教学的优势　198

第二节　多媒体技术在小学英语教学中的应用　201
一、多媒体辅助英语教学的基本原则　201
二、多媒体辅助英语教学的基本模式　202
三、利用多媒体优化小学英语课堂　203
四、多媒体技术在小学英语教学活动中的应用　206
五、英语教学中多媒体技术应用存在的问题　209
六、多媒体技术应用问题的应对策略　210
七、结论与思考　212

第十三章　小学英语教学科研　213

第一节　教学科研的含义及意义　213
一、教学科研及其意义　213
二、教学科研的必要性　214
三、小学英语教师参加科研的意义　215

第二节　小学教学科研的原则和步骤　216

一、科研原则 216
　　二、科研步骤 218
　　三、论文写作 218
　第三节　小学教学科研的基本类型 219
　　一、校本教研 219
　　二、教学实验 221

附录1：小学PEP教材英语（三年级至六年级）单词分类总表 223

附录2：常用课堂用语135句 233

参考文献 238

第一章 绪 论

通过本章学习，需要达成如下主要目标：(1) 了解课程内涵的历史发展及其类型，(2) 教学的作用及与课程关系。

第一节 课 程

一、国内课程的出现

据《中国大百科全书·教育》的解释，"课程"是指课业及其进程。在《现代汉语词典》中，课程是指教学的科目和进程。"课程"一词在我国始见于唐宋时期。唐朝孔颖达为《诗经·小雅·小弁》中"奕奕寝庙，君子作之"句作疏："维护课程，必君子监之，乃依法制。"但这里课程的含义与今天之意不同。宋代朱熹在《朱子全书·论学》中多次提及课程，如"宽著期限，紧著课程"，"小立课程，大作工夫"等。虽然他对这里的"课程"没有明确界定，但含义是很清楚的，即指学习范围及其进程。这里的"课程"仅仅指学习内容的安排次序和规定，没有涉及教学方面的要求，因此称之为"学程"较为准确。到了近代，由于班级授课制的施行和赫尔巴特学派"五段教学法"的引入，人们开始关注教学的程序及设计，于是课程的含义从"学程"变成了"教程"。中华人民共和国成立以后到 20 世纪 80 年代中期以前，由于受凯洛夫教育学的影响，"课程"一词很少出现。

二、西方课程的出现

在西方，英语"curriculum"一词来源于拉丁语，用来指学校的课程，即教学的内容和计划。自近代学校兴起以来，课程有广义和狭义两种。广义课程指所有学科（即教学科目）的总和，或者指学生在教师指导下各种活动的总和；狭义课程是指某一具体学科。"curriculum"一词最早出现在英国教育家斯宾塞（H. Spencer）的《什么知识最有价值？》(1859) 一文中。其义是"学习的进程"(course of study)，简称学程。这一解释在各种英文词典中很普遍，《英国牛津字典》、《美国韦伯字典》、《国际教育字典》都是这样解释的。

三、课程内涵的发展

课程是随着社会的发展而演变的。在不同时期，教育工作者和课程理论研究者从不同的角度对课程进行认识、了解和界定，形成了各种各样的有关课程的定义。我们可以把这些定义归纳为以下几类。

(一) 课程即教学科目

课程等同于教学科目或者学科，这一观点有相当长的历史渊源。我国古代的课程包括礼、乐、射、御、书、数"六艺";欧洲中世纪的课程有"七艺",即文法、修辞学、辩证法(逻辑)、算术、几何、音乐理论和天文学。在西方,随着生产和科学技术的进步与发展,自然科学进入学校课程,现代语文越来越受到重视,在"七艺"基础上逐渐形成了现代学校课程体系。英国教育家斯宾塞提出"知识价值"说,把知识的系统组织确定为课程的内涵,实质上也确立了课程即知识或者系统化的知识的观点,也就是把有价值的知识系统化,形成一定的科目或学科,将这些学科的知识传授给学生,以实现教育目标。

课程即教学科目这种课程观认为,课程内容的来源主要是人类长期积累的知识,教育的任务就是把经过选择并系统化的知识传递给学生。该课程观从知识本身出发,强调学校教育向学生传授学科的知识体系。但是,它只关注教学科目,却忽视了学生心智发展、创造性思维和个性发展等有影响的其他课程资源。

(二)课程是学习结果或目标

这种观点认为,课程应该直接关注预期的学习结果或目标,也就是把重点从手段转向目的,所以,选择和制定教育和教学目标是核心任务。课程应该事先制定一套有结构、有序列的学习目标,所有的教育、教学活动和教学评价都围绕制定好的教学和学习目标进行。该课程观的代表人物有泰勒(R. W. Tyler)和加涅(R. M. Gagne)等。这种课程观强调教育的目的性,可操作性强,对课程理论具有较大的影响。然而,该课程观过分强调教育的预先计划性而缺乏灵活性,不能很好地照顾环境变化,也容易忽视非预期学习效果。

(三)课程即经验

这种课程观深受美国教育家杜威(J. Dewey)的教育思想的影响,强调尊重儿童的兴趣和需求,发展儿童的个性,主张以儿童的生活经验为课程,把课程看做学生在教育环境中与教师、材料等相互作用的所有经验。"经验"分为两种情况:一是强调教育者有意识、有目的、有计划提供的经验;二是泛指儿童习得的教育性经验。学习经验是指学生与外部环境的相互作用,这种观点认为"教育的基本手段是提供学习经验,而不是向学生展示各种事物",强调学生是主动参与者,学生是学习活动的主体,学习的质和量决定于学生而不是课程,强调学生与外部环境的互相作用。教师的职责是构建适合学生能力与兴趣的各种情境,以便为每个学生提供有意义的经验。该课程观在教学实践中很难实行,因为它会造成教育的随意性、内容的不系统性和评价标准的不确定性。

(四)课程即"教育计划"或"学习计划"

计划包含了教育、教学目标、内容、活动和评价等,甚至也包括了教学方法和教学设计等方面。这种课程观在20世纪50年代以来较为流行,主要代表人物有麦克唐纳(J. B. MacDonald)、比彻姆(G. A. Beachamp)和斯坦豪斯(L. Stenhouse)等。我国的一些学者也持这种课程观,他们认为:"课程是指一定学科有目的的、有计划的教学进程。这个进程有质和量方面的要求,它也泛指各级各类学校某级学生所应学习的学科总和及其进程和安排。"该课程观强调课程的计划性、目的性,但是对课程的计划性和目的性的理解可能会出现差异。若"计划"是指计划好的书面文本,如课程计划(教学计划)、课程标准(教学大纲)、教科书、教学参考书、练习册以及教师的教案,就将导致重点放在可观察的教学活动上,而不是学生实际的体验上,而这是一种本末倒置,即注意的只是教学活动本身而非教学活动对学生学习过程和个性品质的影响。若把非书面计划包括在内,那么该课程定义就太广了。

四、课程类型

课程，包括文化课程、活动课程、实践课程、隐性课程。文化课程包括国家课程、地方课程、校本课程，活动课程包括阳光体育、大型活动、兴趣小组等，实践课程包括社会调查、学生会、团委等学生团体组织的自主活动、综合实践活动，隐性课程包括除了上述三类课程，还涵盖一切有利于学生发展的资源、环境、学校的文化建设、家校社会一体化等。课程的分类可以说是五花八门，从不同的角度、依据不同的标准会有不同的划分。下面简要介绍几种常见的课程类型。

（一）分科课程与活动课程

分科课程也称文化课程，是一种主张以学科为中心来编定的课程。分科课程是最古老、使用范围最广的课程类型。分科课程具有两个显著特征：第一，以学科知识或文化的发展作为课程目标的基本来源，课程开发以学科知识及其发展为基点，强调学科知识的优先性；第二，课程组织遵循学科知识的逻辑体系进行。

活动课程与分科课程相对，它是打破学科逻辑的界限，以学生兴趣、需要和能力为基础，通过学生自己组织活动而实施的课程，它也常常被称为"儿童中心课程"、"经验课程"。活动课程具有以下的特征：第一，活动课程以学习者的直接经验为课程开发的核心（基点），课程目标的基本来源是学习者的经验及其生长需要。第二，在活动课程中，学习者是能动的创造性的存在。学习者不仅对学习的计划或设计有兴趣，对学习的结果也感兴趣。第三，在活动课程中，学习者是整体的存在。活动课程的学习过程是学习者全人格参与的过程，这是智力过程与情绪过程的统一，是思维与行动的统一。第四，活动课程重视学习者的个性差异，尊重学习者在能力倾向、情绪等方面的差异，重视学习者的各种特殊障碍和特殊的社会境遇。

（二）核心课程与外围课程

核心课程反对将各门学科进行切分的做法，强调在若干科目中选择若干重要的学科合并起来，构成一个范围广阔的科目，规定为每一学生所必修，同时尽量使其他学科与之配合。

核心课程特征是以社会问题或生活领域为核心的设计，不必恪守学科界限。另外，核心课程是所有学生必修的共同学问或普通教育（General Education），因为核心课程构成了所有个人在社会上有效地发挥作用所需要的共同概念、技能和态度。

外围课程指核心课程以外的课程。它是为不同的学习对象准备的，它不同于照顾大多数学生、面向所有学生的核心课程，而是以学生存在的差异为出发点。它也不像核心课程那样稳定，而是随着环境条件的改变、年代的不同及其他差异而做出相应的变化。核心课程与外围课程的差异，如同一般与特殊、抽象与具体的一样，是相辅相成的。

（三）国家课程、地方课程与校本课程

从课程开发的主体来看，可以将课程分为国家课程、地方课程与校本课程。国家课程亦称"国家统一课程"，它是自上而下由中央政府负责编制、实施和评价的课程。校本课程是由学校全体教师、部分教师或个别教师编制、实施和评价的课程。地方课程介于国家课程与校本课程之间，指由国家授权，地方根据自身发展需要开发的课程。

校本课程是相对国家课程而言的，它是一个比较笼统的和宽泛的概念，并不局限于本校教师编制的课程，可能还包括其他学校教师编制的课程或校际之间教师合作编制的课程，甚至包括某些地区学校教师合作编制的课程。与国家课程相比，在校本课程的开发过程中，课程编制、课程实施和课程评价呈"三位一体"的态势，形成统一的三个阶段，并由同一批教师负责承担。

现在，越来越多的国家政府已经认识到，虽然国家课程与地方课程、校本课程是不同的课程形式，但它们之间是相辅相成、互为补充的关系。在推广国家课程的同时，应该允许开发一定比例的地方课程、校本课程，而推行地方课程、校本课程的学校，也不应该贬低或排斥国家课程。

(四) 显性课程与隐形课程

显性课程是学校情境中以直接的、明显的方式呈现的课程，是教育者直接地表现出来的，如课程表中的学科。显性课程列入教学计划，是文化传播的主体，在学校教育中起着十分重要的作用，是课程结构的主体，是培养人才的主要依据。

隐形课程包括除上述课程之外的一切有利于学生发展的资源、环境，学校的文化建设，家、校、社会一体化等。杰克逊在他的《教室中的生活》（*Life in Classroom*）(1968) 中首先使用了隐形课程一词。布卢姆 (B. Bloom) 在《教育学的无知》（*Innocence in Education*）(1972) 一书中使用了显性课程和隐性课程这对概念。隐性课程的主要目标与学生的学习有关，也与学校所强调的品质以及社会品质有关，学校的组织方式、人际关系等社会学、文化人类学、社会心理学的因素对于学生的态度和价值观的形成，具有强有力的持续影响。这是因为学校是一种特殊的环境，生活在其中的学生负有相互支持、关心和尊重的责任。学校的学习不可能是学生的单个学习，它是集体的活动。在这种集体活动中，有时要强调控制、等级、竞争，有时要强调鼓励、平等、互助。各个学校还有各自所强调的主要品质。隐性课程与显性课程同样重要，隐性课程能很好地达到某些教学目标（特别是在品质、习惯、态度方面)，并比显性课程的明确目标能保持得更久。学生在学校中形成这些社会性品质，以后走入社会所起的作用与学生形成的学习技能对以后工作所起的作用同样重要。

五、课程含义

对课程的概念或定义，目前尚存在一些争议。长期以来，我国教育学界把课程看做与学科等同或学科的总和。如上海师范大学《教育学》编写组编的《教育学》认为"学生学习的全部学科称为课程"。一些权威的教育辞书也沿用这样的定义，将课程定义为所有学科的总和，或指学生在教师指导下各种活动的总和；把课程看做"为实现学校教育目标而选择的教育内容的总和"。

目前一般认为，课程是指学校学生所应学习的学科总和及其进程与安排。广义的课程是指学校为实现培养目标而选择的教育内容及其进程的总和，它包括学校老师所教授的各门学科和有目的、有计划的教育活动。狭义的课程是指某一门学科。

考虑到英语课程的特点，本书采取我国学者钟启泉给课程下的定义："课程是按一定的教育目的，在教育者有计划、有目的、有组织的指导下，受教育者与情境相互作用而获得有益于身心发展的全部教育内容。"

第二节 课程与教学的关系

一、什么是教学

教学是为实现学校教学的目标和任务而实施的具体活动。同"课程"这一教育术语一样，人们对"教学"的认识也是既有共识又有分歧，不同的研究者从不同的角度对教学进行了界定。概括而言，教学的本质含义有以下几种。

1. 教学是有目的的活动

在教学中，教师教学活动的目的指向学生的学习和发展，一切活动的开展都要建立在为学生的学习和发展服务上。因此，教学是有目的的活动，其根本目的就是学生的学习和发展。

2. 教学活动是教与学的有机统一

教学活动包括教师的教与学生的学两个方面，是教师的教与学生的学的有机统一。教与学互相依赖，教师的教离不开学生的学，学生的学也离不开教师的教。教与学是彼此依存、互为前提、相辅相成的；教与学也是辩证统一的，只有教或者学的片面活动，或者是二者的简单相加都是不科学的。

3. 教学活动是以课程内容为中介的共同活动

课程内容是联系教师的教与学生的学的中介。如果没有特定课程内容材料的传输与学生的学习体验，那么教学活动就不能实现。所以，教学活动是以课程内容为中介的教师与学生共同实施的活动。

4. 教学是科学与艺术的统一

教学是科学，教学活动必须按一定的规律展开，从事教学工作的主体必须认识、把握和利用教学规律，使教学活动能够顺利进行；教学是艺术，或者说教学具有艺术性，教学活动中的艺术不同于其他艺术，教学艺术有其自身的规律和特点。所以，教学既是科学，又是艺术，是科学与艺术的统一。

那么何为教学？概况地说，教学是教师与学生以课堂为主渠道的交往过程，是教师的教与学生的学的统一活动。通过这个交往过程和活动，学生掌握一定的知识技能，形成一定的能力和态度，其人格获得一定的发展。

二、教学的作用

教学的作用概括起来主要有以下几点。

（1）教学以有目的、有计划、有组织的活动形式进行人类经验的传授，使教学活动有着良好的秩序和节奏，从而大大提高了教学的效率。各种教学规章制度的形成更规范了师生的教学行为，使教学活动免除了随意性和零散性，从而变成一种专业性很强的特殊活动。

（2）人们将传授的内容经科学的选择，依据知识构成的逻辑顺序和学生获得知识的认知规律编成教材，进行教学，帮助学生认识世界。这比起学生自己选择、自发学习社会上散在的经验，无论在其目标、内容，还是在其时间、效果上都要优越得多。

（3）教学又是在教师的引导和精心安排的过程中进行的。它可以避免学习者自学上的困难和反复尝试错误的过程。而且，教师总是试图选择最优的方法去完成教育的任务，这保证了学习者学习上的每一步都能够顺利地进行。

（4）教学所要实现的不仅仅是知识的传授，它要完成的任务始终是全方位的。既有知识的获得、智力的发展、能力的培养和提高，又有思想品德的完善、基本技能的形成、个性特长的发展等，这种全面发展的实现只有通过教学才能做到。

三、教学任务

教学任务体现着一个国家对教学的要求，是学校教学工作的出发点和归宿，也是教师教和学生学的方向性问题。因此，只有正确地、全面地认识这个问题，才能不断提高教学质量，使教学工作沿着正确的方向前进。教学是实现教育目的的基本途径，教学应具体完成以下几方面的任务。

（一）向学生传授系统的科学知识，训练学生形成基本技能、技巧，发展学生的智力和能力

教学的首要任务是引导学生掌握科学文化基础知识和基本技能。因为教学的其他任务都只有在引导学生掌握知识和技能的基础上才能实现。

知识是人类对客观事物的现象和规律的认识，是人类社会实践经验的概括和总结，包括自然科学、社会科学以及思维科学的知识。技能是运用所掌握的知识去完成某种实际任务的能力。技能经过反复练习和实践，达到熟练的、完善的"自动化"程度就是技巧。

教学应重视向学生传授基础知识和基本技能。以系统的科学文化基础知识、基本技能和技巧武装学生，是把学生培养成为社会主义现代化建设的合格人才所必需的。特别是在科学技术迅猛发展的今天，生产劳动主要不是以体力劳动为基础，而是以知识和智力为基础。劳动者只有具备较高的科学文化水平、丰富的经验和先进的劳动技能，才能适应现代化生产的要求，才能在现代化生产中发挥应有的作用。为此，学生在学习时期，要打下一个扎实、宽厚的文化科学知识基础，这对他们将来进一步的学习和就业都是十分必要的。

（二）培养学生具有坚定的政治方向、辩证唯物主义的世界观和共产主义的道德品质

智育不是教学的唯一任务，将教学等同于智育，容易导致对智育的途径和教学的功能产生狭隘化甚至唯一化的片面认识，在实际工作中，这种认识所产生的危害是有目共睹的。

培养学生辩证唯物主义世界观和共产主义道德品质也是教学的一项重要任务。因为辩证唯物主义世界观是关于阶级斗争知识和生产斗争知识最科学的概括，它能给学生指明共产主义的方向，是学生理想和活动的基础，也是学生智力、品德、审美感、劳动和体力发展的核心问题。另外，辩证唯物主义世界观给人们提供了认识事物最正确、最科学的思想和方法。学生形成辩证唯物主义世界观，就掌握了认识事物、自然和社会的最正确、最科学的思想方法。这对他们知识的学习、智力的发展、能力的形成，以及共产主义思想品德、审美情操、劳动观点和技能方面的培养都是十分重要的。共产主义道德品质的形成，能使学生深刻理解和自觉遵守共产主义道德规范，养成公而忘私的共产主义风格和情操，以及爱科学、爱劳动、爱公物、讲文明礼貌、守纪律、关心集体、艰苦奋斗等优良品德和

行为习惯。但是，辩证唯物主义世界观和共产主义道德品质并不是自然而然形成的，而是后天培养教育的结果。教学是学校的一项主要工作，是实现教育目的的基本途径。因此，它必须完成培养学生辩证唯物主义世界观和共产主义道德品质的任务。另外，还应该看到，教学在完成这项任务方面，不仅是可能的，而且还是非常有优势的。因为，教学的首要任务就是以系统的文化科学基础知识武装学生，而科学知识本身就是辩证唯物主义世界观和共产主义道德品质形成的基础及依据。在教学过程中，学生对所学知识理解得越好、越深入，掌握得越牢固，越能详尽地分析事实、认识科学规律，就越有利于共产主义观念、信仰、行为习惯的形成和巩固。

（三）使学生身体正常发育，健康成长

使学生的身体正常发展、增强学生的体质，是教学的一项重要任务。因为青少年时期正处于长身体的重要时期，这个时期身体发育如何、体质好坏将直接影响他们的学习和将来的工作及生活。不仅如此，年轻一代的体质是关系到我们全民族的健康水平的大问题。要发展学生的体质，在教学过程中所能做到的和应该做的主要有三方面：一是通过体育课传授体育方面的知识技能和锻炼方法，培养学生自我锻炼的能力和兴趣，使学生通过锻炼来发展体力；二是通过生理卫生课，传授生理卫生知识，使学生学到一些生理卫生常识，获得卫生保健之道，注意保持身心健康；三是各门学科的教学都要为学生的身体发展和健康水平的提高提供有利条件，如改进教学方法、减轻作业负担，使学生有足够的时间参加文体活动和适当的休息，以及教会学生注意用脑卫生，养成体育锻炼和卫生习惯等。

（四）培养学生具备正确的审美观点及感受美、鉴赏美和创造美的知识和能力

美育在教学中具有重要的作用。它可以陶冶人的情操和提高人的精神境界。人的行动是受人的意识情感支配的，人的情感对人的实践活动具有重要意义。而情感的开发和升华只能通过情感的作用。美育就是运用人类社会创造的一切美对人进行美化自身的教育，使人具有一颗丰富而又充实的灵魂并渗透到整个内心世界和生活中去，形成一种自觉的理性力量，这是其他的教育无法做到的。美育还可以提高人的思维能力培养创造性的人才。人的思维能力包括形象思维和逻辑思维能力，两种思维紧密联系。形象思维是基础，没有形象思维就没有逻辑思维，要提高思维能力特别是青少年的思维能力，更要注意形象思维教育。我们现在面临的是个知识经济时代，要培养创造性的人才不是简单地仅仅靠传授单一学科的知识所能做到的。教育的精髓就是启迪人的智慧，培养创新精神。事实也证明，许多优秀人才之所以能做出杰出的成就，与他们所受的良好美育是分不开的。

（五）使学生掌握现代工农业生产的基本知识，学会使用基本生产工具的技能

教育要使学生树立正确的劳动观点和劳动态度，热爱劳动和劳动人民，养成劳动习惯。

生产劳动是人类社会赖以生存和发展的基础，是人类最基本的实践活动。劳动创造了人，劳动创造了世界，劳动是每一公民的权利和义务。

劳动教育的主要内容是：首先，要使学生树立正确的劳动观点，使他们懂得劳动的伟大意义。了解人类的历史首先是生产发展的历史，是劳动人民创造的历史；懂得辛勤的劳动是建设社会主义和共产主义的根本保证；劳动是公民的神圣义务和权利；懂得轻视体力劳动和体力劳动者，是数千年来剥削阶级思想残余；懂得把脑力劳动同体力劳动相结合的

重要意义。其次，培养学生热爱劳动和劳动人民的情感。养成劳动的习惯，形成以劳动为荣，以懒惰为耻的品质。抵制好逸恶劳、贪图享受、不劳而获、奢侈浪费等恶习的影响。最后，学习是学生的主要劳动，教育学生从小勤奋学习，将来担负起建设社会主义的任务，并教育学生正确对待升学、就业和分配。

学校的劳动教育，还要通过生产劳动和公益劳动等来实施。学生在校期间，要按照教学计划的规定，适当参加劳动。

四、课程与教学的关系

多年来，学术界对课程与教学的关系问题一直争论不休，致使课程与教学之间的区别和彼此之间的联系具有不确定性，尽管人们在界定课程与教学的概念时，似乎已显示出二者之间较为明晰的界限。如奥利瓦认为："课程是方案、计划、内容和学习经验，教学是方法、教授活动、实施和描述。"麦克唐纳德把课程看做活动计划，而把教学看做计划的运用。这些界定都力图把课程和教学看做学校教育的两个子系统或亚维度，但这种表面化的概念限定并没有使课程和教学的关系得以厘清，课程论和教学论的学科领地之争也还将延续下去。

课程是为有目的的学习而设计的教学科目结构与进程，它规定着学校教育教什么，它所关注的是学生学习的范围及其进程；教学是达到课程目标的途径与手段，它规定着学校教育怎样做，它所关注的是教师的教授与辅导、学生的学习与活动。所以课程与教学是既相互独立又相互作用的两个系统。它们的关系表现在：一方面，课程是教学的依据，课程对教学有制约作用，没有课程就不可能组织有效教学。如在教学过程中教学方法和组织形式的选择，在很大程度上取决于课程的性质和特点；另一方面，教学是达到课程目标和任务的手段，它也能影响、反作用于课程，没有教学，课程就会毫无意义。

思考与练习：

1. 什么是教学？
2. 课程与教学的关系是什么？

第二章 小学英语课程概述

通过本章学习，需要掌握如下目标：（1）英语课程设置的指导思想，（2）小学英语课程的内容与基本要求，（3）小学英语教学的目的和意义，（4）研究和学习小学英语课程与教学论的意义及方法。

第一节 小学英语课程设置

英语课程是培养目标的具体体现，是实现外语人才培养的根本途径。英语课程的设置要适应时代的发展，不断进行探索，遵循课程建设的自身规律，顺应学生的认知要求。

一、英语课程设置的指导思想

英语课程的设置要考虑课程的本质、目标、所涵盖的内容及其内在联系。英语作为一门独特的课程，其设置必须以语言的交际性和系统性为依据，进行合理的安排。

（一）以系统知识为基础

基础教育阶段英语课程的总体目标是培养学生综合语言运用能力。综合能力的形成基于学生语言技能、情感态度、学习策略和文化意识方面的整体发展。知识是语言和能力的有机组成部分，是发展语言技能的重要基础。英语课程设置应以系统知识为基础，语言知识包括语音、词汇、语法、功能、话题等方面。由此可见，系统的语言知识教学的重要性是不言而喻的。

（二）以具体能力为基础

强调行为目的和特殊目的技能知识的学习，对具体目的的详细说明尤为重要。英语教学的最终目的是以培养学生的语言应用能力为目标。语言技能包括听、说、读、写技能以及这四种技能综合运用能力。语言学家从不同的角度划分语言技能，从语言的形式来看，听和说是口语，读和写是书面语，口语是书面语的有声形式，书面语是口头语言的文字记录。从人类的语言发展来看，口语在前，书面语在后，口语与书面语在表达的方式和途径以及词汇、句法、信息密度和语言功能等方面有明显的区别。从认知的角度来看，听和读是话语理解和信息输入能力，说和写是表达思想，是信息输出技能，这四种技能在语言学习和交际中相辅相成、相互促进。

（三）以社会活动与问题为基础

目标语是应付日常生活中社会交际需求的工具，语言的主要功能是生存工具，课程的重点内容是生存社区的经验接触。长期以来，我国英语课程内容不能很好地体现实际的语用环境是英语教学中存在的一个普遍问题。改革开放以来，我国开始与国外合作或直接引进欧美原版教材作为教学教材，为配合英语教学也编写了不少相关的介绍英语国家文化背景知识的资料。然而，我们的教材在引进的同时却忽视了另外的两方面问题：一是忽视了中国文化的介绍；二是教材没有完全体现不同学科的特点。近年来，我国的各类英语教材中"用英语谈中国"的比例在下降，造成英语表达中国文化的"空缺"；同时，英语教材只被当做语言学习的教材，所涉及的其他学科知识的深度和广度都无法满足实际交流的需要，教材中的语句与实际生活联系不紧密，很难得到灵活运用，导致学与用的脱节现象。

（四）以知识和学习过程为基础

从教育心理的角度看，学生学习方式可以分为接受性学习和发现性学习。接受性学习主要是以获得系统的学科知识为主，其根本目的在于增加个体知识储备，扩展学生知识的视野。在接受性学习中，学习内容以定论的形式直接呈现出来的，学生学习的心理机制是同化，他们是知识的接受者。发现性学习也是以系统的学科知识的获得为主，但它更强调对学科的基本结构掌握理解，以及学生在获得这种学科基本结构过程中积极主动性的发挥。在发现性学习中，学习内容以问题形式呈现出来，学生学习的心理机制是顺应，学生是知识的发现者。

（五）以情感和态度为基础

英语课程的设置不仅要发展学生的语言知识和语言技能，而且有责任和义务培养学生积极向上的情感态度，使他们在学习过程中发展综合语言运用能力，提高人文素养，增强实践和创新能力。

情感是人类特有的而又高度发展的一种心理现象。情感是人对客观现实的态度和体验，是由客观事物是否满足人的个体需要而产生的，它反映了客观事物与个体需要之间的关系。人的情感是在人的社会活动过程中产生和发展起来的。它在人的实际生活中具有重大的意义。健康的情感是人的精神生活得以高度发展的必要条件。心理学的研究证明，人的感觉、知觉、记忆、想象、思维等心智的发挥受主体情绪状态的影响，积极的情感状态有利于发挥潜在的各种技能；反之就会抑制心智技能，这就是情感的激智功能。我国英语课程标准关注学生情感态度的发展，强调把学生的情感态度的培养渗透到学科教育和教学中去，把情感教育摆到了十分显著的位置。

（六）以需求与兴趣为基础

兴趣是人们力求认知事物和从事活动的意识倾向，表现为人们对某种事物、某项活动的选择性态度的情绪反应。兴趣的普遍功能在于它可以使人满腔热情地从事各种实践活动、提高人们的工作效率，同时能丰富人的知识，开发人的智力。在外语学习中兴趣是激发学生求知欲、推动他们探究和学习获取语言知识和技能的动因。如果学生对英语学习感兴趣，注意力就会高度集中，思维会更加活跃开阔，所学知识就容易记住。长期以来，培养学习英语兴趣是广大教师梦寐以求的目标。

二、英语课程设置的要求

1. 课程设置必须符合英语教学的特点和规律

英语课程必须根据英语教学主体、教学客体、教学环境的特点进行设置。教学主体指学习英语的学生；教学客体指目的语语言；英语教学是在学校环境中教学生学会外语，不同于在目的语环境中的自然学习，环境对学习会有极大的制约作用。同时，英语课程设置必须符合英语教学的规律。

2. 课程设置必须由先进的科学的现代语言学理论作指导

根据第二语言习得理论可以得知，英语教学成败的关键在于获得有效的习得。因此，教师必须特别关注以下几点。第一，输入要具有可理解性，输入要有趣味性，是与学生知识和生活密切相关的信息；输入量必须充足。教师要力求为学生提供他们在课外得不到的可理解的输入，并帮助他们吸收。第二，帮助学生消除心理障碍，尽量减少学生学习外语焦虑。第三，明确学习的有限作用。学习只能作为习得的补充，它的作用是监测，以提高输入的准确性。

3. 课程设置必须体现创新教育

课程设置中必须体现创新教育原则，以培养学生的创新意识、创新精神、创新思维、创新能力以及创新个性为主要目标。教育的责任就在于为培训学生的创新精神提供环境和土壤。这也正是外语课程设置应该实现的目标。

4. 课程设置必须进行"需求分析"

要出色地完成课程设置的工作，必须以需求分析为前提。先调查和研究学生已经能用语言干什么，其"意义潜势"已发展到什么程度，还需要增补哪些技能知识，然后再根据学生需要来安排教学内容。只有进行需求分析，才能使课程设置科学、实用，并得到社会的认同与接受。

三、英语课程设置的原则

（一）整体性原则

课程设置必须在小学、中学、大学英语课程整体规划的基础上建立。在哪个学段开始教学英语？达到什么样的目标？对这些要通盘考虑，否则会造成重复劳动而浪费资源。小学生学习英语固然有许多优越的条件，但如果学校不具备合格的师资、教材和设备，与中学衔接有困难，那么小学即使开了英语课，效果也不会好，肯定会造成浪费。因此必须整体规划，因地制宜。

英语课程设置应在中小学整套课程设计的基础上进行，发挥课程设置的整合优势。孤立地研究单科课程难以改变过去单一的学科课程为主的模式，难以纠正以知识灌输为主的倾向，还有可能加重学生的负担。新课程的培养目标包括能力发展、观念态度和知识技能。因此，英语课完全可以渗透自然科学和人文科学，发挥学科之间的关联性，从而提高教学的效率。

（二）多元性原则

学校在执行国家课程标准的同时，应设置地方课程和学校课程，实现课程的多元化。事实证明，外语课程多元化有利于推进素质教育，有助于发挥学生的潜力。

英语课程设置本身也应多元化，要设必修课程和选修课程。为达到大纲基本要求所设的课程必修，超大纲基本要求的课程由学生选修，除大纲要求的教学内容以外，也可为培养学生特长设选修课，如泛读、听力、翻译等；为英语已经过关的学生开设第二外语选修课。除去课堂教学，还应开设丰富的活动课，如英语会话、歌咏比赛等，这样才能真正激发学生的兴趣，发展他们的个性和创造性。

（三）灵活性原则

课程设置是个动态的开放系统，合理的英语课程设置应当具有灵活性。现代教育观、学习观强调"学会学习"，所以大纲的编制与课程设置必须满足学生作为教学主体的要求，必须体现个性化、多元化的特点，这是新时期外语教学改革的基本出发点。随着我国改革开放力度的进一步加大，英语教学出现了不平衡的发展态势。有条件的地区从小学二年级起，甚至从一年级起就开设英语课。结果，大中小学英语教学内容重叠、衔接不合理、缺乏灵活性等矛盾凸显出来。这样，英语课程设置很有可能落入随意性之中，而难以体现出课程设置的科学性、时代性和灵活性。

另外，课程安排要注意以下问题：一是要注意语言学习的特点和记忆规律，注重语言环境的重要性，要充分认识和利用记忆规律；二是要充分考虑少年儿童记忆力强、求知欲强、模仿力强、心理负担轻、有较强的表现愿望的特点；三是英语是实践性很强的课程，如果课程的实践环境和条件不十分具备，课时的保证就显得尤为重要。

第二节 小学英语课程的内容与基本要求

一、小学英语课程的基本内容

小学英语课程的基本内容主要包括以下几个方面。

1. 语言基本技能方面

小学生的语言基本技能有听、说、读、写。听、读是理解的技能，说和写是表达的技能。听、说、读、写既是学习目的，又是学习手段。听、说、读、写技能的发展是不平衡的，它们之间相互制约、相互促进。语言的学习过程是一个渐进的过程，表现为输入与输出两个方面。语言的输出必须以一定量的输入为前提，因此小学英语的教学必须以听、说为主，培养学生的听说能力有助于学生的书面语表达，同时能够调动学生的学习积极性，符合学生的认知规律；在发展学生听说能力同时，又要重视培养学生的读写能力，为在初中进一步学习英语打下良好的基础。

2. 语言基本知识方面

语言基本知识方面有语音、词汇、语法、功能话题等方面。语言知识的掌握有助于语言技能的发展与完善，下面从语言知识的几个方面具体来阐述。

（1）语音方面：能知道字母的读音、拼写，了解简单的读音规则，能做到语音自然、清楚，知道单词的重音。

（2）词汇方面：能掌握600～700个单词和50个左右的习惯用语。

（3）语法方面：知道名词有单数和复数形式、主要人称代词的不同，知道动词有不同形式变化。了解简单的关于时间、地点等介词用法，了解英语一些简单句基本形式。

（4）功能方面：主要了解有关问候、告别、致谢、介绍和请求等交际功能不同的表达形式。

（5）话题方面：能简单了解和表达有关数字、颜色、时间、玩具、家庭、学校、朋友、动植物、节日、食品等话题。

3. 情感方面

保持积极的情感是学习英语成败的关键。小学阶段是培养学生学习英语积极性和兴趣的重要时期。小学英语教师要通过各种教学方法，例如游戏、表演、唱歌、比赛等不同的形式来激发和保持学生的学习兴趣，把学生的认知活动与情感体验巧妙地结合在一起。在学习英语过程中，还可以通过小组活动、集体比赛等向学生进行思想品德教育，培养学生团结、协作、民主、竞争思想和不怕困难、积极上进的心态。

4. 学习策略方面

学习策略指的是学习者为了使学习取得更好成效而采取的各种策略。它包括学习技巧和方法，还包括学习者对于学习内容和学习过程本身的认识、对学习目标和学习过程的调控和计划、学习语言时采用的辅助性手段，以及为了创造学习机会而采取的策略。

根据英语新课标，小学阶段要培养的学习策略有以下几个方面：积极与他人合作共同完成学习任务；主动向老师和同学请教，制订学习计划；对所学内容能进行练习和实践，在词语与对应事物间建立联系；学习中能注意力集中，积极运用所学英语进行表达和交流；注意和观察生活中的简单英语，初步使用简单的英汉词典。

小学英语教师不但要自己学习和掌握语言学习策略，而且要在教学过程中有目的、有意识地向学生教授一些简单的学习策略。这样既可以减少学生的学习困难，提高其学习效果，也可以为学生的终身学习奠定一个良好基础。

5. 文化意识方面

文化是人类在社会历史发展过程中所创造的物质财富和精神财富的总和，不同的国家和地区有不同的文化。

文化与语言密不可分，语言既是文化的一个部分，又是文化的载体，不同的文化是通过不同的语言体现出来的。作为文化一个重要的组成部分，语言深受文化的影响，反过来，语言也会对文化造成影响，可以说文化与语言相互作用，相互影响。所以，了解英语国家的文化有助于学习英语，同时也有助于加深对自己本国文化的理解，形成爱国主义，培养世界意识。小学英语教师要向学生介绍英语国家文化与中国文化的区别，这样既可以激发学生学习英语的兴趣，增强其好奇心，同时又可以拓展学生的学习视野，提高跨文化的交际能力。

二、小学英语课程的基本要求

英语新课程按照全面发展的要求，把培养学生的学习兴趣、态度、自信放在首要地位，把学生的学习习惯和学习策略作为教学的重要组成部分，要求学生学会学习，学会自我监控、自我评价，把文化意识渗透到爱国主义教育中及增强世界意识中。这一切都是以学生的全面发展为本，从根本上确立了学生学习的主体地位，不仅给学生以丰富的知识，而且培养其获得知识的能力，为学生的自主学习和持续发展打下基础。

根据新课标，国家要求小学从三年级就开始开设英语课，要求小学六年级达到二级标准，九年级达到五级，高中毕业要求达到八级水平。三级、四级、六级、七级为它们的过渡级。

小学英语一级的具体目标要求是：对英语有好奇心，喜欢听他人说英语；能根据老师的简单指令做游戏动作和事情，能做简单的角色扮演，唱简单的英文歌曲和说简单的英文歌谣；能在图片的帮助下听懂读懂简单的小故事，能交流简单的个人信息，表达简单的情感；能书写简单的字母和单词，并对英语学习中接触到的外国文化习俗感兴趣。

小学英语二级的具体目标要求是：对英语学习有持续的爱好，能用简单的英语致候，交换有关个人、家庭朋友信息；能根据所学内容表演小对话和歌谣；能在图片的帮助下听懂和读懂并讲述简单的故事，根据图片和提示写简单句子；在学习过程中积极参与，积极合作，主动请教，乐于了解异国文化习俗。

第三节 小学英语教学的目的和意义

一、小学英语教学的目的

教育部按照《国家英语课程标准》，结合小学英语教学的自身特点，提出了小学阶段的英语教学目的。小学开设英语课程的目的是：使小学生通过这门课程培养学习英语的积极情感、形成初步的英语语感、打好语音语调基础、具备用所学英语进行交流的初级能力；通过英语课程的学习，使小学生丰富社会生活经历，开拓视野，树立学习的自信心。也就是说，小学英语教学必须从枯燥的语言知识讲解和死记硬背的学习模式中解脱出来，要通过适合儿童心理和生理特点的、生动活泼的课堂活动，把学英语与用英语做事情联系起来，创设良好的语言环境和语用环境，使学生在愉快和自信的情绪中，保持积极的学习态度，在大量的语言实践中形成语感，养成良好的英语学习习惯，为初级中学的进一步学习奠定基础。

二、小学英语教学的意义

英语是世界上使用范围十分广泛的语言之一，国际会议、图书资料等大多数都是使用英语来进行交流或写作的。当今世界，以信息技术为主要标志的科技进步日新月异，社会生活的信息化和经济活动的全球化使外语特别是英语，日益成为我国对外开放和与各国交往的重要工具，也成为人们学习文化科学知识、获取世界各方面的信息的重要工具。

学习和掌握一门外语是对21世纪公民的基本要求。事实上，英语语言素质已成为新世纪现代社会、现代人的标志。小学英语教育是学生外语学习的启蒙阶段，是学生接受终身教育的奠基阶段，能否抓好这一阶段的外语教学质量将直接影响外向型人才的培养。近年来，小学开设英语的地区日益增加，规模迅速扩大。教学实验项目的开展为积极推进小学开设英语课程提供了经验和基础。为全面推进素质教育，适应21世纪我国国民综合素质提高的需要，教育部已从2001年秋季起，积极推进小学开设英语课程。

第四节 研究和学习小学英语课程与教学论的意义及方法

一、研究和学习小学英语课程与教学论的意义

小学英语课程与教学论是研究小学英语课程与教学规律的一门科学。在我国，随着2001年秋季在全国城乡小学开始设置英语课程，研究和学习小学英语课程与教学论就更有特殊的意义。

对于小学英语教师而言，研究和学习小学英语课程与教学论是我国小学英语教学实践的需要。众所周知，没有理论指导的实践是盲目的实践。小学英语教学是实践性很强的教学活动，它的开展在我国还刚开始不久。要想使我国的小学英语教学实践沿着科学的轨道前进，必然要有科学的教学法来引导。

另外，研究和学习小学英语课程与教学论还是提高小学英语教师素质、促进小学英语教学工作的需要。小学英语教学的普遍开展时间不长，小学英语教师大多是转岗而来，专业英语教师较少。在这种客观条件下，如何让小学英语教师掌握小学英语课程与教学论的基本原理就显得特别重要。小学英语教师只有通过系统学习小学英语课程与教学论，掌握大量最先进的理论，才能提高自身的理论水平，才能保证教学质量的提高，全面实施素质教育。

对于师范院校英语专业的学生来说，在参加教学工作之前就能掌握从事小学英语教学的一些理论并具备小学英语教学的初步能力，更具有特殊的意义。研究和学习小学英语课程与教学论，可以帮助新教师在小学英语教学中避免不知从何教起和少走弯路，使他们较快地熟悉小学英语教学的一般规律，以适应小学的英语教学。学习小学英语课程与教学论可以帮助英语教师自觉地运用教学规律，选择和运用有科学根据的、行之有效的教学方法，吸取先进的教学经验，从而获得最佳教学效果。在未来长期的英语教学工作中，英语教师还可运用所学到的教学法理论，分析和研究英语教学的问题，不断总结经验，促进英语教学质量的不断提高。

教学实践证明，一个好的英语教师除了要具有坚实的英语语言专业知识功底，还需要懂得教育心理学基本原理和英语教学方法。只有这样，才能科学地组织好教学，也才能真正发挥教师的主导作用，调动学生学习英语的积极性，保质保量地完成小学英语的教学任务。

二、研究和学习小学英语课程与教学论的方法

1. 认真学好理论

教学法的基本原理和基本原则是小学英语教师进行英语教学的指导思想，是组织教学工作、处理教材和选用具体教学方法的依据，是人类知识经验的积累。作为即将走上教师工作岗位的同学们，首先要上好每一堂教学法课，掌握好教学法的实质，联系自己学英语的经验开展讨论，弄清楚小学英语教学法的基本原理和基本原则。

2. 理论联系实际

理论来源于实践，反过来又指导实践。小学英语教学法是研究小学英语教学过程及其规律，它的最终目的是用于指导教师的英语教学实践，提高小学英语教学质量。教师在小学英语教学的实践过程中会发现许多新的问题，这些问题的发现会让他们不断发展、充实和完善英语教学理论。要做到理论联系实践，教师可以采取各种不同的方式，例如，经常去小学听课、评课，向有经验的教师学习，或调查小学英语教学现实，收集材料，并认真做好记录。然后用课堂上所学到的英语教学理论进行分析和比较，发现问题，提出问题，从而丰富和加深对英语教学理论的认识。

3. 实践中检验、丰富和发展教学法

在教学工作中，教师要有意识地在教学过程中运用所学的现代教学法，总结经验，吸取教训，加深对教学法的理解，以提高自己的教学水平。

4. 掌握英语教学新动向

工作之余，教师要尽可能多读一些有关教学法的书刊，包括英语教学法、语言学、心理学、教育学等方面的论著，了解最新英语教学的动向，学习所在地区的一些优秀教师的经验，进行比较和研究，拓展思路，扩大英语教学的视野，使小学英语教学法这门学科学得活泼，学得深广。

5. 参加各种形式的英语教学科研活动

积极参加各类形式的英语研讨会、英语学术专题讲座，聆听最新的教学理念和方法，与专家、学者们探讨、分享教学和学术上的困惑和成就，共同促进英语教学的发展。

思考与练习：

1. 小学英语课程的内容与基本要求是什么？
2. 为什么要学好小学英语教学法这门课程？如何学好小学英语教学法？

第三章　英语新课程标准解读

通过本章学习，需要达成如下目标：(1) 中国英语教学简史，(2) 英语课程改革的背景，(3) 英语课程改革的目标，(4) 英语新课标的基本理念和教学要求，(5) 新课标的小学英语教学要求。

第一节　中国英语教学历史简介

中国的外语教学，远在第一次鸦片战争之前便已开始。1842年11月1日，马礼逊学堂从澳门迁至香港，一般认为这是近代在我国境内最早的"洋学堂"。其前身系由英国马礼逊教育会为纪念英国传教士马礼逊而办，于1839年创立于澳门。该校所习科目，除中文和理化外，还设有英文。其实在马礼逊学堂创办之前几年就有英国传教士古特拉富的夫人1834年在澳门设一私塾教授西学，这所私塾就是后来马礼逊学堂的预备。从此时算起，时至今日已有170多年的历史。这170多年的外语教学史，大致可以分为四个历史时期。

一、第一个历史时期

1834—1902年为第一个历史时期，是我国英语教学的萌芽阶段。这一时期，教学单位多为小学，规模不大，人数甚少，亦有少数中学堂，多分布在东南沿海地区，而且数量有限，教材和教学目的也不尽相同，执教者大多为英美籍传教士。1862年在恭亲王奕䜣（1833—1898）的反复奏请下，清政府在俄罗斯文馆的基础上创办了京师同文馆，开始教授英语和法、日等国语言。

二、第二个历史时期

1902—1919年为第二个历史时期。经过戊戌变法和辛亥革命两大事件后，国内学习西文之风日盛。1902年，清政府颁布了《钦定中学堂章程》，开始兴办中学堂，并将英语列为中学堂的必修课程。从这时开始，我国才开始了较为正式的中学英语教学。1912年南京政府颁布《中学校令施行规则》，1913年又颁布了《中学校课程标准》，将英语规定为中学的必修课程，执教者已不像当初全由外籍教师充当，而出现了以蔡元培、汪荣宝、韩朴存、吴汝伦等为代表人物的中国教师。这一时期，学校规模和学生人数增加较快，教学单位亦由初、中等学堂而升格为高等学堂，高校公共外语和外语专业的教学活动也几乎同时产生。

三、第三个历史时期

1919—1949年这30年为第三个历史时期。这一时期的外语教学和历史上前两时期比较，有了较快的普及。1922年，南京政府效仿英、美等国，规定英语是中学的必修课，并颁布了第一个全国统一的纲领性文件《中学英语课标准》，其中规定了英语教学的目的要求、教学时间、教学内容和简单的教学方法。这一时期几乎所有中学都正式开设外文课，少数书院亦有开设。此间有两个重要特点，对当时的教学和后世影响甚大：一是当时师资队伍比较雄厚，很多县立中学的外语课由留学生担任，其中不少人有硕士学位；二是出现了林语堂等编写的《开明英文读本》、《开明英文文法》等十余种有影响的教学用书，其编写体例、成书系统以及讲究汉英对比方法等处对我们现代英语教学尤有启示。此外，当时有些学校开始采用原文教材，甚至旁及其他学科。除教材之外，还出版了一系列字、词典，以1936年问世的《英汉四用辞典》最为典型。这些，都使国人外语知识得到普及，外语教学水平得到提高。

四、第四个历史时期

1949年中华人民共和国成立，外语教学进入了第四个历史时期。这一时期可以划分为两个阶段：50年代至70年代中期为前一阶段，70年代中期至今为现阶段。50年代前期，我国外语教学恢复甚快，并有了很大发展。令人遗憾的是，1953—1957年，因为某种原因我国的英语教学受到不应有的排斥，绝大部分中学都只开设俄语而停开英语。这在我国外语教学史上应该说是一次严重的历史教训。自1958年到"文化大革命"前夕，逐步增加和扩大了开设英语的学校，英语教学又逐步走上了正轨。1966年开始的"文化大革命"十年动乱期间，中学外语教学遭受了空前的摧残，曾一度陷于停顿。1969—1970年以及以后几年，部分学校恢复了英语教学，但教学内容政治化，教学方法简单。

1977年，我国恢复高等学校招生考试制度，"英语热"伴随求知热在全国迅速掀起。1979年英语高考成绩以10%记入总分，以后逐年增加，到1983年英语高考总分以100%记入总分。从此，英语成为高考主要的必考科目之一，这对中学英语教学起到了极大的推动作用。在这以后的十几年里，中学英语教学取得了令人瞩目的进展。这一时期可以说是我国英语教学史上的"第二次复兴"，是我国英语教学发展最快的时期。英语教学的规模之大、范围之广是前所未有的，而且这种发展的态势还在继续。

第二节 英语课程改革的背景

国家课程标准是教材编写、教学、评估和考试命题的依据，是国家管理和评价课程的基础，它体现了国家对不同阶段的学生在知识与技能、过程与方法、情感态度与价值观念等方面的要求，规定各门课程的性质、目标、内容框架，提出教学评价建议。以下从国际和国内两方面阐述课程改革的背景。

一、国际背景

20世纪80年代以来，由于信息技术的发展和计算机网络的普及，很多国家开始认识到综合国力的强弱取决于劳动力素质的高低。创新精神和实践能力将成为影响整个民族生存状况的基本因素，因此，基础教育改革，特别是基础教育课程改革被各国作为增强综合国力和国民素质的战略方针。培养什么样的国民、国民素质能否适应新世纪全方位的挑战与国家和民族的命运紧密联系在一起，各国都将教育改革纳入国家的战略计划之中。于是，基础教育课程改革得到了许多国家的高度重视，许多国家和地区掀起了新一轮的基础教育改革的浪潮。例如，韩国1997年就开始了课程改革工作，英国1999年颁布了新一轮国家课程标准，日本1999年完成了小学至高中的课程纲领，新加坡2001年进行了基础教育课程改革。正是在这样的国际环境背景下，我国自20世纪90年代后期也开始了基础课程改革。以下列举一些主要国家的基础课程改革的主要目标和理念。

（一）英国

1999年英国颁布新一轮国家课程标准，强调四项发展目标、六项基本技能和四种共同价值观。

四项发展目标的具体内容如下。

（1）精神方面的发展：自我成长，发展自己的潜能，认识优、缺点，具有实现目标的意志。

（2）道德方面的发展：明辨善恶，理解道德冲突，关心他人，采取正确行动的意志。

（3）社会方面的发展：理解作为集体和社会一员自身的权利和责任，建立良好的人际关系的能力，为了共同的利益与他人协作的能力。

（4）文化方面的发展：理解文化传统，具有理解和欣赏美的能力。

六项基本技能是：（1）交流；（2）数的处理；（3）信息技术；（4）共同操作；（5）改进学习；（6）解决问题。

四种共同价值观的具体内容如下。

（1）自我：认同客观存在的自我，认识自己的长处和短处，养成自尊心和自制力。

（2）人际关系：承认自我与他人生存和发展的相互依赖关系，尊重他人，诚实、可信、自信。

（3）社会：追求自由与正义，维护权利与法的尊严，为共同的利益而努力，重视公民的责任和家庭，尊重宗教和文化的多元性，积极参与民主生活。

（4）环境：把社会和自然共同构成的环境视为生命和变化的起源。对未来和可持续发展抱有责任感，理解人在自然中的位置，努力保持自然的平衡性和多样性。

（二）日本

日本每10年更新一次国家基础课程。2002年实施的新课程，力求精选教学内容，留给学生更多自由发展的空间。其教育指导思想突出四个方面：

（1）鼓励学生参与社会和提高国际意识；

（2）提高学生独立思考能力和学习的能力；

（3）为学生掌握本质的基础内容和个性发展创造宜人的环境；

（4）鼓励每所学校办出特色和标新立异。

（三）韩国

韩国从1997年开始的课程改革，强调以实验、学习、讨论、自由活动、社会服务等亲身体验为中心的学习活动，以培养学生解决问题的能力。同时，引入"区别性课程"，从1年级到10年级，数学、英语、韩国语、科学和社会等五科设置分层课程，11年级到12年级大量引入选修课程。

（四）新加坡

2001年新加坡课程改革提出使学生掌握必要的技能，成为勇于革新、善于获取信息、富有创造精神的人,以适应21世纪的需要。

(五)美国

美国《2000年教育战略》在课程方面提出:"美国学生在4、8、12年级毕业时有能力在英语、数学、自然科学、历史、地理学科方面应付挑战",特别强调"不让一个孩子掉队"。

二、国内背景

我国是世界上人口最多的国家,也是世界上最大的基础教育国家。各级各类在校人数截至2011年为2.3亿人。然而我国的基础教育在许多方面存在许多弊端,如课程目标、结构、内容、课程实施与评价等方面,已经越来越不适应现代社会发展的需要。

为了推进素质教育,适应教育发展的需要,就必须以课程改革为核心加强基础教育改革。国家教育部在广泛开展国际比较的基础上,于1996—1997年组织一批专家对我国基础教育的现状进行了全方位深入调查,分析、研究基础教育课程和教学理论的发展趋势,探讨了基础教育课程改革的基本理论问题,明确了我国基础教育课程改革的基本理念。1998年开始起草了基础教育课程改革的指导性文件《国家基础教育课程改革指导纲要》,1999年国家又作出了"深化教育改革,全面推进素质教育"的决定,其后教育部还提出了《面向21世纪教育振兴行动计划》,在纲要和计划的指导下积极有效地开展基础教育改革的各项工作。这次课程改革涉及培养目标的变化、国家课程标准的制定、实验教材的开发、评价体系的建立、师资培训以及国家课改实验等方面。

第三节 英语课程改革的方向和目标

一、英语课程改革的方向

义务教育阶段英语课程的总体方向是培养学生初步的综合语言运用能力,并通过英语学习促进学生的心智发展,提高学生的综合人文素养。综合语言运用能力的形成建立在语言技能、语言知识、情感态度、学习策略和文化意识等诸方面整体发展的基础之上。语言知识和语言技能是综合语言运用能力的基础;文化意识有利于正确地理解语言和得体地使用语言;积极的情感态度有利于促进学生主动学习和持续发展;有效的学习策略有利于提高学习效率和发展自主学习能力。这五个方面相辅相成,共同促进综合语言运用能力的形成与发展。

二、英语课程改革的目标

英语课程改革的具体目标可归结为以下几点。

(1)改变课程过于注重知识传授的状况,强调形成积极主动的学习态度,使学生在获得基础知识基本技能的过程同时成为学会学习和形成正确价值观的过程。

(2)改变课程结构过于强调学科本位、科目过多和缺乏整体的现状,整体设计九年义务教育的课程门类和课时比例,并设置综合课程,以适应不同地区和学生发展的需求,体现课程结构的均衡性、综合性和选择性。

（3）改变课程内容"难、繁、偏、旧"和偏重书本知识的现状。加强课程内容与学生生活以及现代社会科技发展的联系，关注学生的学习兴趣和经验，精选终身学习必备的基础知识和技能。

（4）改变课程实施过于强调接受学习、死记硬背、机械训练的现状，倡导学生主动参与、乐于探究、勤于动手，培养学生收集和处理信息的能力、获取新知识的能力、分析和解决问题的能力以及交流与合作的能力。

（5）改变课程评价过分强调评价的甄别与选拔的功能，发挥评价促进学生发展、教师提高和改进教学实践的功能。

（6）改变课程管理过于集中的状况，实行国家、地方、学校三级课程管理，增强课程标准与地方、学校及学生的适应性。

第四节　新课标的基本理念和教学要求

一、新课标的基本理念

（一）课程标准

国家课程标准是教材编写、教学、评估和考试命题的依据，是国家管理和评价课程的基础，体现了国家对不同阶段的学生在知识与技能、过程与方法、情感态度与价值观等方面的要求，规定各门课程的性质、目标、内容框架，提出教学和评价建议。

在国外，课程标准（curriculum）从广义上说，是指反映教育管理部门或具体教育单位的所有教育功能的整体课程设置模式，以及体现这些功能的教学内容和活动。狭义的课程标准至少包含三个方面的内容：规定教学目标；决定教学内容；体现实施内容和目标的次序、进程。这后一种定义和教学大纲（syllabus）大致相同，只是近年来的教学大纲更多是指对某一课程在某个（些）阶段中的教学内容清单以及选材和排序的原则等等。

2001年我国教育部颁布的《全日制义务教育英语课程标准》（以下简称《标准》），是由教育部基础教育司委派的英语课程标准研制工作组，在考察和研究了当今国内外基础教育外语课程的教学大纲、教材和教学现状，并广泛听取了各地专家学者和英语教师意见的基础上，通过近三年的反复研讨和修改之后制定出来的指导性文件。《标准》与我国以往颁布的基础英语教学大纲相比，不仅编写的体例有所不同，而且更重要的是，它的内容和内涵体现了当前全球教育改革的新趋势以及我国基础教育课程改革纲要的最新精神。

此次英语课程改革的重点就是，要改变英语课程过分重视语法和词汇知识的讲解与传授、忽视对学生实际语言运用能力培养的倾向，强调课程从学生的学习兴趣、生活经验和认知水平出发，倡导体验、实践、参与、合作与交流的学习方式和任务型的教学途径，发展学生的综合语言运用能力，使语言学习的过程成为学生形成积极的情感态度、主动思维和大胆实践、提高跨文化意识和形成自主学习能力的过程。2001年课程改革制定的英语课程标准是以后英语课程标准修订的基础。我国目前最新的英语课程标准于2012年2月1日颁布。与2001年的标准相比，新版课程标准基本理念、基本内容和要求没有太大变化，最主要的变化是明确了英语这门课程的工具性和人文性的特点，即英语学习不再是简单地提升学生的综合语言运用能力，还承担着提高学生综合人文素养的任务。

（二）新课标的基本理念

新课标定位是：为了全体学生发展，为了学生的全面发展，为了学生个性发展。

根据三个发展，提出了六个基本理念：面向全体学生，注重素质教育；整体设计目标，体现灵活开放；突出学生个体，重视个体差异；采用活动途径；倡导体验和参与；注重过程性评价，促进学生发展，开发课程资源，拓展学用渠道。

1. 面向全体学生，注重素质教育

新课程特别强调要关注每个学生的情感，激发他们学习英语的兴趣，帮助他们建立学习的成就感和自信心，使他们在学习过程中发展综合语言运用能力，提高人文素养，增强实践能力和创新精神。

2. 整体设计目标，体现灵活多样

目标定为9个级别（从小学至高中），此设计体现基础教育阶段学生能力发展循序渐进的过程和课程要求的有机衔接，保证国家英语课程标准的整体性、灵活性和开放性。

3. 突出学生主体，重视个体差异

学生的发展是英语课程的出发点和归宿。英语课程在目标设定、教学过程、课程评价和教学资源的开发等方面都突出以学生为主体的思想。课程实施应成为学生在教师指导下构建知识、提高技能、磨炼意志、活跃思维、展现个性、发展心智和开拓视野的过程。

4. 采用活动途径，倡导体验和参与

新课标倡导任务型的教学模式，学生在教师的指导下，通过感知、体验、实践、参与和合作等方式，实现任务的目标，感受成功。在学习过程中进行情感和策略调整，以形成积极的学习态度，促进语言实际运用能力的提高。

5. 注重过程性评价，促进学生发展

建立能激励学生学习兴趣和自主学习能力发展的评价体系，本体系由形成性评价和终结性评价构成。在英语教学过程中应以形成性评价为主。注重培养和激发学生的学习积极性和自信心；终结性评价着重检测学生综合语言技能和语言应用能力。评价要有利于促进学生综合语言运用能力和健康人格的发展，有利于促进教师不断提高教育教学水平，有利于促进英语课程的不断发展与完善。

6. 开发课程资源，拓展学用渠道

丰富课程资源，给学生提供贴近学生实际、贴近生活、贴近时代的，内容健康和丰富的课程资源；要积极利用音像、电视、书刊、网络信息等丰富的教学资源，拓展学习和运用英语的渠道；积极鼓励和支持学生主动参与课程资源的并发和利用。

这些新理念体现在以下几个方面。

（1）改变以教为主的原则，树立以学生为主体的指导思想。面向全体学生的核心思想是使每一个学生都得到发展。英语教学目标应该在保证课程面向每一个学生的同时，积极地创造条件，满足有更多潜力的学生的需要，使全体学生都能够全面和谐地发展。突出学生主体体现了循循善诱和因材施教的思想方法。循循善诱的核心在于激发学生的求知欲，启发学生自主思考；因材施教旨在满足个体的需求，发展学生的知识运用能力和技能。

（2）强调培养创新精神。培养学生创新能力是新课改的一个重要课题。从宏观上来说，应该在培养模式上高度重视学生个性化发展；在教学方法上要全面推广启发式教学；在教学过程中要加强实践性活动；在学校管理中应强化民主性原则。在英语教学中，创新教育涉及打好基础、优化能力结构、训练思维和塑造人格等教学策略。首先，帮助学生学好语言基本功。任何创新都是以对所学知识进行科学加工和创造性的活动为前提的，掌握的知识越丰富，就越容易产生新思想、新智慧火花。其次，合理优化学生的能力结构。合理的能力结构是创新活动必不可少的条件。能力结构既包括听、说、读、写的能力，也包括认知、元认知能力以及合作能力。再次，训练思维方式。灵活的思维方式与创新活动密不可分，要培养学生横向思维、纵向思维、逆向思维以及多角度、多层面思考问题的习惯和方法。最后，塑造健康的人格。人格和能力是人的心理特征的两个方面，教学中要引导学生陶冶性情、分清美丑、明辨是非、热爱祖国，开发学生的非智力因素，把学生的全面发展作为教学的出发点和归宿。

（3）提倡学生体验参与，促进学习方式转变。学生参与学习活动是体现"教师指导、学生主体"的一个方面，参与性的大小是衡量教学质量的一个指标。学生在参与活动过程中获得感知和体验，领略学习的艰辛与乐趣。相对于接受学习，注重发现性学习是学习方式转变的重要标志。在接受学习中，学习内容是以定论的形式直接呈现出来的，学生是知识的接受者；在发现学习中，学习内容是以问题形式间接呈现出来的，学生是知识的发现者。两种学习方式都有存在的价值，但是传统学习方式过分突出和强调接受与掌握，使学生学习纯粹成了被动接受、记忆的过程，不利于学生的发展。转变学习方式就是要改变这种状态，把学习过程中的发现、探究、研究等认识活动凸显出来，使学习过程更多地成为学生发现问题、提出问题、分析问题、解决问题的过程。基于此，新课程标准倡导发现学习、自主学习、参与性学习（如合作学习）和研究性学习。

（4）确立英语课程的开放体系。英语课程的开放性体现在教材形式、课程资源、学习方式、教学目标等方面。教材形式的开放性是指由原来单一的教科书变为国家、地方和校本三级教材；课程资源的开放性是指教材资料的来源渠道广，资料的选择贴近实际、贴近生活、贴近时代；学习方式的开放性是强调开展富有个性的发现性学习；教学目标的开放性则主张建立整体化、多层级的教学目标以及实现评价主体、对象和形式的多元化。

二、新课标教学的基本要求

新课标力求面向全体学生，为学生发展综合语言能力打下基础，同时促进学生整体人文素质提高。教师应在教学中综合考虑语言技能、语言知识、情感态度、学习策略和文化意识五个方面的课程目标，根据学生发展状况整体规划各个阶段的教学任务，有效整合教学资源，优化课堂教学，培养学生自主学习能力，为学生的可持续发展奠定基础。教师要不断地提高自身的业务水平，努力适应英语课程对老师提出的新要求。新课标对教师的教学提出以下基本要求。

（一）面向全体学生，营造良好的语言学习气氛

为了实现这一要求，教师应努力做到以下几点。

1. 面向全体学生

教师应充分了解所有学生的语言能力和发展要求，选择适当的教学方式和方法，把握学习难度，调动所有学生的学习积极性，使他们保持英语学习的信心，体验学习英语的兴趣，获得学习英语的成功感，并使他们在各个阶段的学习中不断进步。

2. 重个体差异

教师应充分了解学生的不同学习经历、学习风格、学习水平，尊重学生的个性，充分利用学生的不同潜能因材施教，为学生提供多样化的发展空间。对学生在学习过程中出现的问题应给予及时和有针对性的指导。

3. 优化课堂教学

教师要努力营造和谐的课堂教学气氛，合理安排教学内容和步骤，组织多种形式的课堂互动，鼓励学生通过观察、体验、探究、合作等方式学习、运用英语，尽可能地为他们创造语言学习的实践机会，引导他们自主学习。对学生学习过程中出现的错误采取宽容的态度，选择适当的时机和方法妥善处理语言学习过程中出现的错误。

4. 强调学习要打好基础

教师要根据学生的实际学习情况，确立有利于逐步提高学生基本语言素养和基本学习能力的教学目标，特别是在小学阶段，老师要培养学生积极的学习态度、浓厚的学习兴趣和良好的学习习惯。

（二）注重语言实践，培养学生语言运用能力

课程标准以学生"能用英语语言做事情"设定各级目标要求，旨在培养学生的综合语言运用能力，各种语言知识的呈现和学习要从语言的使用角度出发，通过创设具体的语境并采取循序渐进的语言实践活动，为学生提升"用英语做事情"的能力而服务。要积极尝试各种强调过程与结果并重的教学途径和方法。

在学生语言学习和实践活动中，教师的作用非常重要。教师要处理好学习知识和发展能力的关系、语言操练与语言运用的关系以及教学与考试的关系。在设计教学活动时要体现以下的关系。

（1）活动要有明确的交流目的、真实的交流意义和具体的操作要求。要为学生提供展示学习成果的机会，使学生能够通过语言实践内化语言，提升语言运用能力。

（2）活动的内容和形式要贴近学生的实际生活，符合学生的认知水平和生活经历；要尽可能地接近生活中语言使用的实际情况。

（3）活动应包括学习语言知识和发展语言技能的过程，应使学生通过接触、理解、操练和运用语言等环节，逐步实现语言的内化和整合，从而提高实际语言运用能力；活动应激励学生用语言做事情，特别是用英语获取、处理和传递信息的能力。

（4）活动不仅限于课堂，还要延伸到课外；活动应有利于英语学科和其他学科的渗透和联系，以促进学生的认知能力、思维能力、审美情趣、想象力、创造力等综合素质的发展。

（三）加强学习策略的指导，提高学生自主学习能力

在义务教育阶段，学生逐步形成有效的学习策略对于提高学习效果是十分重要的。因此，发展有效的学习策略是英语课程的重要目标之一。为此，教师应做到以下两个方面。

（1）结合学生母语学习的经验和认知发展需求，针对英、汉两种语言的特点和异同，重点培养学生运用基本学习策略的能力；感知和模仿英语发音的特点；有效记忆和使用英语词汇的方法；理解英语句型的结构和语用功能；初步运用听、说、读、写四项语言技能获取、处理和传递所需信息；在具体语境下开展有效交流；主动反思和调控自己学习的策

略等。小学生的英语学习更应强调养成良好的语言学习习惯。

（2）根据学生的认知特点和学习风格，整体安排学习策略的发展目标，有计划、有步骤地指导学生发展具体的学习策略，培养自主的学习者。在教学中，教师要结合课堂教学的具体内容，采用直接讲解、间接渗透、学生相互交流等方式，向学生介绍和示范不同的英语学习策略，创设有利于学生使用各种学习策略的语言实践活动，使学生充分认识到有效运用学习策略对提高学习效率有积极作用。教师要帮助学生不断尝试和自我监控使用策略的情况和效果，并指导学生根据需要及时调整，以提高他们的自主学习能力，促进学生逐步形成能有效提高学习效率并符合个人学习风格和需要的英语学习策略。

（四）培养学生的跨文化意识，发展跨文化交际能力

语言与文化是密切相关的，文化素养包括语言素养。英语教学应有利于学生理解异国文化、形成跨文化意识、拓展文化视野，同时加深对中华民族优秀传统文化的理解与热爱。在实际教学中，教师应做到以下几点。

1. 培养学生的跨文化意识

教师应当结合教学内容，引导学生关注语言及其语用的文化因素，了解中外文化的异同，逐步增强学生对英语文化的理解力，为开展跨文化交流作准备。

2. 培养学生的跨文化交际能力

教师应根据学生的语言水平、认知能力和生活经验，创设尽可能真实的跨文化交际情景，让学生在体验跨文化交流的过程中，逐步形成跨文化交际的能力。

（五）结合实际教学需要，创造性地使用教材

教材是实现教学目标的重要材料和手段。在教学中，教师要善于根据教学的需要，从以下几个方面对教材加以适当的取舍和调整。

（1）根据所在地区的教学实际需要、学生现有水平、课时安排等，对教材内容作适当的补充和删减。特别注意对教材所作的补充和删减，不应影响教材的完整性和系统性。要避免一味为了满足考试需要而对教材作调整。

（2）根据实际教学目的和学生学习需求，对教材中的部分内容和活动加以替换，也可根据需要扩展教学内容或添加活动步骤，例如增加准备性或提示性的步骤，从而降低活动难度。教师还可适当延伸原有的教学活动，例如在阅读理解的基础上展开讨论或辩论活动，增加词汇学习活动或写作活动，从而丰富教学内容。

（3）根据学生周围的现实生活对教材编排顺序作适当的调整。例如在现实生活中发生了某一重要事件，该事件与教材中某个单元的话题相关但进度不同步，如果在延续性和难度等方面没有大问题，就可以提前学习这个单元，使其与生活中发生的事件同步。这样可以使学生更加深刻地理解语言。

（4）调整教材中建议的教学方法，采用最适合实际教学需要的方法和步骤。由于客观条件的差异、学生现有水平的差异以及具体教学实际情况的差异，有时教材推荐或建议的教学方法和步骤不一定适合实际教学的需要，在这种情况下教师有必要进行调整。

（六）合理利用各种教育资源，提高学生的学习效率

现代教育技术和教育资源为英语教学提供了有效的平台和广阔的空间。教师要根据教学目标、学习内容、学校条件和学生实际情况，积极学习并在课堂教学中合理利用各种现

代教育技术，同时也要充分利用常规的教育手段和教育资源，使各种教育技术都能科学地、合理地、恰当地、简约地为提高学生英语学习效果而服务。为此，教师应努力做到以下几个方面。

（1）根据实际教学条件，创造性地利用黑板、白板、卡片、简笔画、教学挂图、模型、实物等常规媒体，同时积极利用音像、网络以及计算机多媒体等现代教育资源，丰富教学内容和形式，提供有利于学生观察、模仿、尝试、体验真实语言的语境，使英语学习更好地体现真实性和交际性特征。

（2）开发和利用广播电视、英语报刊、图书馆等多种资源，提供充足的条件，拓展学生自主学习的渠道和空间。师资条件相对薄弱的地区和学校应当充分利用远程教育资源，有效推进英语教学。

（3）对于小学低年级的学生，教师更应注意使用丰富多样的教学资源，使教学内容、形式与过程更为直观、生动、形象，以适应儿童的认知特点。

（4）充分利用自身的生活经历与经验以及学生的学习经验和实例，丰富教学内容，正确处理讲授与多媒体手段使用之间的关系。教师在运用多媒体手段时，要注意目的性、恰当性、合理性。多媒体的使用不能替代师生课堂上真实而鲜活的语言交流、思维碰撞、情感互动和人际交往活动。

（七）组织生动活泼的课外活动，促进学生的英语学习

英语课外活动应是课内活动的延伸和拓展，应能为学生用英语做事情提供更大的平台。活动要有助于激发和提升学生学习英语的兴趣、丰富语感、开阔视野、增长知识、发展智力和塑造性格。英语课外活动的组织和管理应注意以下几个方面。

1. 形式多样，因地制宜

教师应根据学生的年龄特点和需求，结合当地经济文化发展实际，有计划、有组织、有创造性地开展内容丰富、形式多样、因地制宜的课外活动。如朗诵、唱歌、讲故事、演剧，以及英语角、英语墙报、校园或班级刊物等，还可以举办演讲会、英语演出会、英语主题班会、英语作品展示会等，甚至可以参与社区英语活动。有条件的学校还可以参与有组织的国际学生交流活动。

2. 注重兴趣，鼓励参与

英语课外活动设计应注意课内外活动的沟通、延伸和拓展，要着重调动学生参与的积极性。要注意鼓励、动员、吸引学习困难的学生参与课外活动，为他们设计合适的形式和内容，使他们能够乐于参与，通过亲身体验产生学习兴趣、动力并获得成功。在活动中要给予他们耐心的指导，注意保护他们的自尊心和热情，尊重他们的参与方式，并注意因势利导。教师要充分利用社会资源使课外活动具有新鲜感和活力。小学课外活动的内容尤其要突出童趣。

3. 鼓励自主，提供指导

教师要充分发挥学生的自主性，尊重他们的策划和选择，要关注活动的过程，关注学生在活动中的表现，为他们的发展提供指导和支持，做好活动的顾问和服务工作。学校要积极引导英语课外活动的内容和组织形式，避免使英语课外活动变成课业补习活动。

（八）不断提高专业水平，努力适应课程的要求

在实施英语课程的过程中，教师要不断加深对课程理念和课程目标的理解与认识。既

要充分吸收和继承各种教学方法的可取之处,又要根据课程标准所阐述的课程理念进一步优化教育教学方式,提高教学效率。教师要特别注重提高自身的专业水平,努力适应英语课程对教师提出的要求。为此,教师应做到以下几个方面。

1. 更新学科专业知识,提高语言素养

教师专业发展的重要内容之一是掌握并不断更新学科专业知识。英语教师应具备的学科专业知识包括,系统的英语语言基本知识、扎实的语言基本功和较好的语言运用能力;能用英语阅读专业文献、表达观点和看法,用英语实施课堂教学。同时,教师还应具有较强的跨文化交际意识和能力,并随着社会和语言的发展不断更新语言知识,提高语言运用能力。

2. 不断积累学科教学知识,提高教学实践能力

英语学科教学知识既包括基本的教育学和心理学知识,也包括有关英语教学的理论知识、教学方法和教学技巧。教师要了解儿童和青少年的认知发展特点,根据中国学生英语学习特点和学习环境对英语学习的影响,不断探索学生英语学习的客观规律。教师要能够确定合理而又具有可操作性的教学目标,设计合理、连贯、清晰的教学过程,选择并创造性地使用多种教学方法,有效地组织和实施课堂教学。教师还应注意观察教与学的过程,监控教与学的效果,并及时调整教学目标、内容和方法。

3. 开展教学反思,促进自身专业发展

教学反思是一个不断发现问题、分析问题和解决问题的过程,是教师发展的重要途径。教师应通过不断的反思,加深对教育教学过程和学生学习过程的认识,调整和改进自己的教学行为,提高教学效果。要通过建立教学团队,构建合作学习和合作探究的机制和氛围,鼓励分享,促进交流,提炼适合个人特点的教学信念,探索有效的教学方式和方法,成为一个不断进取的、具有创新精神的英语教师。

第五节 新课标的小学英语教学大纲

一、教学目的

小学英语教学的目的是,通过生动活泼的课堂教学活动,对学生进行基本的听、说、读、写训练,使学生打好语音、语调基础,掌握一定量的词汇和最基本的语法知识,培养学生基本的日常会话能力以及拼读、拼写能力。同时,注重培养学生学习英语的兴趣,使他们喜欢学习英语和使用英语,为他们升入中学继续学习英语奠定初步的基础。在英语教学过程中,还要培养学生良好的思想品德和行为习惯。

二、教学要求

(一) 课时分配

小学从一年级开始开设英语课,共计六年。

小学一、二年级:5 小课时/周×70 周=350 课时

小学三、四年级:4 课时/周×70 周=280 课时

小学五、六年级:4 课时/周×70 周=280 课时

(注：每小课时＝20分钟；每课时＝40分钟)

(二) 教学三个阶段

小学教学分为三个阶段：

(1) 语音、语调输入阶段（一、二年级），以听说为主；

(2) 语音、语调输入和拼写阶段（三、四年级），继续听、说、认读、拼写跟上；

(3) 语音、语调输入和读写并行阶段（五、六年级），听、说、读、写全面训练。

(三) 要求

小学英语的教学应达到以下要求。

1. 一、二年级要求

(1) 在课堂上，借助实物、图片、教师的动作与表情，能对教师用英语提出的要求作出基本正确的反应。

(2) 能够听懂，并能根据实物、图片、动作等，用正确的语音语调说出所学单词 400 个左右。

(3) 能够背诵所学的儿歌，会唱所学的英文歌曲。

(4) 能够掌握最基本的日常交际用语（如 Hello. /Hi. Good morning. /How are you? 等）能够进行简单的对话（发出简短的指令，作出简单的陈述，使用简单的疑问句以及对简单的疑问句和选择疑问句作出回答等）。

2. 三、四年级要求

(1) 基本能够听懂课堂用语。

(2) 能够按顺序背诵字母表，并可以认读、拼写字母的大小写形式，区分印刷体和手写体。

(3) 能够用正确的语音、语调朗读所学的单词、词组和课文。

(4) 能够根据场景，用正确的语音、语调进行简单的对话。

(5) 能够听懂，并用正确的语音、语调说出所学单词 400 个左右，并能够拼写其中所学常用单词 200 个左右。

(6) 能够正确规范地书写大小写字母、单词和句子。

3. 五、六年级要求

(1) 能够听懂课堂用语，基本听懂题材熟悉、难度浅于教材课文、语速为每分钟 80 词左右的听力材料。

(2) 在能够用正确的语音、语调朗读所学的单词、词组和课文的基础上，掌握所学重点单词、固定短语和基本句型的基本用法。能够用正确的语音、语调说出所学单词 400 个左右，能够拼写所学常用单词 250 个左右。

(3) 能够在所学语言知识范围内进行日常会话。

(4) 能够阅读与教材课文难易程度相当的原版简易图画故事。

(5) 能够书面回答与课文有关的问题，能写便条式的、以双方信息交流为主的英语。

(6) 理解以下时态：一般现在时、现在进行时、一般过去时、一般将来时和 be going to 表示的将来时。掌握所学规则动词的词形变换。能识别所学实义单词的词性。

三、教学内容

为达到上述教学目的和教学要求，小学阶段应教授下列几方面的内容：

（1）字母表；

（2）基本语音、语调。

（3）词汇

① 接触（听、说、认读）1200 个左右单词和一定数量的短语和习惯用语。

② 拼写 450 个左右常用单词。

（4）语法

① 名词（可数名词和不可数名词、名词的数、专有名词、所有格）。

② 代词（人称代词的主格、宾格形式，物主代词的形容词性与名词性形式，指示代词，不定代词，疑问代词）。

③ 数词（100 以内的基数词和序数词）。

④ 介词（词汇总表中介词的用法）。

⑤ 连词（词汇总表中连词的用法）。

⑥ 形容词（作定语和表语的形容词）。

⑦ 副词（词汇总表中表示时间、地点、方式、程度、疑问的副词用法）。

⑧ 动词。

动词的词类：及物动词和不及物动词；连系动词；基本的情态动词和助动词（be，do，have，shall，will）。

时态：一般现在时；现在进行时；一般过去时；一般将来时和 be going to 表示的将来时。

⑨ 感叹词。

⑩ 句子（陈述句、疑问句、祈使句、感叹句）。

（5）日常交际用语

① Greetings（问候语）。

- Hello! /Hi! 你好！
- Good morning/Good afternoon/Good evening! 早晨（下午/晚上）好！
- I'm Kathy King. 我是凯西·金。
- Are you Peter Smith? 你是彼得·史密斯吗？
- Yes, I am. /No, I'm not. 是，我是。/不，我不是。
- How are you? 你好吗？
- Fine, thanks. And you? 很好，谢谢，你呢？
- I'm fine, too. 我也很好。
- How is Amy/How is your mother/How is your father? 爱米好吗？/你妈妈好吗？/你爸爸好吗？
- She is very well, thank you. 她很好，谢谢。
- Good night, Jane. 晚安，简。
- Goodbye! Mike. 再见，迈克。
- See you tomorrow. 明天见。

- See you later. 待会儿见。
- I have to go now. 我必须走了。

② Expression In Class（课堂用语）。
- May I come in? 我能进来吗？
- Come in, please. 请进。
- Sit down, please. 请坐。
- It's time for class. 上课时间到了。
- Open your books and turn to page 20. 打开书，翻到第 20 页。
- I'll call the roll before class. 课前我要点名。
- Here! 到！
- Has everybody got a sheet? 每个人都拿到材料了吗？
- Any different opinions? 有不同意见吗？
- Are you with me? 你们跟上我讲的了吗？
- Have I made myself clear? 我讲明白了吗？
- Could you say it again? 你能再说一遍吗？
- Any questions? 有什么问题吗？
- That's all for today. 今天就讲到这里。
- Please turn in your exercises before leaving. 请在离开前将练习交上。

③ Identifying Objects（辨别物品）。
- What's this? 这是什么？
- It's a pen. 是支钢笔。
- Is this your handbag? 这是你的手提包吗？
- No, it isn't. /Yes, it is. 不，它不是。/是的，它是。
- Whose pen is this? 这是谁的钢笔？
- It's Kate's. 是凯特的。
- Is that a car? 那是一辆小汽车吗？
- No, it isn't. It's a bus. 不，那是一辆公共汽车。
- What do you call this in English? 这个用英语怎么说？
- What is the color of your new book? 你的新书是什么颜色的？
- How big is your house? 你的房子有多大？
- How long is the street? 这条街有多长？
- What's the name of the cat? 这猫叫什么名字？
- Where's the company? 那个公司在哪儿？
- Which is the right size? 哪个尺码是对的？

④ About Belongings（关于所有物）。
- What's this? 这是什么？
- It's an air-conditioner. 这是空调。
- Is this yours? 这是你的吗？
- Yes, it's mine. 是的，是我的。

- Where are my glasses? 我的眼镜在哪儿?
- Do you know where I've put my glasses? 你知道我把眼镜搁哪儿了吗?
- Over there. 在那边。
- On the desk. 在桌上。
- Is this your pen? I found it under the desk. 这是你的钢笔吗? 我在桌下捡的。
- No. Mine is blue. 不是。我的是蓝的。
- Which is your bag? 哪个是你的包?
- The bigger one. 大些的那个。
- The one on your right. 你右边的那个。
- Are these books all yours? 这些书全是你的吗?
- Some of them are mine. 一部分是我的。

⑤ Identifying People（辨别身份）。
- Who are you? 你是谁?
- I'm Jim. 我是吉姆。
- Who is the guy over there? 那边那个人是谁?
- He's Bob. 他是鲍勃。
- Is that girl a student? 那个女孩是学生吗?
- No, she isn't. 不，她不是。
- What do you do? 你是做什么的?
- I'm a farmer. 我是个农民。
- What does he do? 他是干什么的?
- He's a manager. 他是个经理。
- She must be a model, isn't she? 她一定是个模特，不是吗?
- I really don't know. 我真不知道。
- I have no idea about it. 我一点都不知道。
- Can she be a driver? 她可能是个司机吗?
- Yes, I think so. 是的，我认为是。

⑥ About Introduction（关于介绍）。
- What's your name? 你叫什么名字?
- May I have your name? 能告诉我你的名字吗?
- My name is Thomas. 我叫汤姆斯。
- Just call me Tom. 就叫我汤姆吧。
- What's your family name? 你姓什么?
- My family name is Aynesworth. 我姓安尼思华斯。
- How do you spell it? 怎么拼写?
- Who is the lady in white? 穿白衣服的那位小姐是谁?
- Could you introduce me to her? 你能把我介绍给她吗?
- Rose, let me introduce my friend to you. 罗斯，让我给你介绍一下我的朋友。
- This is Tom. He's my classmate. 这是汤姆。我的同学。

- Nice to meet you. 见到你很高兴。
- Nice to meet you too. 见到你也很高兴。
- Let me introduce myself. 让我作个自我介绍。
- How do you do! 你好！

⑦ Year, Month And Day（年、月、日）。
- What day is it today? 今天星期几？
- It's Monday today. 今天是星期一。
- What's the date today? 今天是几号？
- It's January the 15th, 1999. 今天是1999年1月15日。
- What month is this? 现在是几月？
- It's December. 现在是十二月。
- What year is this? 今年是哪一年？
- It's the year of 1999. 今年是1999年。
- What will you do during this weekend? 这个周末你干什么？
- Does the shop open at 9 am on weekdays? 这家店平日是早上9点开门吗？
- It opens at 8 am on weekdays, but at 9 am at weekends. 平日上午8点开，但周末9点开。
- What will you do the day after on next? 后天你干什么？
- What did you do the week before last? 上上星期你干了什么？
- I'll work for the next five days. 我要工作5天。
- It's been 5 years since I last saw you. 我已5年没见你了。

⑧ Talking About Objects（谈论事物）。
- Do you have a computer? 你有计算机吗？
- Yes, I do. 是的，我有。
- He has that book, doesn't he? 他有那本书，是吗？
- No. He doesn't. 不，他没有。
- Do you have any brothers or sisters? 你有兄弟或姐妹吗？
- No. I'm a single son. 没有，我是独生子。
- Does your computer have a modem? 你的电脑有调制解调器吗？
- Do you have shampoo here? 这儿有香波卖吗？
- What a beautiful garden you have! 你的花园真漂亮！
- Any tickets left? 有剩票吗？
- Do you have glue? I need some here. 你有胶水吗？我这里需要一些。
- I have some left. 我剩下一些。
- If you have more, please give me some. 如果你有多的，请给我一些。
- Do you have my pencil? 你拿了我的铅笔吗？
- Yes, I have your eraser, too. 是的，我还拿了你的橡皮。

⑨ Talking About Time（叙述时间）。
- What time is it now? 现在几点？

- It's two o'clock. 现在两点。
- It's a quarter past five. 现在是 5 点一刻。
- It's ten minutes to four. 现在 4 点差 10 分。
- It's half past nine. 现在是 9 点半。
- It's one o'clock sharp. 现在 1 点整。
- It's not four o'clock. 还没到 4 点呢。
- My watch says two o'clock. 我的表是两点钟。
- My watch is two minute fast. 我的表快了两分钟。
- What's the time by your watch? 你的表几点了?
- We must arrive there on time. 我们必须准时到那儿。
- There are only two minutes left. 只剩两分钟了。
- Can you finish your work ahead of time? 你能提前完成工作吗?
- The flight is delayed. 飞机晚点起飞。
- The meeting is put off. 会议延期了。

⑩ About Dates（关于日期）。

- What day is today? 今天星期几?
- Today is Monday. 今天星期一。
- What's the date today? 今天几号?
- Today is May 21st. 今天是 5 月 21 号。
- When were you born? 你什么时候出生的?
- I was born on September 1,1976. 我出生于 1976 年 9 月 1 日。
- What time? 什么时候?
- You name the time. 你定时间吧。
- I'll meet you tomorrow. 我们明天见面。
- Do you know the exact date? 你知道确切日期吗?
- Please check the date. 请核实一下日期。
- What were you doing this time last year? 去年这时候你在干什么?
- How long will the sale last? 折价销售多久?
- Only three days. 仅 3 天。
- I'll be back in 5 days. 我 5 天之后回来。

四、英语教学中应注意的几个问题

（一）遵循英语教学规律，寓思想教育于语言教学之中

英语教学符合教育普遍规律，同时又具有自身的规律，广大英语教师在教学中要遵循英语教学规律，积极诱导，创造各种条件，使学生在学好英语知识的同时，思想上也受到好的影响，这是教育的目的及其普通规律。我国古代教育家韩愈曾指出："师者以传道授业解惑也"。这说明古人已认识到教学中传道与解惑的双重任务。德国教育家赫尔巴特不承认有任何"无教育的教学"，他认为教学必然产生教育作用，教学是道德教育的主要手段。可见，教学过程既是传授知识的过程，也是培养与形成一定政治思想、道德品质的过程。

(二) 重视培养学习兴趣，创设轻松愉快、生动活泼的课堂气氛

生动活泼、愉快和谐的课堂气氛有利于教师顺利地完成课堂教学，令学生轻松愉快地学习、积极主动地思考，有利于提高课堂教学质量和学生学习效率，激发学生学习兴趣，提高教学质量。作为英语教师，要想学生认真积极地去把英语学好，必须组织好课堂各种学习活动，设计好课堂各个教学环节，指导学生学习英语的方法，激发他们对学习英语的兴趣，培养他们积极学习和主动学习的学习习惯。因此，我们就要为学生创设良好的课堂学习氛围，营造轻松愉快、积极活跃的课堂学习气氛，使他们自始至终都保持兴奋、愉快的心情去学习，这样就会把知识学得活、学得好、记得牢，达到理想的效果。

(三) 要侧重听、说能力的培养，同时注意听、说、读、写的全面训练

在英语教学中，我们要充分利用直观教具和电化教学手段，如录像带、VCD、CD、DVD等，尽量为学生提供地道的语言材料和标准的语音语调，促进学生用英语思维，培养他们直接用英语表达思想的能力。

听、说、读、写是语言的基本技能，也是英语教学的目的所在。在外语学习教学里，听、说、读、写要全面训练，但在不同的阶段要有所侧重。在初始阶段也就是小学三四年级，听说可以多训练一些。在中高级阶段也就是小学五六年级，要在听说读写的全面发展上注重阅读训练。用以上标准来衡量，任何形式的"瘸腿英语"，如"哑巴英语"和"文盲英语"，都是不符合英语教学规律的。只有认清这四种技能的关系才能更好地学好英语，更快地掌握学习的主动权。

(四) 坚持以自然环境教学为主的课堂教学

儿童心理语言学家认为，儿童倾向于在自然环境中学习语言。儿童的心理、生理特点决定了儿童具有与他人接近并达成与他人认同的意愿和能力。在语言学习活动中，儿童处在一种极其开放、灵活变通的状态，接受可输入语言的速度快、理解程度高。因此，在小学英语教学过程中，教师要充分运用实物、图片、手势、直观教具和表演等方法，并要充分利用现代化教学手段，为学生提供大量正确的语言输入，使学生在一种近似自然的语言环境中学习语言。学生在接触所输入的大量正确的语言信息中，主动、自然地抽象出语法规则，使学生正确地理解、模仿所输入的正确语言，并在潜意识中主动地改正错误，而不是通过教师的讲解，出于"对"与"错"的理性思考来学习语言。教师要力求避免采用首先讲解语法规则（或句型），之后进行用中文组织的大量的句型操练，以复习巩固所学的语法规则的传统教学模式。

(五) 面向全体学生，因材施教

英语教学要充分调动每一个学生的积极性，努力创设良好的环境，使每个学生都能投入各种操练活动。同时也要坚持因材施教的教学原则，学生的素质不同，学习基础不同，性格不同，志趣爱好不同，每个儿童都有自己的特点。不论是学习好一些的，还是基础差一些的学生，都各有所长，各有所短，他们之间在多方面存在着差异，在某些方面甚至存在着较大的差异。作为教师，既要看到差异，更要重视差异在教学过程中的变化。因此，教学时，既要考虑到学生的共性，也要照顾他们的差异。注意学生的个体差异，课堂活动要注意学生的能力层次。对学习有困难的学生，要满腔热情地帮助他们增强自信心，激发

他们的学习兴趣，并采取相应的措施，使他们在原有的基础上逐步提高，最终达到教学基本要求。对有语言特长的学生，要为他们创造发展特长的条件，因此，教学中绝不能搞"一刀切"。

五、积极开展英语课外活动

课外活动是重要的教学辅助手段，有利于学生开阔视野，陶冶情操，在娱乐中不知不觉地学习英语。课外活动要面向全体学生，内容要适合学生的年龄特点，形式要多种多样，如英语角、唱歌比赛、朗读比赛、拼写比赛、做游戏、表演、小小讨论会等。每学期学校至少应组织一次全班或全校的英语课外活动。

六、测试

测试是检查学生学习成绩和获取教学反馈信息的有效手段。小学英语教学评价的主要目的是激励学生的学习兴趣和积极性。评价形式应该具有多样性和可选择性。评价应以形成性评价为主，以学生平时参与各种英语教学活动所表现出来的兴趣、态度和交流能力为主要依据。

三、四年级的期末或学年评价基本不采用书面测试方式，应采用与平时教学活动相近的方式进行，通过对学生的观察和与学生交流等方式评价学生。五、六年级的期末或学年考试可采用口试、笔试相结合的方式。口试要考查学生实际运用所学语言的能力，考查要贴近学生生活，笔试主要考查听和读的技能。

终结性评价采用等级制或达标的方法记成绩，不用百分制。不要对学生的考试成绩排队并以此作为各种评比或选拔的依据。

思考与练习：

1. 简述我国英语教学发展简史。
2. 各国的教改目标和体系在哪些方面体现了全球教育改革的总趋势？

第四章　国内外英语教学流派简介

通过本章学习，需要达成如下目标：(1) 了解国外英语教学主要流派，(2) 了解国内外语教学主要流派，(3) 小学英语教学的主要方法，(4) 如何正确认识各种外语教学法。

第一节　国外英语教学主要流派

一、翻译法

翻译法（Translation Method）也叫语法翻译法，在我国最早叫译授法，是教文字的方法。翻译法是中世纪欧洲人学习希腊文和拉丁文所采用的方法。到 18、19 世纪，欧洲学校开设现代外语课，现代外语教学就自然地沿用了当时教古典语的方法。它是外语教学里历史最久的教学法。

（一）翻译法的特点

翻译法分为语法翻译法和词汇翻译法。翻译法的共有特点如下所示。

（1）用母语组织教学。讲到一个词汇就用母语解释，讲到一个句子就用母语翻译。

（2）以传统的语法和词汇教学为中心。讲语法先讲解语法规则，然后用例句进行操练，加深理解。讲解词汇就用母语解释其用法，课文的讲解就是由这些语法和词汇讲解所构成。

（二）翻译法的优点

翻译法是外语教学中最悠久的教学法，它有以下优点。

（1）用翻译法解释语法和词汇，能使学生更好地理解抽象词的应用和较为复杂的句子。

（2）在教学运用方面，不需要特别的设备，只要一本教科书就行了。

（三）翻译法的缺点

翻译法最大的缺点就是不利于语言的应用和交流。学生虽然掌握了不少的语法知识和词汇，却不能进行口语交流，连起码的听力都成问题，因为翻译法不注重语音、语调的学习，教学中只是简单地罗列规则。另外，翻译法强调背诵，课堂气氛单调，不利于调动学生学习的积极性。

二、直接法

直接法产生于 19 世纪工业和科技迅速发展的欧洲。欧洲各国争相寻找市场，开拓殖民地，于是对学习外语口语提出了新的要求。传统的翻译法不能满足需要，在外语教学要求改革呼声中，直接法应运而生了。

直接法（Direct Method），顾名思义，就是直接教外语的方法。"直接"包含三个方面的意思：直接学习；直接理解；直接应用。它通过外语本身进行的会话、交谈和阅读来教外语，基本不用母语，不用翻译和形式语法。第一批词的词义是通过指示实物、图画或演示动作等来讲解的。

(一) 直接法的特点

(1) 学习外语和学习母语是完全一样的，是在自然环境中习得的。

(2) 在外语和客观事物间直接建立联系。不用或少用母语，避免母语的干扰。

(3) 学习外语就是通过不断的模仿和机械练习，最后达到熟能生巧的程度。

(4) 不注重语法学习，把它放在次要位置，讲语法主要是通过归纳法，不用演绎法。

(5) 句子是教学的基础，只是背诵现成句子，不求分析句子和词与词的关系。

(6) 强调语音和口语教学，外语教学从口语着手，在听说基础上再学读写，最后达到听、说、读、写的全面发展。

(二) 直接法的优点

(1) 重视语音、语调和口语教学，有利于学生听说能力的培养。

(2) 注重模仿、朗读和熟记等实践练习，有助于培养学生的语言技巧，有助于培养正确的语言习惯。

(3) 重视使用直观教具，有助于吸引学生的注意力，激发他们学习外语的兴趣和积极性，帮助他们组织思维，加速外语和客观事物的直接联系。

(4) 重视以句子为单位的外语教学，有利于培养学生直接运用外语的能力。

(三) 直接法的缺点

(1) 把外语学习与母语学习混为一谈，忽视了在母语环境中学习外语的客观事实，把外语学习过于简单化，完全否认了母语在学习外语中的作用。

(2) 把幼儿学习母语与学生学习外语同等，忽视了不同年龄的认知差别。

(3) 忽略了语法作用，过分强调模仿和记忆，不能达到活学活用的目的。

三、听说法

听说法（Aural-Oral Method）也叫句型教学法，产生于"二战"时的美国。"二战"爆发后，美国派出大量士兵出国作战，需要士兵掌握所去国的语言，因此成立外语训练中心，研究外语教学方法，编写外语课本。由于他们要求的是听和说，训练方法也是听和说，听说法就这样产生了。

(一) 听说法的特点

听说法的特点，概括起来有以下几点。

(1) 听说领先，读写在其后。语言的学习起初要强调听说，在听说的基础上再进行读写的训练。

(2) 教学中以句型教学为中心。语言技能的培养是以熟练掌握句型为基础的，在教学中要让学生通过反复操练，达到自动运用每一个句型的能力。

(3) 反复实践，形成习惯。听说法认为语言习得的过程犹如动物的行为一样，是一种刺激——反应的过程，学习外语同学习母语一样，要靠大量的练习和反复实践，养成一套新的习惯。语言知识和理解能力在这里起不了多大的作用。

（4）少用母语。只有在不得已情况下使用母语，通常情况下是利用上下文、所学外语、直观教具等方法释义。

（5）广泛使用现代电化教学方法。如语音室、多媒体等。

（6）对比两种语言结构，确定外语教学难点。把外语和母语进行对比，找出它们在结构上的异同之处，以确定外语教学的难点。

（7）及时纠正错误，培养正确的语言习惯。强调学生从学习外语的第一天起，无论是语音、词汇还是句型，都要理解得确切、模仿得准确、表达得正确，不放过任何性质的错误。一旦发现错误，就要及时纠正，以便使学生养成正确运用外语的习惯。

（二）听说法的优点

（1）重视听说，有利于培养学生的语言应用能力。

（2）以句型为中心，使学生能掌握正确的表达方式，有利于语言习惯的养成。

（3）有利于学生形成正确地道的语音、语调。

（4）比较两种语言，有利于学生确定学习难点，做到有的放矢。

（三）听说法的缺点

（1）机械练习语言的形式，不利于学生在具体的环境下正确使用语言，语言学习显得僵化。

（2）重形式轻内容，学生不能正确了解句子的含义。

（3）练习形式过于单调，容易使学生对学习产生厌倦。

四、视听法

视听法（Audio-Visual Method）也叫情景法。视听法产生于第二次世界大战以后欧洲大陆，在听说法的基础上发展起来的一种教外语的方法。

（一）视听法的特点

视听法是听说法的发展，它吸取和继承了听说法的精华，剔除了其缺点，并在此基础上发展了情景视觉感受成分，从而创造了其独特的教学方法体系——情景视觉与录音听觉相结合。它不仅接受听说法的一些原则和做法，如培养外语习惯、口语第一、对话入手、严守听、说、读、写的先后次序，模仿、熟记、类推等操练方法，充分利用电教手段等等，而且还有一些自身的特点。

（1）强调语言内容的连贯性，以整体结构作为教学的基础。用一幅幅表示情景的连环画，配上一组组连贯的句子，再配上录音，使视、听、说有机地联系起来，组成一个整体，让学生学习外语。让学生的耳、眼、脑作为整体去感知语言材料。语音并不单独教，不是从学习孤立的音素开始，而是首先要求听一段意思完整的话，从而掌握它的语音、语调和节奏等整体结构。在这个基础上再进行个别音素训练。词汇教学通过图像呈现情景，根据题材在句中进行。换句话说，语音和词汇教学的过程不是采用单音—单词—句子—成段对话的教学顺序，而是采用成段对话—句子—单词—单音的顺序。语法教学也不例外，不进行语法结构分析，也不讲授语法规则，而是通过与情景相联系的句子结构，让学生从实际和简短的对话中掌握语法。

（2）视听并用，语言和情景紧密配合，以情景联系话语。视听法认为一边看图像（幻灯），一边听声音，可以使情景的意义和所学外语之间建立起直接的联系。这样就可避免使用母语和书面语。这样做符合青少年的心理特点，可以引起学生学习的兴趣，使其注意力集中。学生看到情景和语言的配合，会感到学习外语的真实性，如同身临其境一般，并感到自己学到的话言是有用的。这样不仅可以让学生看到一定的情景，而且可以看到说话时的姿势和表情等，使学生对语言的感觉比单独听或单独从书面学习更加深刻。因此，学生比较容易学好语言。

（3）日常生活情景对话是教学的中心。视听法是以二三人之间进行的日常生活情景对话为中心进行教学的。音（真切的语言内容）像（生活情景）俱现，让学生置身于现实、自然的情景中用语言交际。这样，对话便成了培养学生运用外语进行交际活动的先决条件。情景对话是教学的出发点，因此教材的主要部分——课文，也用对话组成。句型只作对话的注释。

（二）视听法的主要优点

（1）教学中广泛使用声、光、电的现代化技术设备，把语言和形象相结合，使学生同时见其形，听其声，调动大脑两半球的神经细胞积极活动，从而大大加速学生学习外语的过程，建立外语与客观事物的直接联系，促使其直接用外语交流思想。

（2）从日常生活情景需要出发，选择、安排语言材料，较之过去的翻译法、直接法、听说法更能符合学生言语交际的需要。

（3）在日常生活情景中整体感知外语声音的结构，并在语流中学习和掌握语音、词汇和语法，这些都有利于培养学生灵活地运用语言的能力。

（4）学生一开始就听到标准的即地道的外语录音，日积月累，有助于养成准确的语音和语调以及遣词造句的习惯。

（三）视听法的主要缺点

（1）过于重视语言形式，忽视交际能力的培养。强调以情景为线索来选择和安排语言材料，但由于情景的创设常常是虚构的，因而情景中的话语并不能完全最大限度地满足学生言语交际的实际需要。

（2）过分强调整体结构，忽视语言分析讲解和训练，有碍于学生理解和运用外语。

五、认知法

认知法（Cognitive Approach）是在以 Chomsky 为代表的转换生成语法和 Camll 的认知心理学的理论基础上产生的。这种方法从学生已知的知识出发，通过学习和分析，对语音、词汇和语法的形式获得有意识的控制，并在有意识的情景中培养语言的交际能力。这种教学方法的理论重视人的思维作用，把语言学习看做智力活动，重视对语言现象的理解，着眼于培养实际运用语言的能力。因此，认知法也被称为"认知—符号学习理论"。

认知法有什么特点呢？

1. 强调培养语言的交际能力

课文要有上下文情景；广泛运用直观教具和现代化视听教学手段，使教学情景化、交际化；创造外语环境，增加学生使用外语的机会，强化外语教学过程。

2. 认为口语和书面语同等重要

教学时口语技能的培养不必先于书面语，听、说、读、写齐头并进。口、笔语是相辅相成、互相促进的，因此，应同时全面训练。

3. 强调在理解语言知识和规则的基础上操练外语

认为人类具有高度发达的大脑，学习外语不是刺激——反应动物类型的学习，而是理解规则，运用规则，并在此基础上通过大脑的逻辑推理，创造性地活用语言的人类型的学习。教师讲授语言规则，要提供易于让学生发现规则的语言材料，从已知到未知，逐步引导学生自己从中发现规则。强调语法学习，反对单纯依靠机械操练来培养语言习惯。

4. 利用母语

母语是学生已有的经验，因而也是学生学习外语的基础。认知法从 Chomsky 的转换生成语法得到启示，认为各种语言的语法具有一定的普遍性、共同性。其区别只是表达形式不同而已。有的语言学家称此为普遍语法（Universal Grammar）。学生学习外语时，母语的语法知识、概念、规则必然会转移到学习外语中去，从而促进外语的学习，因此进行外语教学利用母语是理所当然的。

5. 容忍错误，不见错就纠

认为语言习得是按"假设（Hypothesis）—验证（Check）—纠正（Correct）"的过程进行的，因而出现错误是在所难免的。教师对学生所犯的错误要进行分析和疏导，把错误作为改进教学的依据，并针对错误的原因分别处理。例如，对影响交际的错误，要加以纠正，对一般因疏忽、不熟练而产生的错误，只需加以指点。

6. 以学生为中心，要求在研究"学"的基础上研究"教"

以往的各种教学法主要是研究教师如何教，而认知法则把注意力转移到研究学生如何学，真正地使教和学有机地结合起来。

认知法认为，在外语教学中学习者的内在因素，尤其是学生的心理活动，起着决定性的作用。要提高外语教学质量，必须重视培养学生的良好学习动机和学习态度；充分调动他们的学习积极性，激发他们的学习兴趣；还要发展学生的智力，让他们掌握科学的学习方法。

既然学生是教学的中心，教学就应以学生的活动为主，以学生的语言操练为主，让学生通过积极参加大量的语言活动掌握运用外语的能力。

六、交际法

交际法（The Communicative Approach）又称功能法（The Functional Approach）、意念法（The Notional Approach）、功能—意念法（The Functional—Notional Approach）。交际法是以语言的功能—意念项目为纲，培养交际能力的一种外语教学法体系。功能指的是语言行为（Speech Act），即用语言叙述事情和表达思想。功能和意念在言语交际过程中是紧密联系的。

（一）交际法的主要特点

1. 在分析学生对外语需求的基础上，制定教学大纲

外语学习者对外语有不同的需求，在制定教学大纲时，首先分析学生对外语的需求，

了解每个学生为什么来学外语,将来使用外语的情景是怎样的,将来使用外语参加什么样的活动。在此基础上挑选最典型的语言情景,再从典型语言情景中选择言语交际最需要的语言功能项目和语言形式,并以此为依据制定出相应的教学大纲。

2. 以意念—功能为纲

交际法主张以学习者所要表达的内容(即意念),以语言使用者最需要和最通用的功能项目为线索组织教学大纲。意念分为普通意念和特殊意念两类。普通意念指的是适用于各种语言环境的意念,它包括表示存在、空间、时间、关系、数量、质量、心理和精神、指代等的意念。特殊意念则指实义词所表达的内容(具体事物)。功能项目、普通意念和特殊意念在言语交际中相互紧密关联。例如,询问银行的位置"Where is the nearest bank?"(最近的银行在哪里?)在这个句子中,询问是功能,银行(实意词)表示特殊意念,在什么方向、什么地方是普通意念。

意念—功能大纲由三个层次组成:学生的需要,表现为他要用外语进行的活动;这些活动所涉及的语言功能;与这些功能有关的语言形式。

3. 教学过程交际化

教师在外语课堂教学中尽量组织学生进行言语交际活动,力求教学过程交际化,以确保有效培养学生的言语交际能力。教学过程交际化是交际法的一个重要特点。交际法要求语言材料要选择真实、自然的言语;课堂教学以语段为教学的基本单位,以学生为中心,教师的重要作用是提供、组织各种活动,让学生在各种活动中学习外语;教学活动以内容为中心,大量使用模拟情景、扮演角色、信息传递、语言游戏等活动形式来培养学生运用语言的交际能力。交际法还认为,对学生的语言错误应采取宽容态度,不必要频繁纠错,以免打断学生连续的语言表达活动。

(二)交际法的主要优点

(1)重视学生需要,以意念—功能为纲安排教学内容和程序,使教学目标和目的更加明确。

(2)重视培养学生的交际能力,强调外语教学除了重视语言形式、结构外,更重视语言的内容、意义和功能,培养学生在一定的社会环境中恰当地使用外语进行交际的能力。

倡导外语教学过程交际化,让学生在真实的语言情景中接触和运用外语,通过交际活动发展学生能力。

(三)交际法的缺点

(1)功能—意念项目多种多样,确定语言功能—意念项目的标准是什么,意念—功能表中究竟应有哪些项目,尚待进一步探讨。

(2)如何处理语言能力和交际能力的关系,如何处理语法体系和功能大纲的关系仍有待解决。

(3)课程设置、考核、教法方面还存在许多问题,需要在实践中去探索,不断加以发展和完善。

七、自然法

自然法(The Natural Approach)是美国爱尔温加州大学特雷尔(T. Terrel)和美国

南加州大学应用语言学家克拉申在 20 世纪 70 年代末到 80 年代初提出的一种教学方法。

（一）自然法的主要特点

（1）最大限度地扩大学生的语言输入，语言输入必须是自然的、可理解的。

（2）听先于说，理解先于表达。在起始阶段有一个以听力理解为主要活动的沉默阶段，不要求学生过早地进行表达活动。

（3）课堂主要活动形式为习得活动，即以内容为中心的语言活动。

（4）课堂教学尽量创造一种轻松愉快的学习气氛，以增强学生的信心，消除学生的焦虑。

（5）教师尽量使用外语，但学生可以用母语；在口头活动中不纠错，在笔头作业中纠错。

（二）自然法的优点

（1）自然法建立在系统的、得到一大批个案研究与实验验证等实证研究支持的第二语言习得理论基础之上，在语言习得理论上有突破性贡献。

（2）自然法在形成之初和发展过程中，都一直立足于中学和大学的外语课堂教学实际，在不同层次的学校，用不同的外语语种进行许多实验，所以它对普通学校的外语教学具有特殊意义，受到世界各国的重视。

（三）自然法的缺点

自然法也存在着一些问题：

（1）自然法过分低估语言规则的作用。

（2）忽视有意学得对外语能力发展的作用。

（3）习得和学得的概念有待进一步明确。在某种情况下，很难判定是习得还是学得在起作用。

第二节　国内英语教学主要流派

一、辩证综合法

该教学法主要由北京师范大学李庭芗教授所构建。李庭芗主编的《英语教学法》（1983）是中华人民共和国成立后第一本由教育部推荐的英语教学法教材。该教材的前身是内部教材《中学英语教学法》，其初稿由北京师范大学打印，其中明确提出了"辩证综合法"。

辩证综合法从早在 1962—1963 年的构思到 20 世纪 80 年代其教材出版，一直坚持两大观点：辩证观点和综合观点。

（一）辩证观点

辩证综合法的辩证观点具体体现为以下五个方面。

1. 互相联系，有主有从

该教学法认为，外语教学里各项问题总是互相联系着的，而在联系中又主有次。如在听、说、读、写的关系上，辩证观点反对强调听说而忽视读写或者相反。但在发挥四者协同作用中又不平均使用力量，而要区别它们之间在不同阶段的主从作用，以主带从，以从协主。

2. 发展变化，逐步提高

要用发展的观点看待外语教学中的问题。如教学中应随着学生知识和能力的不断增长而不断改换教学方法，要"具体问题具体分析，具体对待"。又如，学生外语知识和能力的增长也有一个发展过程，从学的角度看，该过程包括"知—会—熟—用"四步，从教的角度看，该过程包括"呈现新材料—认识新材料—实践新材料—形成熟练技巧—用于交际"。教师应根据学习的发展过程决定教的过程，以加速知识和能力的增长。还有，从学习外语的全过程看，学习应从有控制的语言材料开始，再学改写材料，最后学原文。

3. 积少成多，由量变到质变

本教学法主张外语教学要以量促质。外语要一点一点地记，句子要一句一句地练，课文要一课一课地学。由学习语言的基本表达形式，进而运用语言形式自由地表达思想内容，这就是由量的积累达到质的飞跃。多与少、量与质之间存在辩证的关系。无少不成多，无量不获质。

4. 教与学，内因与外因

外语教学中的教与学是一个事物的两个方面。学好外语，学是内因，教是外因，内因是学好的根据，外因是学好的条件。因此，教要为学服务，学法制约着教法。

5. 实践是检验教学的标准

教学法的好坏只能靠实践来检验，通过反复的教学实践，人们不断地摒弃不合理、不科学的成分，保留合理、正确的成分，从而不断地完善外语教学法。

(二) 综合观点

(1) 综合运用外语教学法的相关理论，既不单纯执著于心理学或语言学，也不执著于一门科学中的某一派。

(2) 翻译法和直接法的综合，认知法和听说法的综合。

(3) 语言的三要素语音、语法、词汇的综合和听、说、读、写四项技能的综合。

(4) 传统教学模式、方法及手段和现代教学模式、方法及手段的综合。

(5) 教学有方与法无定法的综合。

(6) 课内和课外的综合。既强调课堂教学效率，又要开展课外活动。课内、课外都搞好是完成大纲要求、提高教学质量的保证。

该教学法提出了五条教学基本原则：交际性原则；阶段侧重原则；语音、语法、词汇综合教学原则；利用和控制使用本族语的原则；以学生为中心的原则。一切课内的和课外的教学活动，都要在这些教学原则的指导下进行。

(三) 辩证综合法教学模式的结构

辩证综合法教学模式的结构主要是"教、学、用"。

教：每教一课，要使学生做到"懂、会、熟、用"。"懂"即能理解课文；"会"即会朗读课文；"熟"即通过反复操练，达到熟练运用课文中新单词和新语法点；"用"即再通过随后几课的学习和操练达到灵活运用所学的单词和语法点，能进行听、说、读、写的交流活动。

学：即学生学习的方法。首先是听，开始是听音会意，然后是听音跟读，再就是听音作答、听音书写。以听先行，把听、说、读、写结合起来。说要和朗读、听写、表演等相结合。读要在听、说基础上先培养朗读能力，并要求一定的背诵；精读培养读的技巧，如整句理解、猜测词义、评价文章内容和预习课文等；泛读要与精读相结合，力求多读、快读、独立阅读。写要在口头练习的基础上进行，口头练习后再做有控制的笔头练习，同时还要把书写和写作联系起来。此外，还有复习方法。没有复习就不可能巩固所学知识，技能发展也不可能。因此，要在遗忘之前进行复习，要养成课后及时回想、定时朗诵以及三两个同学一起复习的习惯。

用：学生的"用"有两种。一种是课堂上自觉的"用"，即课堂上的操练。这时学生的注意力放在掌握所学的句子和句子里的生词和旧词、新旧短语和新旧语法点上，而不是放在交流思想上。自觉的"用"向前发展可达到非自觉的"用"，即学生在生活中用外语交谈、阅读与写作。这时学生的注意力主要放在交谈的内容即理解对方的意思和表达自己的思想上。由自觉的运用到非自觉的运用是一个由不熟到熟、由操练语言形式到活用语言形式以进行交际、由量变到质变的过程。

二、张思中英语教学法

该教学法是由上海华东师大附中外语特级教师张思中在长期教改实践中创研、总结出来的，具有中国特色的先进外语教学方法（Sizhong Foreign Language Pedagogy）。该教学法可概括为"适当集中、反复循环、阅读原著、因材施教"16字方法。

该教学法注重语音系统、词汇系统、书写系统、口语系统等方面、多层次的有机整合，以系统理论来指导外语学习的内在规律。并重视将语言学、心理学、教育学等基础学科融会贯通，通过增强学生心理优势与锲而不舍的毅力，来克服学习中一道道难题。

1996年6月28日，时任国务院副总理的李岚清同志在中南海召开外语教学法座谈会，就当时制约我国对外交流的外语教育中普遍存在的"费时较多"、"收效较低"的问题发表了重要讲话，充分肯定了张思中外语教学法，并指示教委予以推广。李岚清的讲话全文以头版头条消息同时刊登于同年9月5日的《中国教育报》和《文汇报》上："张思中教学法的成功经验主要表现在：其一，抓住青少年记忆力好的优势，集中时间用科学的方法记忆大量的常用词汇，熟背经典课文。通过反复阅读、翻译，逐步加深对课文的理解，逐步掌握文法。同时注意调动和提高学生学习外语的目的性、积极性、主动性、自觉性、趣味性，从而提高他们的自信心。其二，这种教学法不仅适用于中小学生，对成人学习外语也是有效的，不仅适用于英语，也适用于其他外语，具有一定的普遍适用性。其三，这种教学法对教师水平的要求并不高，只要经过一段时间的培训，一般外语教师都能掌握，解决了师资培养上的一大难题。总之，它比较符合中国国情，见效快，容易推广。

三、"四位一体"英语教学法

该教学法是包天仁教授运用当代语言学理论研究的最新成果，他结合中国英语外语教学的实际，创造性地提出英语"四位一体"教学法（Four-in-One English Teaching Approach）。

该教学法提出四个阶段的教学目标，即 K（knowledge）、S（skills）、A（abilities）、F（faculty）这一"金字塔"：以 K（knowledge）为坚实底座，S（skills）、A（ability）环环紧扣，步步登高，直至"语言学习的最高境界 F（faculty）"。它用最简洁明快的形式深刻揭示了语言学习中"知识"、"技能"、"能力"和"素质"之间的辩证关系,明确回答了外语教学和文化交流、学科教学和素质教育之间的内在联系。经过多年的国内、国外英语外语教育、科研、编辑工作的积累和沉淀,形成了一套全新的中国英语外语教学(TEFL)理论体系,包括八个部分:

(1)"四位一体"是中国特色的英语外语教育教学体系;
(2)"四位一体"一条龙英语外语教育管理模式;
(3)"四位一体"英语外语教师培训与发展途径;
(4)"四位一体"英语外语教学资源的构建;
(5)"四位一体"英语外语教师培训与发展途径;
(6)"四位一体"英语外语的教学控制理论;
(7)"四位一体"英语外语自主学习策略;
(8)"四位一体"英语外语测试与评估系统。

这些理论将贯穿于英语外语教学的整个过程,构成"四位一体"英语教学法的基本框架。该教学法来源于中、高考复习的教学方法,它主要是用于中、高考总复习阶段,效果尤为突出。

四、"情意—情景—知识—交际—调控"五因素教学法

"情意—情景—知识—交际—调控"五因素教学法为华东师范大学章兼中教授所构建。章兼中教授认为,学习英语应在宽松的环境中,学生怀着轻松愉快的情感,以克服困难的意志,在言语情景中围绕所学语言功能对话,对话之中操练语言结构、点破、归纳语法规则;同时在运用所学英语进行交际活动之际不断地自我调控、自我调节。这样,情意、情景、知识、交际、调控五因素相互联系、相互作用,组成一个完整的体系。

1. 情意

情意指情感和意志。它是推动学生学习的动力系统,包括动机、兴趣、态度、意志、气质、性格和良好的习惯等。其中最重要的是动机,兴趣和意志。

2. 情景

(1)情景的内涵。

情景为人们进行言语交际活动的一切内部条件和外部条件的总和。内部条件指心智活动;外部条件指社会和言语情景,它集中体现于使用语言进行交流信息的社会环境。任何生物都是在一定的情景中产生、生存和发展的,人的一切活动也是在特定的情景(社会环境)中进行的。情景作用于人的感官而产生心理活动。社会情景和言语情景是交际活动中各种社会条件、社会关系、社会意识内外条件的总和。

(2)交际离不开情景,情景激起交际原因。

社会语言情景是揭示语言意义的因素,因为语言表述的意义是由情景决定的。学习语言只有在一定的情景中才能理解和表达。情景作用于人的感官,从而产生和发展认知活动。所以,语言的词、句、篇来源于情景,不能脱离情景。

(3)设置情景的措施。

五因素教学法主张,教师要千方百计利用真实客观环境或设置情景进行外语教学,以提高教学的效率。主要措施有以下六种:外语教学本身的真实情景;具体事物;体态语言

及非语言手段；声像多媒体；上下文；社会文化背景。

3. 知识

知识指个人的知识经验和外语语言知识两个方面。

4. 交际

为了培养学生运用英语进行交流的能力，五因素法把交际与语言知识的运用、设置情景以及调控互相结合。

5. 调控

（1）调控的内涵。

这里所说的"调控"和"元认知"及其三个组成部分（元认知知识、元认知体验、元认知监控）的概念基本相同。

元认知知识，即学习外语认知活动的一般知识，它包括三部分：一是自己和他人认知加工的情意、能力、自控特点等知识；二是认知活动中任务、目的、要求和任务中有关语言形式和内容特点等知识；三是对认知策略、方法的知识等。

元认知体验，即伴随学习外语认知活动产生的认知和情意体验，如对认知活动中"知"或"不知"、有趣或枯燥、轻松或压力等方面的体验。

元认知监控，即学生和教师不断对外语学习认知活动进行观察、分析判断、评价调节学习或教学进度，以及采用有效的策略、方法去完成学习任务。元认知监控是调控（元认知）三个成分中的核心。

调控的方法包括制订学习和教学计划，实施计划的策略、方法，实施控制、检查的结果，制定有针对性的补救措施和调节进度等。

（2）调控能力的培养。

五因素教学法主张通过五结合来培养调控能力。即发展学习外语的自控能力和教师外控、学生内控以及学生间互控相结合；无意识与有意识相结合以及局部与整体相结合；丰富认知知识和认知经验相结合；提高学习调控的意识与反思相结合，反思操作指导与创设反馈的气氛和机会相结合。

6. 五因素教学法教学模式与教学原则

（1）教学模式。

五因素教学法根据信息论、认知结构同化理论、积极学习的理论以及教学实际经验，把学生学习外语的过程归纳为九步模式：定向；感知；理解；模仿；识记；巩固；运用（再生）；检测；评价。学生是学习外语的主人，是学习的内因；教师的教归根结底是为了学生的学。所以，教师的教学模式要顺应学生的学习模式，以形成外语教与学的对应模式。

（2）教学操作原则。

教学操作原则，包括：思想性原则；兴趣性原则；扎实打好双基，掌握为交际运用外语能力的原则；视听说领先，读写逐步跟上，在听说读写基础上侧重培养阅读能力的原则；情景性原则；多信息、高密度、快节奏、勤交互的原则；尽量使用英语，适度利用母语的原则；在言语操练基础上归纳语法规则的原则；多样化变化的原则；理解性模仿的原则；不苛求纠正语言错误的原则。

第三节　英语教学法在小学英语教学中的具体运用

一、正确理解和认识英语教学法

上一节我们讲解了国内外外语教学一些主要流派，现在我们再来看看如何正确认识这些外语教学法。

首先，外语教学各种流派都是在实践中产生的，是一定历史的产物，反映了当时人们对外语教学的认识，是当时的社会和教学要求促进了该理论的产生。所以我们应站在历史的角度来看待各种外语教学法。没有过去各种理论，就不可能有我们现在的外语教学理论。

其次，各种外语教学法，都有自己的长处和短处，我们应该用辩证的观点看问题。这些教学法之所以能流传到现在，都是有其价值的。即便是最早的翻译法，也有其合理之处。但是它们往往又有所不足，有其片面性。只有用辩证的方法，才能对各种外语教学法有清晰的认识。

再次，外语教学法总是随着社会前进在不断地进步。人类社会总是由低级向高级阶段不断发展，科学水平和生产力不断进步，人们认识客观事物的能力在不断提高，外语教学法作为一门科学也在不断地前进。今天的外语教学法比起以往的有了很大进步，但还要继续发展，而且要发展得更快一些。

最后，教学有法，教无常法。虽然教学中没有万能的教学法，但是有一些最基本的统一认识。例如，听、说、读、写作为语言技能同等重要，但语言学习的不同阶段应该有所侧重；语言是一项实践性很强的技能，所以实践练习显得特别重要；学习语言要兼顾形式、内容和功能等。总之，在外语教学中教师要坚持外语教学的基本原则并灵活运用，兼容各家之长，努力提高外语教学质量。

二、小学英语教学中常见方法

在英语教学实践中，广大小学英语教师认真研读课程标准，积极挖掘理解教材，并根据小学生的认知特点，创造了多种符合我国实际的切实可行的有效的教学方法。以下介绍近年来我国小学英语教学中常见的具体方法。

1. 形象直观法

借助于实物、图片、标本、幻灯等直观性教具，充分调动学生多种感官的参与，使他们在看得见、听得到、摸得到的教学过程中学习知识，发展思维，培养思维。如利用挂图、简笔画或幻灯创设一个语言情景来教"The Cock and the Fox"一课。可以把整个故事设计成四幅图，每幅图提供一个情景，教师可逐幅图用英语讲解，并组织学生就图画练习词汇、句型，进行问答、复述，然后把四幅图画用英语串起来，做综合练习。学生可以不打开课本，只在图画提供的情景中，在教师的带领和指挥下听说，就能理解故事的意义，掌握词汇、句型，并能讲述整个故事。这种方法能使学生产生亲切感，印象深刻，效果好。

2. 游戏法

游戏是儿童的天堂，做游戏可以满足孩子们好动爱玩的心理，使其注意力持久、稳定，而且还可以降低学习的紧张气氛。在英语教学中使用游戏也是一种好的教学方式，教师可结合教材内容做游戏。游戏种类很多，仅小学英语课堂就有听、说、读、写、语音、语调、词汇、语法等几大游戏种类。只要教师运用得当，就可以为课堂学习创造一种适合小学生身心健康的轻松愉快的气氛，有效地防止学生学习疲劳和厌烦情绪，充分调动学生的积极性，提高教学效果。

3. 情景表演法

根据教材内容，创设生动活泼有趣的情景，通过扮演角色，让学生受到形象化的感染，既能加深学生对教材的理解，又符合儿童好动爱玩的心理特征。表演既可以是角色会话表演，也可以是制作简单道具，在讲台上表演。

4. 趣味学习法

利用教学内容设计一些有趣的活动，使小学生产生一种积极情感，这对学生思维发展有很大的作用。人在愉快时同时感知比较敏锐，记忆力比较牢固，想象力比较丰富。在教学中，设计这样的一些富有趣味的活动，能使学生在愉快的气氛中学习。比如，有一位教师在学过字母之后编出了以下谜语帮助学生记忆字母：三合一（打一字母）Y；一条曲折的人生之路（打一字母）S；半把剪刀（打两个小写字母）d，p；幼苗初绽（打一小写字母）r。

5. 音乐法

针对小学生喜欢唱歌、跳舞等优点，教师可以把一些教学内容有机地改编成教学歌曲，让学生在哼一哼、唱一唱、跳一跳中记忆单词、句式，也可以把一些教学内容编成富有节奏的童谣、儿歌，让学生用说唱的形式背诵。这种形式文字简练，容易上口，好读好记。在教唱、跳、说唱时也可利用表情、动作和手势，使教学活动有声有色，有动有静，充满欢乐，引导学生学会记住语言知识。

6. 鼓励、表扬法

儿童的好胜心、自尊心强，爱表现自己，喜欢表扬。教师要针对这些特点有意使用激励手段，激发他们的兴趣。随时注意发现小学生的闪光点并予以肯定，使他们产生一种愉快的感情体验，会有效地激励他们奋发向上，最大限度地调动他们的积极性，使他们不断体会到学习进步的喜悦，并从中得到心理上的满足。

7. 真实运用任务法

运用任务就是需要学生通过学习来完成运用英语的任务。如给学生一项任务，学生需要学习如何完成这项任务以达到运用语言的目的。这项任务应该语用真实，语境真实，语义真实，符合学生真实兴趣；针对学生语言学的真实困难，大多应是交际型、运用性的任务，而且应该是经常变化、不断调整的。我们可以运用的任务有很多，如用英语给外国人打电话、用英语谈话、留言、发通知、发出邀请、问候、告别、听英语报告，按字母顺序为人名、地名、国家名排序、填写英文表格、查英文字典等。

思考与练习：

1. 如何看待翻译法教学？
2. 你对认知法有什么看法？
3. 学过这一章后，你对外语教学法有什么想法？

第五章 小学英语教学技能

通过本章学习，需要了解并掌握：(1) 如何备课，(2) 如何上课，(3) 如何说课，(4) 如何听课与评课，(5) 如何进行教学反思。

第一节 备 课

备课，是指教师根据学科课程标准的要求和本门课程的特点，结合学生的具体情况，制定明确的目的要求，选择最合适的表达方法和顺序，以保证学生有效地学习。一堂课的成功取决于多个因素，包括教师备课、学生实际、课堂环境、学习氛围、教师的教学经验和知识水平等，其中备课是决定成败的关键之一。备好课是每一位教师上好课的基础，是切实提高教育教学质量的前提。我国学生学习英语的主阵地是课堂教学，它占据着教师和学生主要的时间和精力。只有课堂教学的效率最优化，才能最大限度地减轻学生的课后负担。

一、备课的原则

备课是英语教师综合素质的体现，英语教师可以通过备课展现自己扎实的专业知识基础、理解和处理教材的能力、了解学生智力和心理发展水平的能力，选取可行的教学方法，进行自我学习、自我知识更新、自我实践与自我创新。

备课要贯彻以下原则。

(一) 实用性原则

备课的目的是为了更好地授课。因此，教师必须深入研究教材，了解社会实际和学生的实际，并将三者有机地结合起来，在此基础上制定教学目标。授课之前，教师要全面考虑如何落实教学目标，教学活动的设计要围绕着目标的达成，而且，这些活动应有较强的可操作性与实用性。否则，教学目标制定得再好，教学过程中的活动再多，其作用也不能很好地发挥出来，教学效果依然不会令人满意。

(二) 学生主体性原则

教师在备课中要突出学生的主体地位，充分发挥学生的主动性和积极性，营造宽松和谐的学习气氛，激发学生的学习兴趣和求知欲望，帮助他们树立自信心，获得成就感；尊重个体差异，培养学生自主学习能力。

新课程倡导体验、参与、合作与交流的学习方式，"使语言学习的过程成为学生形成积极的情感态度、主动思维和大胆实践、提高跨文化意识和形成自主学习能力的过程"。研究表明，学生参与课堂教学的方式对学生的学习结果具有决定性的影响。因此，教师在备课时，首先要对学生的学习心理、认知过程和学习方式进行分析研究，不能只凭借自己的经验去考虑怎样开展教学活动。在备课的过程中，要增加学生语言活动的预设，要为学生尽力准备可能激起他们新奇心态和兴趣的活动，尽量让学生的好奇心在动手操作、合作交流、观察讨论中得到满足，尽量激发他们的求知欲，并将教学评价贯穿于备课过程的始终。

（三）因材施教原则

《现代汉语词典》对"因材施教"是如此解释的：针对学习的人的能力、性格、兴趣等具体情况实施不同的教育。教育是面向全体学生的。《小学英语新课程标准》强调全面发展学生的综合素质，同时，也特别关注学生的个体差异。众所周知，学生在智力因素和非智力因素各方面都存在着极大的差异。有的学生思维能力强却不善于表达，而有的学生在语言理解、文字表达方面比较突出；有的学生擅长形象思维却在逻辑思维方面有所欠缺，而有的学生正好相反；有的学生学习时的依赖性较强，而有的则相对独立。另外，学生的学习基础和社会背景也导致他们在认知能力等方面产生不同程度的差异。因此，教师在备课时，要考虑学生的个体差异性，认真斟酌所设计的教学活动是否能满足班级各个层次、各种学习风格学生的要求，注重因材施教。而且，教学评价不可采用统一的评价标准，要根据学生的具体情况采用合理的评价方法，让每个学生都能享受到学习的快乐。

二、备课的环节

首先，备课可分为个人备课和集体备课。个人备课是教师自己钻研教材，根据已有的教学经验对教学内容进行统筹规划的过程。集体备课是各所学校各个学科都会进行的教研活动。集体备课是以教研组为单位，组织教师集体研读课程标准和教材、分析学情、制订学科教学计划、分解备课任务、审定备课提纲、反馈教学实践信息等系列活动。

每次集体备课一般要确定一位主备课人。主备课人的任务是找出教学难点及其突破方法、学生可能碰到的问题及解决方法，根据自己或其他老师拥有的资料，根据教学内容在教学目标、教学重点等方面进行备课，备出详案。备课组成员则根据教学内容以及学情，提出自己的见解及看法。

集体备课可以发挥众人的智慧，准确把握教学重难点，提高学校整体教学水平；有利于促进所有教师成长，特别是促进青年教师成长；可以减少教师重复备课，提高教学教研水平；有利于资源共享，提高工作效率；对于培养一种交流、合作、研究的学术气氛，集体备课也功不可没。

集体备课的本质是研究，核心是集体研讨。在集体备课中，备课组成员研讨的重心是主备课所备教案的不足之处，就不足之处提出弥补和改进措施。要坚决抵制集体备课中的华而不实、只做表面文章的工作作风，提倡真正各抒己见，勇于、敢于挑刺，力争使集众人之长的新教案精益求精，好上加好，优中更优。

无论是集体备课还是个人备课，都可以分为以下几个环节。

（一）学期备课

学期备课是在新学期开始前，教师在钻研课程标准和通读教材的基础上，制定出本学期的教学目标和要求，划分出教材的重点和难点，根据教学内容、教材中的习题安排好一个学期的教学进度，根据学生的知识水平和认知能力，合理分配教学时间和教学内容，并制定出切实可行的教学方法，为全学期教学做好准备工作。

学期教学计划，可以以文字或表格的形式呈现，视需要而定。学期备课的主要任务是钻研课程标准，全面熟悉教材。在假期里，教师要把课程标准、教科书和基本参考资料钻研一番，知晓学科总的目标要求、教材编写的原则和方法，对学生要进行哪些基础知识的教学和基本技能的训练，明确各个单元的目标要求以及它们之间的内在关系，同时掌握重难点，划分本学科在各个阶段的具体教学任务，并合理制定课时。

课时计划制订好之后，必须了解学生，对班上的学生，特别对差生要进行全面深入的了解，了解他们的特点，发现他们潜在的长处，以采取相应的教学措施。

教师通过学期备课，可以明确教材的逻辑系统，知道教材编排的理论依据，以及在整个教材体系中所处的位置。这有助于教师在讲课时分清主次，突出重点；有助于合理地安排学习参考书籍；同时，对教学所需的教具也可以事先做好充分准备。

(二) 单元备课

现行教材每册书都被分成若干单元。在每个单元教学之前，教师还应进行单元备课，确定该单元的教学目标和教学重点，制订出单元教学计划。单元备课的基本内容包括单元名称、单元教学目标、单元知识结构、重点、难点、学生情况分析、课时划分等。单元备课主要解决以下问题：

(1) 进一步熟悉与掌握本单元教学内容、教学目的、教学要求与教学重点；

(2) 根据本单元教材重点、难点、关键点，确定教学的重点、主次、先后、详略；

(3) 妥善处理本单元课时安排及教学活动步骤，并配备相应习题；

(4) 研究适合于本单元教学内容的教学方法；

(5) 以单元为单位，把听、说、读、写、练恰当地结合起来，通盘考虑对学生综合能力的培养。

通过单元备课，教师可以全面分析一个单元的教材，从整体出发，通盘考虑这一单元的教学计划和教学方法；可以有较充分的时间来钻研课本中的疑难问题，并事先加以解决；可以把备课和业务学习更好地结合起来，不至于"临渴掘井"、"临阵磨枪"，并使二者能相互促进。

只有把单元教学计划制订好，充分考虑每一节课在一个单元的地位和作用，才能把系统、明确、重点突出的知识传授给学生。

(三) 课时备课

每册教材都由若干个单元构成，每个单元的教学任务都是通过每节课去完成的。因此，教师在完成学期备课和单元备课的基础上，即钻研全册教材和单元教材之后，要认真备好每一节课。

课时备课首先要根据教学内容以及教学计划的进度恰当划分课时。划分课时要注意分散教学难点，适当分配教学内容以确保教学任务的完成。其次是在进一步熟悉教材的基础上写出具体教案，阐明课时教学目标、教学重难点、教学方法、教学过程及教师活动和学生活动的安排、时间分配、板书设计、课内外练习题等。

对于全册教材、单元教材和每节课的教材的钻研，要贯彻"从全体到部分，再从部分到全体"的原则。即要领会每一部分知识在全册系统中所占的地位，以及这部分知识与其他新旧知识之间的联系。

（四）课前备课

教案或讲课稿准备好了，就意味着备课工作的结束，可以顺利地上好一堂课了吗？答案是否定的。教案完成后，还要进行课前备课，进一步熟悉和把握本次课的教学内容。首先要阅读讲稿或教案，进一步熟悉本次授课内容，其目的是使讲课能达到一定的熟练程度（以基本脱稿为最高境界），并保证正确无误地传授科学知识；其次是对备课做自检，在脑中反思：本次教学内容的主线是什么？本次课教学的重点在哪里？是否做到"突显"到位？难点在哪里？采取什么绝招突破？如果要使用多媒体教学，课前还应检查一下多媒体课件的运行效果。对于初次上课的青年教师而言，教学内容应留有适当的余量，防止因时间控制不当提前讲完时备用。

不少有经验的教师，他们的课前备课，已经不再是去熟悉教材、默记讲稿，而是面向学生，着重研究用什么方法去教会学生。所以，课前备课，除了要熟记教材以外，还要备方法、备感情、备语言、备教态、备教具。

总之，如果课前备课充分，能把讲授的内容熟练默记，能把要运用的教学方法了然于心，课堂秩序就会有条不紊，讲起课来才能得心应手。

（五）课后备课

美国著名学者波斯纳提出：教师成长＝经验＋反思。也有专家认为：优秀教师＝教育教学过程＋反思。因此，要想提高教学水平，提高教师自身素质，做好课后备课是极为重要的。课后备课是教师备课过程中不可缺少的重要环节。

一节课，不论教师备课时考虑得如何严密细致，也不可能十分周全地把学生在课堂中的反应都设想出来。课堂上随时会有不确定因素出现，促使教师及时调整教学方案。因此，一节课下来，进行反思就显得十分必要。教学效果怎么样？教学目标是否完成？重点、难点讲清楚没有？学生参与教学活动情绪是否积极而饱满？教师的教态、语言是不是恰到好处？这些问题，教师只有在讲完课后才会发现。教师在做课前准备工作时，一般会对课堂教学效果有一个预先的期待和估计，课讲完之后自然可以把预期结果与实际效果作一个全面的对比，这一对比实际上是对课堂教学过程的自我检查。只有这样，教师才能经常保持对自己教学工作的自知。课后总结必须和调查研究相结合，不断分析与研究学生提出的问题和意见，不能因为经验与意见零碎、细小而等闲视之。课后反思是教师提高自我的有效措施，实际上是一次避免教学重复失误、总结推广成功经验的再备课，是一个去粗取精、去伪存真、完成由实践到认识的飞跃过程，对于教师的备课能力的提高是非常重要的，应成为教师，尤其是青年教师的一种自觉的教学行为。

三、备课的内容

教师备课一般包括以下几个方面内容。

（一）备教材

教材是学生课堂学习的主要文本，是教师授课的主要依据。教师只有吃透教材才能做到上课时胸中有教案，才能更好地驾驭课堂，把课上好。教材是知识的载体，是教师对学生进行教育教学的主要依据，是设计教学安排、编写教案的基础。一切教学活动都必须建立在对教学内容的深刻理解和熟练驾驭的基础之上。只有深刻理解教材并熟练地驾驭教材，才能实现英语课的知识和技能的统一，才能把课讲得深入浅出、生动活泼，才能使英语课具有吸引力和感染力。一般情况下，备教材要掌握五个环节。

1. 掌握新课程标准

作为小学英语教师，要认真学习和研究小学英语教学目的、任务及新课程理念，掌握新课程标准下，小学英语教材的编排体系和知识脉络。根据每个年级每学期每单元的学习目标，考虑如何备课、讲课。

2. 掌握教材内容之间的联系

教师通过钻研教材的编排体系，一方面应当了解教材内容的纵向联系，弄清楚教材中单元与单元、课与课之间的知识联系。例如，教师在备课时如果注意到 PEP 小学英语教材中 Chant，Listen and Say 和 Listen and Repeat 部分里的内容，都是按照字母尤其是元音字母的发音规则来编排的这一现象，就可及早提醒学生重视字母在开闭音节中的读音规律，帮助学生打好语音基础。另一方面，教师还应该厘清教材中词汇、句子、语法、课文以及练习之间的横向联系。这种联系大多是以语法内容、词汇搭配以及交际项目为线索来进行贯穿的。教师只有理顺这种横向联系，才能弄清编者在该课中所设计安排的知识重点，从而在教学中对这些内容进行重点讲解和操练。另外，教师在备教材时要能预见学生的学习难点。

3. 掌握重点和难点

做任何工作，都要善于用巧劲，搞好教学也一样。教师要努力抓住每一学年、每一学期、每一单元、每一课的主攻点。即在钻研教材的时候，弄清哪些是主要部分，哪些是次要部分；哪些是重点知识，哪些是一般知识，以及它们之间的相互联系。只有这样，才能达到突出重点的目的。怎样确定重点呢？教材重点是指教材中最基本、最关键的内容，它在知识结构中起纽带作用，是教学内容的知识核心。只有让学生集中精力把重点知识学深学透、练好练熟，才能更好地掌握其他内容。整个小学阶段英语教学的重点是字母、语音和词汇的学习，具体到每单元、每一课也各有重点。例如词汇教学，有的课时重点放在正音，有的课时重点放在词的搭配，有的课时重点放在讲解词的构成。教材重点是根据某一部分教材在全部教材中的地位来确定的，而教学重点则是从学生实际出发，根据班级学生的具体情况而定的重点知识。也就是说，教师不仅要分清教材的主要与次要、重点与一般，还要考虑对于学生而言，哪些知识是已知的，哪些是未知的；哪些知识易懂，哪些较难掌握；哪些知识要求学生牢固掌握，哪些只要他们一般了解即可。要做到这些，就要充分进行调查研究，根据学生实际情况来确定教学重点。可以说，教材重点必然是教学重点，而教学重点则不单单指教材重点。

所谓难点，是学生在学习过程中难以理解消化、不易掌握或操作困难的内容、技巧等。探讨疑难问题的根由，寻求突破难点的方法，是提高教学质量的重要的一面。因而，教师要切实掌握每一单元、每一课时的难点，想方设法围绕重点来正确解决难点，根据学生的困难所在的放矢地进行教学，这是提高教学质量的一个关键。教师不能仅仅根据教材，依据自己的感觉来确定难点。备课时，教师要根据教材内容的广度、深度和学生的基础来确定难点。因为同样一本教材，在不同的班级表现出的难点往往是不同的。教师要深入到学生中,做认真的调查研究工作。要善于从知识的发展规律和学生的认识规律来分析教材,从而确定难点。

4. 掌握教材的特点

教材特点在很大程度上决定着备课的结构、教学活动的组织及教学方法的选择,不同特点的教材要选择不同的教学方法。因此,教师在研读教材的过程中,特别要准确把握教材的特点,才能有针对性地选择恰当、科学的教学方法。例如 PEP 小学英语教材编写的总体思路是以话题为纲,以交际功能和语言结构为主线,逐步引导学生运用英语完成具有实际意义的语言任务。该教材是以话题为中心来安排单元教学内容,以词汇、对话、语篇这三个模块的方式来安排话题教学内容的,而且教材内容贴近小学生的生活。因此,教师在授课时可以针对各年级小学生的年龄特点,采取不同的教学方法,让学生更乐于学习英语。

5. 掌握教改信息

教改,广义上指教育改革,包括一个国家教育制度等方面的改革;狭义上指学校的教学改革,包括教学方法、教学手段、教学模式等方面的改革。只有及时准确地掌握最新教改信息,接受现代化教学理念,丰富教学活动,拓宽学生的思维空间,才能激发学生学习兴趣,提高课堂教学效果,使学生得到全面发展。

(二) 备学生

教师讲课的主要目的,是为了使学生更好地掌握知识,因而要彻底改变那种只见"物"(教材)、不见"人"(学生)、"闭门造车"的状况。教师对教材作深入的钻研之后,应该更深入了解学生的实际,做到"知己(教材)知彼(学生)"。在备课时,教师要细心研究,分析学生的个体差异,包括每个人的学习水平、接受能力、学习习惯、学习态度等。针对不同学生,设计出多种教学方案和训练手段,以达到每个学生都能保持较浓的学习兴趣,都有所得。还要充分关注学生兴趣发展中的个性需求,对于不同性格、年龄、经历和生活环境的学生,根据其兴趣上的差异因材施教。只有在深入了解了学生情况的基础上,教师才能使教案切合教学实际,才能做到教学时有的放矢。

怎样了解学生的情况呢?一般有以下几种方法。

(1) 带新班课时,先向班主任和其他任课老师了解班级学生情况,可以查阅学生的鉴定和成绩表,在正式开始上课之前举行一次摸底测试。

(2) 使用"教学观察"技能,掌握学生一言一行、一举一动;在课堂讲授或指导学生学习的同时,对学生的学习行为进行有目的、有计划、有组织的感知,以获取教学反馈信息的能力;通过教学观察,及时知晓自己的教法是否适应学生的需要,学生是否听懂了讲授的内容,学生对教学所持的态度怎样等,以便及时对教学作出调整,以减少无效劳动,确保教学活动不偏离预定的教学目标。

(3) 通过课堂提问和作业批改来了解学生的实际水平和接受能力,特别是其困难所在。

(4) 师生间多进行思想交流、感情沟通,以便及时了解学生思想变化、学习状态,并进行疏导解决,以期达到急学生之所急,答学生之所疑,师生共同发展、共同进步的目的。对学生有了较全面的了解,教师在备课时就可以根据学情,有针对性地决定教学内容,选择适当的教学方法。

(三) 备教法

教学方法十分重要，切实可行的教法会产生事半功倍的效果。教学也是一种艺术。同样一门课程，有的老师教倍受学生欢迎，有的老师教学生意见挺多；有的老师讲课绘声绘色，让学生兴致盎然，有的老师讲课寡然无味，让学生昏昏欲睡。这与教师是否会"教"有很大关系。所以，在备教材、备学生的基础上，教师要善于从各种教学流派中汲取经验，根据学生的认识规律，选择适当的教学方法。

教师备教法时既要熟练掌握单一的传统的教学方法，如讲授法、谈话法、讨论法、实验法等，又要根据英语学科的特点，实施自主参与、自主探究、小组合作、分层发展的学习策略。同时教师要更新模式，探索和采用有利于学生开拓创新、个性发展的教学手段，如情景教学法、愉快教学法、感悟教学法、探索教学法等。另外，作为21世纪的英语教师，要能够熟练掌握和利用现代化教学手段来辅助教学。"教学有法，而无定法"充分体现了教学方法的层次多样性和形式的灵活性。教师备教法，应从学科特点和学生实际出发，根据教学内容，选用适合学生的方式方法，将学生的积极性、主动性、创造性调动起来，用具有个人独特风格的教学方法让学生满怀信心，富有兴趣，活泼、主动地学习。

(四) 备学法

"教是为了不教"。教师教得好，不如学生学得好。正所谓"授之以鱼，不如授之以渔"。教师在备课时，要有意识地加强对学生学习策略指导方面的工作，让学生在学习和运用英语的过程中逐步学会如何学习。教师要力争做到以下几点。

(1) 鼓励学生参与制定阶段性学习目标，帮助其找到实现目标的方法。

(2) 引导学生结合语境，采用推测、查阅或询问等方法进行学习。

(3) 设计探究式的学习活动，促进学生实践能力和创新思维的发展。

(4) 引导学生运用观察、发现、归纳和实践等方法，学习语言知识，感悟语言功能。

(5) 引导学生在学习过程中进行自我评价，并根据需要调整自己的学习目标和学习策略。

但是，对不同的教学内容，不同程度的学生需要采取不同的学法。应注意，采用任何学习方法都应注重培养学生积极参与、亲身体验、独立思考、合作探究、自主性、研究性的学习态度和精神，使学生形成具有个性的学习方法和风格。

(五) 备练习

授课时，教师仅仅靠给出的例子或课本上的练习往往不能保证学生对所学知识的掌握。因此，教师在备课时还要精心设计各种练习材料和解题方法。练习设计一定要从教材内容和学生基础这两个方面去考虑，练习的程度和数量也要针对不同学生的需要。所设计的操练和练习要尽可能地联系学生的实际生活；应根据学生的年龄、生理、心理特点，以诱发其兴趣，创设一个生动活泼、轻松愉快的学习环境来巧设练习；要考虑题型的多样化和练习方式的多样，以便吸引学生的注意力，使学生处于积极的学习状态，从而进行高效的学习。

设计练习时，要考虑学生的个体差异性。教师准备的各种练习既要有思考性强、难度较大的，也要有难易适中和比较容易的。这样，可以使班级中不同学习层次的学生都各有所练、各有所获，使全体学生投入到课堂教学活动中去。

（六）备作业

作业是使学生深入理解、牢固掌握所学知识的重要手段，是促使学生认知、能力、情感全面协调发展的重要途径。改善学生学习方式，培养学生创新精神、实践能力，不仅要落实在课堂教学中，还必须贯彻于作业训练等各项课外学习活动中。教师备课时应充分考虑如何让学生通过作业真正掌握所学内容。

备作业时，教师要重点抓住课后习题，要弄清楚教材编排者设计这些练习与习题的目的。课后习题一般代表着学生需要掌握的最基本内容，做好它，可以帮助学生理解、巩固所学知识。另外，教师要根据学生的实际情况，设计能够培养学生能力的更高要求的作业，以满足程度较好的学生的需求。无论何种作业，教师都要事先自我练习。尤其是初任教学工作的青年教师，更应为提高自己的教学水平而亲演习题。教师通过亲自做习题，可以有效地避免知识性错误，深刻领会教材的精神实质，发现教材编排的规律，明确其深度和广度，达到提高教学效果的目的。

（七）编写教案

教案是上课的重要依据。教师经过备课，会把备教材、备学生、备教法、备学法、备练习、备作业等内容编写成以课时为单位设计的具体教学方案。教案是教学内容各方面的统一。

一份规范的教案，无论其形式怎样变化，其结构的主要组成部分应该是类同的，一般包括四个组成部分。

（1）概况，包括授课班级、学科、课题名称、授课时间、教学目标、教学方法、教学重点和难点、课型、教具等。

（2）教学过程，包括教学步骤及其时间分配、教学内容的安排、教学方法的具体运用。

（3）板书、板画设计。

（4）教学后记。即教师课后的小结或教学随想。教师及时总结教学的得与失，有利于教师及时改进教学，不断提高教学水平。

一份优秀的教案应当具有科学性、实用性、针对性、发展性和创见性。

为保证教案的科学性，教师对教材的钻研要做到懂、深、融三方面。懂，就是对教材的基本思想、概念要弄清楚；深，就是对教材非常熟悉，厘清纵横联系；融，就是教师的思想感情和教材的思想性、科学性融合在一起。做到这三方面才能够理清思路，设计出切实可行的教案。设计教案时还应弄清新旧知识的联系，充分利用知识迁移规律，对新授知识的铺垫、引入、讲解、巩固练习及智力开发等环节，都要作出科学合理的安排，以符合学生知识形成的规律性和能力发展的渐进性，不能用主观臆断取代科学进程。

教案不是为了应付教学检查的，是教师用来授课的，所以要有实用价值。教师应根据自己的需要和习惯，规划好具体的教学过程，写出富有个性特色的教案。新教师缺乏教学经验，课堂上往往丢三落四、顾此失彼，教案应写得具体详细些，以避免课堂上的失误。老教师经验丰富，课堂上得心应手，教案可写得简略些。记忆力好、表达能力强的教师，教案可以略写，反之，则要详细些。总之，编写教案应因人而异，繁简适当，以便于教学、运用自如为准则。要克服形式主义的做法，防止教案上是一套，课堂上是另一套。

课堂教学是面对具体的学生进行的，所以必须有针对性。没有针对性，就没有可行性。在不同的班级，即使是同样的教学内容，但教学的起点、坡度、密度、难度可能都不一样，教师要针对不同的学生在教案中体现出区别，做到因材施教。

教材不会每年改变，但人的认识是随着实践的深入而不断提高的，科学知识是随着时代的发展而发展的。更由于时代的需要、学生的变化，教师必须对先前的旧教案进行修改，重新编写，使之更完美。这是教案编写的发展性的体现。

国家提倡教学改革。那么如何调动起学生学习的积极性，如何强化课堂教学的思想性，如何科学地传授基础知识，如何培养学生的自学能力、实践能力和创新能力，如何指导学生学习方法，如何提高课堂的利用率，减轻学生课后的负担等等，教师在编写教案时都要加以考虑。这样的教案才足以体现教学改革思想，才富有创见性。

第二节 上　　课

上课是教师"教"和学生"学"之间最直接的对话，是整个教学工作的中心环节。上课凝聚着教师对教学的理解、感悟，闪烁着教师的教学智慧和创造精神，反应了教师的业务水平和教学能力。不断探索如何上好课应该是每一位教师孜孜不倦的追求。

一、把握小学英语课堂教学的特点

根据小学生的生理和心理以及发展需求，教育部制定的《小学英语新课程标准》明确规定，小学阶段英语课程的目的是：激发学生学习英语的兴趣，培养他们英语学习的积极态度，使他们建立初步的学习英语的自信心；培养学生一定的语感和良好的语音、语调基础，使他们形成初步运用英语进行简单日常交流的能力，为进一步学习打下基础。因此，小学英语课堂教学应具备以下特点。

(一) 激发学生学习的兴趣，提高其学习效率

托尔斯泰说过："成功的教学所需要的不是强制而是激发学生兴趣"。小学生学习的动机不是很明确，兴趣是主要的动力。心理学研究表明：学生的学习兴趣，是在学习的过程中，由于经常体验到学习的乐趣，多次获得成功的满足，逐渐形成的一种比较稳定的学习动机和求知欲望。教育学研究表明：当教育能引起学生兴趣时，就可使学生在学习中集中注意力，更好地感知、记忆、思维和想象，从而获得较高、较牢固的知识与技能。因此，教师要在教学中为学生积极创造能够获得学习乐趣和成功的机会，从而激发学生学习的兴趣，并且要使学生持续保持学习的兴趣，并转化为学习热情和一种爱好，从而提高学习英语的效率。为此，教师要从符合小学生年龄特点的角度出发，遵循教育学、心理学、教学法、语言学等有关原则，在小学英语教学中大胆运用符合小学生认知规律和心理特征的教学方法。

(二) 丰富课堂教学活动，让学生在"动"中学得英语

著名的心理学家皮亚杰认为，认识起源于活动，认识是从活动开始的。活动在学生的认知情感和个性行为中起着重要作用。教学活动是师生共同参与的双边活动，而英语教学主要是以语言实践活动为主。教师通过在课堂上设计一系列丰富的教学活动，如说唱、猜

迷、传话、表演、竞赛等来吸引小学生的注意，提高其学习兴趣，使他们在轻松愉快的环境中去感受语言、理解语言、使用语言，真正做到在玩中学、在学中玩。在整个过程中，教师要积极引导学生参加各类活动，对基础较薄弱的学生，要体现出耐心、关心、爱心，多鼓励这些学生，帮助他们树立能学好英语的信心。同时要培养学生活动时的团结协作精神，使教学活动得以顺利进行，并取得理想的效果。

（三）创设情景，让学生在交际中运用英语

兴趣是学习英语的动力，活动是提高小学生英语运用能力的主要途径。教师要保持学生学习的兴趣，就必须精心设计教学活动，并使活动情景化，让学生在交际中运用英语。外语的使用离不开一定的情景，小学英语教学强调在情景中学，在情景中用。教师在整个课堂教学过程中，无论是呈现新知识，还是巩固、复习旧知识，都应使学生尽量在一种有意义的情景中进行，增加语言实践的真实感。情景教学有助于学生通过视觉、听觉加深对外语的理解；便于学生进行语言操练活动，激发学习的兴趣，提高记忆效果和教学效率；同时也有利于培养学生用英语思维的能力。

二、正确处理英语课堂上教师和学生的关系

新课标强调改变学生传统的学习方式，倡导在学生中开展"自主、合作、探究式"的学习。因此，教师要能较好地处理课堂上与学生的关系，把握好自己的角色。

（一）发挥教师的主导作用，体现学生的主体地位

英语教学是师生交往互动、共同发展的过程，是教师引导学生开展积极的英语活动的过程。新课标强调学生的主体地位，但是，由于小学生是处于学习的起步阶段，其经验储备不足，知识和能力还有待发展。因此教师必须加强学习引导，充分发挥主导作用。

（二）教学的设计要满足学生的需要

在英语教学中，学生学得知识的过程是师生双方交互作用的过程，教师应激发学生学习的积极性，向学生提供充分从事英语活动的机会，帮助他们在自主探究和合作交流的过程中真正理解和掌握基本的英语知识与技能、英语思想和方法，获得广泛的英语活动经验。

学校、教师、课程都是为学生服务的。因此，教师在英语课堂的每个决策环节上都要充分考虑学生的需求并以此为依据，而不能一味地满足学校或教师的愿望。

（三）体现因材施教，建立新型的师生关系

教师在授课时要充分关注学生的个体差异性。尊重个体差异指的是英语课程的设计及安排要充分考虑学生在语言基础、学习潜能、兴趣爱好、学习风格等方面存在的差异。既不能机械地用统一的标准来要求每个学生，也不能只让学生学习单一的学习材料。在英语课程实施过程中，应尽可能满足不同学生的不同学习需要。

新课标强调，教师是学生学习的合作者、引导者和参与者。教学过程是师生交往、共同发展的互动过程。交往意味着人人参与，意味着平等对话。教师将由居高临下的权威转向"平等中的首席"。在新课程中，传统意义上的教师教和学生学，将不断让位于师生互教，彼此形成一个真正的"学习共同体"。教学过程不只是忠实地执行课程计划或方案的过程，而是师生共同开发课程、丰富课程的过程。课堂变成动态的、发展的，教学真正成

为师生富有个性化的创造过程。教改后的课堂上，教师是学习的组织者、引导者与合作者，而非仅为"传道、授业、解惑者"；学生是学习的主人，是主动探索知识的"建构者"，而非"模仿者"及知识的被动接受者。

三、小学英语课的主要流程

小学阶段英语教学的目的是培养学习兴趣和激发学习动机，使学生养成良好的学习习惯，形成有效的学习策略；培养学生对英语学习的积极态度，使他们建立初步的学习英语的自信心。

一堂好课不在于教师教得如何精彩，而在于学生在教师的引导下是否学得主动。教师在一堂课的各个环节，无论是新课的导入、单词的讲授，还是新句型及新对话的呈现，要想使学生自始至终保持学习积极性，都要精心设计好教学活动，要时刻关注学生参与活动的态度、学生参与活动的广度和学生参与活动的浓度三个方面。教师要激发学生的兴趣，把学生的注意力吸引到课堂教学上来，从而取得最佳的教学效果。

（一）课前热身

俗话说"万事开头难"。但良好的开端是成功的一半。教师做好课前几分钟的教学组织时，要尽可能亲切自然。这样可以帮助调整学生情绪，引导学生集中注意力，抓住他们的兴趣，使其处于一个快乐的课堂氛围中。热身的方法通常有每周一歌、值日报告、每日新闻、角色扮演、讲故事等。这些形式应该经常变换，以免学生出现兴趣疲劳。

（二）新课导入

导入是教师引导学生进入教学主题，把握教学重点的首要环节；是教师在传授新的教学内容时，通过建立与教学有关的情景，将学生带入新知识准备状态的一种教学行为。导入是课堂教学最关键的一步。教师要力争用巧妙的方法抓住学生的注意力，使学生在最短的时间内进入最佳的学习状态，在轻松的氛围中进行学习。小学英语导入新课的方法多种多样，没有固定模式。导入方式的选择要根据教学内容来确定，一般有复习导入法、实物和图画导入法、设问导入法、简笔画导入法、情景导入法、故事导入法、游戏导入法、歌曲导入法等。教师经常采用多变、贴近生活、生动活泼的导入方式，可大大吸引学生的注意力，调动他们的主动思维，从而取得良好的教学效果。

（三）新知呈现

教师通过导入阶段抓住学生的注意力后，就要进行新知识的呈现。新知识呈现是指教师运用不同教学手段向学生展示或解释新的语言内容，让学生认识和理解新语言项目的形式、发音、意义和运用等。根据小学生的年龄特点和心理特点，教师要注意运用有效的呈现方法，而且所呈现的内容要简洁精确，过程要生动形象，语言要准确规范，手段应新颖恰当，充分调动学生的学习积极性，在整个教学过程中体现快乐学习的思想。这样小学生就会乐于学习，就可以充分发挥自己的学习潜能，更好地掌握所学内容。下面介绍几种呈现新知的方法。

1. 直观展示

单词教学在小学英语教学中必不可少。小学英语教材中大部分单词都为表示具体事物的名词或学生熟悉的修饰性形容词。如表示学习用品、交通工具、动物的名词，描述天气的形容词、描述人物外貌的形容词等。教师可以通过实物、卡片或简笔画等把本堂课要学的单词呈现在学生面前，让学生有初步的直观感受。这对他们理解、识记新知识十分有帮助。例如，在介绍方位介词用法时，教师可以用一个色彩鲜明的大纸盒和一个具有对比色彩的小球，或是一个可爱的小动物玩具以刺激感官、激发兴趣。通过变换两个物体的空间位置关系，学生直观地体会到 on, in, under, behind 的用法及区别，再结合简单的句型练习，使学生基本掌握方位表达法，同时也避免了用单纯汉译英方式学习词汇。

2. 多媒体呈现

现代化教学辅助手段如电脑、投影、幻灯等可以使抽象的材料具体化。这些教学媒体通过真实的内容和较强的表现力，可以吸引学生的注意力，并且降低学生对新授知识理解的难度，弥补教师用实物展示时所不能达到的效果。如在教学颜色的单词 red, black, white, brown, orange, yellow, green 时，可以设计以下课件作为呈现方式：用动画制作出可以说话的太阳，太阳说："I'm the sun. I'm red." 然后按动操作键，屏幕上依次出现会说话的 black hat, white paper, brown crayon, orange dress, yellow flower, green tree 作自我介绍，之后各种物品会以 what color ... 句型互相询问。这样的呈现可以将抽象、呆板的文字变得直观、形象、明了、清晰，使语言的功能在动态的画面中得到充分的体现，学生对语言的感知理解也会更为深刻。

3. 录音呈现

通过播放录音，让学生从听觉上对所学的单词、短语、句型或课文进行感受并跟读，教师要在单词的发音和语音、语调上及时给予指导和纠正。

（四）巩固新知

在学生对所学新知识的读音已基本掌握后，要尽快加强学生对新知识音、形、义三方面的联系。在这一阶段，可以使用实物、卡片或教学课件再次呈现所学的知识。对于三年级的学生，要求其能正确拼读；三年级以上的学生，除正确拼读外，还要求能正确地书写所学内容。如教师展示一幅表示"阳光明媚"的图片，询问"What's the weather like?"学生能回答"It's sunny"，并能正确拼写出 sunny 这一单词。

（五）交际操练

基础教育阶段英语课程的任务之一是使学生掌握一定的英语基础知识和听、说、读、写技能，形成一定的综合语言运用能力。因此，无论在新知呈现阶段还是对知识的巩固操练阶段，教师都要给学生创设真实、生动的教学情景，让学生在开放、和谐、积极互动的语言环境中进行交际操练，使学生能在一种自然、真实的氛围中体会语言，感悟语言的功能。研究表明，学生课堂活动的参与程度与其提高语言熟练程度成正比。学生在积极参与情景真实的交际操练时，可以较快地掌握所学语言知识。为此，引导、鼓励学生参与交际训练，保证学生训练的时间和空间是教师在课堂教学中要认真把握好的一个环节。为激发学生的主体意识，使其发挥主体作用，教师可以利用多媒体设备来突破教学的重点和难点，融文字、声音、图像为一体，创设学生主动参与语言交际活动的情景，让学生在真实的情景下较容易地进入角色，操练当堂课所学习的语言知识，培养语言的实际运用能力。

（六）布置作业

课后作业是学生对课堂教学的深化过程，是巩固知识、形成能力的重要手段，是培养学生良好学习习惯、促进学生个性发展的重要途径。传统的作业一般是抄写单词和句子，学生往往觉得枯燥乏味，无任何兴趣。完成抄写任务成了学生课后的负担，这种作业对巩固知识效果不大。因此，教师在进行作业设计时要注意形式要多样，能激发学生的兴趣，并且注意其能力的培养。

"听说为主，书写为辅"是新教材的特点。教师可针对教材的特点，布置学生回家听当天所学知识的录音，跟磁带反复模仿，注意语音、语调、语速，练习地道的口语。

针对学生长时间写单词毫无兴趣且效果不好的现状，教师可以布置一些变写为画的作业，比如学习身体各个部分、学习用品、动物、食物、家庭成员名称等都可以让学生回去画图，并配上单词。第二天让学生在小组间用英语介绍自己所画的内容。学生在画和展示的同时，既复习了自己所学的内容，又锻炼了口语，而且印象深刻不易忘记。

另外，让学生在课后就课文进行情景对话表演或英语小短剧表演，可以让学生在真实的场景中锻炼口语。

总而言之，为使自己的教学安排符合新课标理念下的教学目标与要求，教师要想方设法激发学生学习英语的兴趣，要精心设计好课堂教学的每一个环节，使学生乐于学习，善于学习，真正成为学习的主人。

第三节 说 课

随着教学改革的深入，说课这一带有教育科研性质的教研形式应运而生。说课是指教师在特定的场合，在精心备课的基础上，面对评委、同行或教研人员系统地口头表述自己对某节课（或某单元）的教学设计及其理论依据，时间一般为10～15分钟。说课不仅是一种能够集中、简约地表达教师教学理念、教学设计的教研形式，而且融备课、上课、议课于一体，在一定意义上达到了教学理论和教学实践的有机结合，成为一种全新的教学表达方式。

一、说课的意义与目的

（一）提高教师备课的质量

说课源于备课又高于备课，是备课的深化和提高。要说好课，教师必须钻研大纲、教材，必须带着备课中的问题深入学习有关教育理论，反复推敲、琢磨自己的教学设计是否可行。在说课的过程中，教师不仅要说出"教什么"和"怎么教"，更要说出"为什么这样教"。说课为备课提供了理论依据。说课以特殊听众（领导、同行或教学研究人员）为对象，教师也就从备课的静态个体行为转化为动态学术讨论。通过大家互相切磋，说课教师可以集思广益，将有价值的反馈信息用于自己的备课之中，并矫正、充实原先的教学设计，使之更加合理，更加具有实用性。

（二）提高课堂教学的效率

说课有着很强的理论性和实践性，它能促使课堂教学趋于科学化。提高课堂教学效率需要教师潜心钻研与探索。教师通过说课，使教学设计不断趋于完善。"说课"说出了教学方案设计及其理论依据，进一步明确了教学重点、难点，厘清了教学思路，使上课更具有科学性、针对性；克服了授课过程中重点不突出、训练不到位等问题，使教师的教学思路更开阔，教学构思更严密。通过说课，课堂教学可以更趋于科学化、理性化，课堂教学效率可以得到切实有效的提高。

（三）提高教师的自身素质和理论素养

说课可以考察英语教师对教材掌握的水平和程度，包括熟悉英语新课程标准和教材的程度、对新旧知识关系的理解、所选教法与教材的相互连接，以及如何培养学生自主学习等。通过说课，教师英语口头表达能力、组织能力和应变能力等各项素质可以得到锻炼和提高。

说课注重对教学全过程进行理论上的分析，这可以增强教师实践上运用教科研理论的自觉性，对有效促进教师重视和加强教育理论的学习，促使教师养成终身学习的良好习惯有很大帮助。

（四）提高教研活动的实效

以往的教研活动采用最多的形式是由一位教师上公开课，教研组的老师在课后进行评课。这固然能起到一定的集体探索、共同进步的作用，但上课的老师处在一种比较被动的地位，听课的老师也不一定能完全理解授课教师在教学过程中所设计的教学活动意图。因此，教研实效不明显。通过说课，让授课教师阐明自己教学的意图、自己处理教材的方法和目的，让听课教师更加明白应该怎样去教、为什么要这样教，从而使教研的主题更明确，重点更突出，教研活动的实效性强。通过说课活动，说课教师可以充分表达自己对某一教学内容的观点和见解，作为同行的评说者则以较高的教育理论素养、鉴别能力进行高层次的切磋和交流，充分形成以"说"促"研"、以"研"导"教"的局面，自然地增强了教和研的深度，可以明显提高教研效果。

二、说课与上课的区别

说课作为一种新兴的教研形式，正日益为广大教师所接受。近年来，各地区国编考试、学校招聘考试等都把说课作为考核项目之一。因此，教师，尤其是师范毕业生，尤其要把握说课的要点，把说课与上课区别开来。

（一）说课稿与教案的区别

说课稿和教案都是为了更好地上课而设计的。教案直接服务于上课，是实施课堂教学的具体方案，即在有关理论指导下对课堂教学的具体设计和安排。教案设计可根据教者的经验或详或略，可以根据教学过程中的具体情况灵活掌握，甚至可以根据实际情况重新设计。而说课稿不同。说课稿直接服务于说课，是阐述教学思想、教学设计意图、教法和学法及其理论依据的论述性报告，对教案具有理论上的指导作用。说课阐述的内容要详细，比如说教法，仅仅简单地介绍运用了什么教法不行，而是要结合具体的教学内容对为什么运用此教法进行阐述，把相关内容明确、细化，这样才有利于和同行、评议者进行交流讨论，给教学以实质性的指导。通常，在教案活动中，说课稿的准备在先，教案设计在后，因为"说"过之后，通过矫正、补充，才能更好地指导教案设计。

（二）说课与上课的异同

说课和上课的主要教学内容是相同的，主要研究方法也相同，都是通过学习课标、钻研教材、了解学情，选择恰当的教法和学法，为指导学生更有效地学习服务。两者的不同之处表现如下。

1. 性质目的不同

说课是一项教研活动，是对上课的理论把握，目的是帮助上课者提高教育教学理论水平，使其在教学过程中教学目标更明确、教学内容更实在、教学方法更科学、教学效果更明显，同时也可以提高同行们的教研水平。而上课是全面提高学生整体素质的一项具体教学活动，目的是直接完成某些教学目标和任务。

2. 形式对象不同

说课是以教师同行、评议者为对象的一种集体进行的动态单边活动，而上课是执教者以学生为对象的双边活动。

3. 内容要求不同

说课主要阐述上课采用的方法及其理由，即阐述教者的教学构想和意图，针对某一教学设计阐明怎样做，为什么这样做；教学生怎样学，为什么这样学等。而上课主要解决教什么，怎样教；学什么，怎样学的问题；是完成教学目标和任务而进行的施教与指导学生学习的具体操作过程，不需要向学生说明为什么要这样教学的理由。

4. 时间、场所不同

说课可在上课前也可在上课后进行。但在课前进行说课为佳，因为说课者在"说"之后通过同行的评议，可以采纳同行的合理建议，更加优化课堂教学。说课场所不固定于教室，可以灵活安排。说课的时量一般不超过20分钟。上课则是在教室进行的以40分钟（小学）为一单位时间的课堂教学，时间、场所都是固定的。

5. 程序不同

说课一般遵循"教材分析—学情分析—教学目标及重点、难点的设计和依据—教法、学法的指导及其依据—课堂教学步骤及主要教学活动设计"等一系列程序。在具体操作过程中，可以根据需要作灵活安排，如将教法和学法融合在教学重、难点和教学活动设计的介绍过程中。总之，说课一般遵循着"怎么设计的—为什么这样设计"的逻辑顺序。而课堂教学程序，简单地说就是师生双方共同配合、教学内容不断揭示、教学目标和任务逐步完成的过程。实践证明，说课者只有对教学内容和教学结构安排有一个扼要的说明，才能给评议者一个清晰的感觉，否则不利于交流讨论。教师应该注意，说课不能过于细化，比如具体解释某个知识点，因为这是同行和评议者应该清楚的，如果说课变成讲析知识点，那就无异于上课了。

6. 语言风格不同

由于对象和目的不同，两者使用的语言风格各异。为便于与同行、评议者切磋交流，说课语言应当严密、精练、清晰、平和；为了提高说课效果，应力求生动，但要自然、恰当。上课的语言要注重启发、引导，并根据教学的具体内容抑扬顿挫，以便于激发学生兴趣，帮助其理解掌握所学内容。

7. 评价不同

说课以教师的整体素质作为评价标准，而讲课以学生的学习效果为评价标准。

三、说课的内容

进行说课之前，教师一般先作自我介绍，再简单说明本次说课的课题及该课题出自哪个版本的教材,供哪个年级使用,处于教材中第几单元、第几课时。整个说课一般包括以下几个方面的内容。

(一) 说教材

在新课程背景下,教材虽然不再被认为是唯一的课程资源,但它仍然是教学系统的一个基本要素,仍然是教师进行教学的基本材料。教师能够驾驭教学过程,取得最佳教学效果的基本前提是深入细致地分析教材、把握教材。因此,说课,首先要求教师说明自己对教材的理解和把握程度。

1. 教材的地位和作用

教师在认真钻研课程标准及教材内容的基础上,说明课程标准对本课教材内容的要求,阐明教学中前后知识的内在联系,即向听说课者介绍本课教学内容是在学生学了哪部分知识基础上进行的;是前面所学的哪些知识的应用与延伸,又是后面学习的哪些知识的基础;它在整个知识系统中所处的地位;它在学生的知识与技能、情感态度与价值观方面有哪些作用,对将来的学习会有什么影响等。这有助于教师认定教材的重、难点,提高课堂教学效率。

2. 教材的编写思路和结构特点

教师在明确教材的地位和作用的基础上,要厘清教材的编写思路和结构特点。要说明本套教材包括了哪些知识,是以什么样的逻辑线索把这些知识结构串起来的。教师要尊重但不能盲从于教材,要做到一切从学生的实际出发来处理教材,如重新整合教学内容,调整教学顺序等,真正做到"用教材",而不是"教教材"。

3. 本课题的教学目标

教学目标体现着教学的方向,对课堂一切教学活动起到宏观的调控作用,同时也是对课堂教学评价的重要依据。教学目标包括认知目标、技能目标和情感目标。教学目标的确立首先要根据单元教学的目的和要求(对语音、词汇、日常交际用语、语法等方面的不同程度的要求),结合学生的实际水平,确定要贯穿单元教学的总目标。总目标可以相当概括。一节课的教学目标则应落实到与本课教学内容相关的具体语言知识或某项技能上,即通过本节课的教学,重点解决什么问题(知识和能力方面),达到什么样的要求。为了贯彻"寓思想教育于语言教学之中"的教学原则,教师还要深入挖掘教材的德育因素,从而确定德育(情感)目标。

教学目标要有科学性,要符合课程标准的基本要求,对准教材的内容,符合学生的实际情况;教学目标应有较强的可操作性,要明确、具体,能直接用来指导、评价和检查该课的教学;同时,教学目标针对性要强,要针对本课内容来确定本课的具体目标,切忌泛泛而谈,空洞而论。

4. 说重点和难点

教师说教材一定要说明教学的重点、难点及其确定的依据。即在列举该课重点、难点的同时,说明为什么该重点是本课教学的最主要部分或最重要内容,为什么该难点在本课教学中是学生最难理解和最容易出错误的部分。教学重点是教材内容表现出来的知识点的内在联系及其语用价值。其确定的依据要从课程标准、教材内容和学生的知识基础及年龄特征等方面来加以说明。教学难点是指学生难懂的、教学中需要着力讲解或讨论的知识点。其确定的依据要结合学生实际,从造成学生难懂的原因来加以说明:一种是教材内容过于抽象、深奥、繁难，学生难以理解；一种是距离学生生活较远，学生缺乏这方面的感性认识或基础知识，不易接受。有时教学难点和重点是一致的，但如果难点属于教材内容的次要部分，则要分别说出教学时对重、难点的突破方法、占用时间等。总之，教学重点、难点的确定要恰当，做到重点突出，难点分散。

(二) 说学情

所谓学情，是指学生的年龄特征、认知规律、学习方法及已有知识和经验等方面情况的总和。新课程目标确立了以学生为本的思想，学生是学习的主人，是知识的建构者，因此，教师说课必须说清楚学情。一般来说，说学情包括下面两个方面的内容。

1. 学生的起点知识技能和生活经验

古希腊哲学家柏拉图说过："两个人不会生活得完全一样，每个人都有自己的自然天赋。"这充分说明了人的个体差异性。每个学生都是一个活生生的生命有机体，他们在学习新知识、掌握新技能之前都已经具备了一定的知识，掌握了一定的技能，积累了一定的生活经验。教师了解学生所具有的知识技能和经验对确定教学重点和难点，选择科学的教学方法、教学策略有极大帮助，可使学生实现由"旧知"向"新知"的迁移，学习会更加轻松。

2. 学生一般特点与学习风格的差异

不同年龄段的学生有着不同特点的认知水平及认知规律。教师施教要针对学生的气质、性格、态度等个性心理特征，加强教学的针对性，培养和发展学生的特长。所以分析学情要注意说明学生的年龄特点、身体和智力上的个别差异所形成的学习方式。教师说课时要关注到不同群体的学生的差异，这有利于教师在教学中因材施教，分类指导，同时也有利于学生个性的发展及学生群体能力的提高。

(三) 说教学方法

教学方法是在教学过程中教师和学生为完成一定的教学任务，实现一定的教学目标而采用的途径、方式和手段的总称。它包括教师的施教方法和学生的学习方法。教法的选择，学法的指导，是达成教学目标的重要保证。

1. 说教法

(1) 阐明在教学中选择什么样的教学方法、教学手段，以及采用这些教学方法、教学手段的理论依据。

(2) 说明运用哪些措施培养学生能力，开发学生潜力，训练学生非智力因素。

(3) 解说在教学中如何发挥教师的主导作用，如何处理教与学、讲与练的关系。

(4) 阐述在教学中使用什么教具和教学辅助手段，怎样发挥其效用。

"教学有法，教无定法，重在得法，贵在用法"。教师要根据教学的实际情况，把多种教学方法创造性地加以组合运用，以达到提升课堂教学效果的目的。

2. 说学法

(1) 说明在教学过程中教给学生哪些学习方法和为什么选择这些方法。

(2) 说明在课堂上如何实施这些学法指导，如何使学法指导渗透到教学活动中，如何激发学生的学习兴趣，如何充分调动学生的学习积极性，如何提高学生的英语综合能力。

教法与学法彼此具有相对独立性，但两者也不能截然分割。教法里包含着学法，学法里体现着教法，二者统一于教学过程之中。教师在说课时，可以根据学生实际情况把教法和学法的选择分别加以叙述，也可以根据实际情况放在一起阐述。

（四）说教学程序

教学过程是教师的教学理念、思想方法、策略和技术在教学活动中的具体体现。因此，说教学程序是说课的重点部分。教师通过对这一程序的分析，可以展示自己对教学独具匠心的安排，反映自己的教学思想、教学个性与教学风格。

1. 说教学思路

教师要说明如何把握教材、处理教材，采用怎样的教学方法与手段组织教学，阐述各环节的时序安排及内部结构。讲述不需过于详细，听者能清晰地了解和把握说课者关于教学活动的整体安排即可。

2. 说教学流程

说教学流程，就是围绕教学设计思路，说出各个环节具体的教与学活动安排及其理论依据；说明在教学过程中怎样突出重点和突破难点；说明在什么时候，什么地方，采用哪些教学手段辅助教学，并说出这样做的道理。如"导入"设计：这样导入有什么好处？效果如何？"新授内容"设计：分几步呈现？每步呈现哪些内容？各步所呈现内容的练习、讲解。交际活动的安排设计：怎样突出重点，突破难点？如何提问和组织练习、交际活动？如何促进学生积极思维，引导学生积极参与教学活动？各教学环节之间如何过渡最后又怎样结束？等等。教学流程安排得当，对高效的课堂教学有着极大的帮助。

3. 说练习

针对一堂课的重点和难点设计恰当的练习，对帮助学生掌握所学知识非常重要。在说练习这一环节，要讲清楚本节课设计了哪些练习在课堂让学生操练，以及课后会布置何种类型作业让学生巩固所学知识。要说出所选取练习的依据，陈述要简明扼要，不可把所有零碎的东西都一一介绍。

4. 说板书设计

板书是一种可视的语言形象，是直观教学的组成部分，同时很能体现教师的教学风格及整体素质。说板书设计时，要注意说明板书设计的构思与教学内容的逻辑关系，即不仅要说明本节课板书怎样设计，还要说明设计的意图及所能达到的效果。

四、说课的准备工作

明白了说课的内容之后，那么说课要怎样来开展呢？首先，要有充分的准备。"凡事预则立，不预则废"，"不打无把握之仗"，这都说明事前准备的必要性。充分准备是"说课"成功的起点，也是自我提高的过程，只有准备充分，才能提高说课的质量，才能不断提高自身业务素质。

（一）知识准备

知识是基础，没有比较丰富宽厚的知识，要想说好课是绝对不可能的。所以，说课前首先要做的是知识准备，这里指的知识主要是课程标准（教学大纲）、教材知识以及其他相关的知识。教师要熟悉学科的课程标准（教学大纲），认真钻研教材；为了达到更好的教学效果，涉猎边缘学科的知识，扩展知识视野也是教师在说课之前所应做的准备工作。

（二）理论准备

说课与课堂讲课不同，它有很浓的理论因素（色彩）。一定要在理论指导下去研究教学内容的分析、过程的设计、教学方法的运用。否则说课就没有高度和深度，就是无本之木。因此，教师在说课前要针对教学实际需要，有计划、有步骤地学习教育学、心理学、学科教育心理学、学科教学法等有关理论。

（三）技术准备

首先，要明确说课的内容和要求。说课主要是说清楚教什么（What）、怎么教（How）以及为什么这样教（Why）的问题。其次，要掌握说课的技巧，加强说的工夫。教师说课所体现的教学思想、教学行为要能反映课程改革的新理念。教师的教学方法、教学形式及教学手段都要体现出新颖和独到之处。此外，教师的语音清晰、口齿流畅、条理分明、生动形象也是说课成功的关键之处。最后，准备好说课所需的教具。教具的展示可以让听说课者更好地领会说课教师的意图。

（四）心理准备

说课是提高教师素质、提高教学质量的有效途径。教师认识到说课的重要性，才会积极主动地学习现代教育理论，认真钻研课程标准（大纲）、教材、教法，使自身得到提高。由于说课之前范围已定，教师熟知这些内容，并已作准备，所以教师要增强自信心，消除紧张心理，说课时从容自如，同时要正确地估价自己的实力，使能力得到应有的发挥。另外，说课是在没有学生配合的情况下，一切靠教师自己完成，有时可能出现漏洞，教师要注意自我的心理调节，消除心理紧张，稳定心理状态，沉稳巧妙地弥补可能出现的漏洞。

五、说课的原则

按照现代教学观和方法论，成功的说课应遵循如下几条原则。

（一）科学性原则

教师说课时，要做到：（1）正确、透彻地分析教材。教师要准确无误地分析教材知识点的内涵和外延，正确把握本节课教材内容在本学科、本年段的地位、作用以及本课内容的知识结构体系，深刻理解各知识点之间的关系；（2）客观、准确地分析学情。教师应客观、准确地分析学生学习本课的知识基础及可能存在的问题，为采取相应的教学对策提供可靠的依据；（3）要根据课标要求、教材内容和学生实际确定教学目标，并且要有切实可行的落实途径；（4）选择恰当的教学方法。教师要根据课型特点和学科特点，针对本课的重点和难点，选择操作性强的教学方法。

（二）理论联系实际原则

说课要突出一个"理"字。在说课活动中，说课人要条理清楚地阐述自己的教学构想，还要说清本构想的理论与实际两个方面的依据，将教育教学理论充分运用到课堂教学实际，使理论与实践高度统一，这样才能提高说课的科学性，其可行性、可信度也可以得到增强。

（三）实效性原则

为在短时间内集思广益，检验和提高教师的教学能力、教研能力，优化课堂教学过程，提高课堂教学效率，说课要讲求实效性。为此，说课人、评说人在说课前都要围绕本次说课活动的目的进行系统的准备，认真钻研课标和教材，分析学情，做到有的放矢。说课人还要写出条理清晰、有理有据、重点突出、言简意赅的说课稿。说课是为课堂教学实践服务的，说课中的每一环节、每一教学活动的设计都应具有可操作性，说课应该能在实际的教学中落实，不能是为说而说，否则就是纸上谈兵，流于形式，达不到应有的教研效果。

（四）创新原则

教学艺术重在创新。教师在说课时要体现课程改革的新理念，力求使自己的教学方法、教学形式、教学结构及教学手段都有新颖和独到之处。教师的说课要体现出创造性地使用教材，教学过程的设计中要注意培养学生的创新意识和创新能力。

总之，说课的核心在于说理。说课的内容必须客观真实，要真实地反映自己是怎样做的，这样做的理论依据，以引起听者的思考，通过相互切磋，形成共识，进而完善说者的教学设计，并达到共同提高的目的。

第四节 听课与评课

多年来，听课与评课活动一直是教学中领导和教师广泛采用的一种教学研究方式。听课与评课可以促进教学观念更新、教学经验交流、教学方法探讨、教学艺术展示、研究成果汇报、教学水平提高等，是研究课堂教学的一种行之有效的重要方法和手段，也是教师日常性的教研活动。听课与评课的过程，是教师在互动中获取经验、自我提高的过程。它对加强教学管理、检查教学质量、总结教学经验、提高教师的业务水平起着重要的作用。

一、听课

（一）听课的类型

根据听课的不同目的，一般有以下几种听课类型，即观摩课、研究课、比赛课、汇报课和互助课。

1. 观摩课

观摩课是为了学习他人课堂教学经验及长处而组织的听课活动。这种课具有一定的示范性，可以作为成功的范例供听课者借鉴和学习。

2. 研究课

研究课是为了研究某个方面的问题进行听课。如专门研究小学生英语学习心理、课堂提问艺术等。

3. 比赛课

比赛课是为了对教师的业务水平进行评比而举行的听课活动，讲课者事前经过比较充分的准备，有预演的经历。

4. 汇报课

汇报课是指在一个教学研究课题或教学见习、实习活动结束之际开展的听课。汇报课一般由优秀的人员担任主讲，主题明确，能展示教学研究课题或教学见习、实习活动的成果。

5. 互助课

互助课指听课者与被听课者以相互学习、相互促进、共同解决教学难题为目的的听课。听课者不是以评价者的身份听课，而是以合作者、学习者、研究者、指导者的多重身份听课。

(二) 听课前的准备

1. 仔细研读课程标准，认真阅读教材

了解所要听的课在课程标准、教材中的地位和作用，弄清新旧知识的内在联系，熟知教学内容的重难点。

2. 阅读授课教师教案

通过阅读教师教案，了解授课教师设定的教学目标、教学重点和难点以及为其所设计的教学活动；在教学过程中采用了哪些教学方法；教学时间是如何安排的；练习题是如何设计的；板书是怎样设计的。

3. 了解学生

了解学生的兴趣、爱好、心理特征，了解学生已学过哪些与本节课有关的内容等，以便知道学生有哪些知识准备来进行本节课的学习。

4. 自己设计课堂教学初步方案

粗线条地勾勒出大体的教学框架，为评课提供一个参照体系。

(三) 怎样听课

随着教学方法及形式的发展和变化，单纯的"听"课已不适应教学改革发展的需要。听课应该是"看"、"听"、"记"三种形式的有机结合，即眼看、耳听、手记相结合的多层次活动。

1. 看

概括起来有看教态、看板书（或演示）、看教具、看学生活动四个方面。要注意授课教师教态是否自然，板书是否清晰得体，教具的运用是否恰当。观看学生活动情况包括：学生的发言率、学生对教学活动的投入程度及学生练习的时间和质量等。

2. 听

包括听教师讲解、提问的内容，教师讲课的语言，以及学生发言、回答问题和讨论等。据研究，在课堂教学中，对小学生以每分钟讲120～140字为宜。听课时要注意，教师语言表达是否具有准确性、趣味性、是否富有感染力；讲课速度是否适中，声音是否洪亮。要注意教师在听取学生回答问题时，能否及时、准确地发现学生出现的错误，并准确地给予提示或纠正。

3. 记

即听课要记录。记录的内容有主要过程和环节、教学重点和难点、板书、教学中的主要优缺点以及听课体会。教学中的优缺点，是听课者感受最深的地方，是评课的主要话题，记录下来不仅为评课提供材料，也有助于吸收他人成功经验和克服不足之处。

听课时要全身心地投入，要积极思维，认真分析，应从三个角色介入。一是要进入"教师"的角色。要设身处地地思考，如果自己来上这节课，该怎样上。将执教者的教法与自己的构思进行比较。这样既可以理解执教者的教学设计意图，又可以看到各自的优点与缺点。二是要进入"学生"的角色。要让自己处于"学"的情景中，从学生的角度去反思教师怎样教或怎样处理教学内容、怎样引导、如何组织，学生才能听得懂、能探究、能应用、会掌握。三是要进入"学习"的角色。在听课中更多地去发现教者的长处，发现课堂教学的闪光点，以及对自己有启迪的东西，做到取长补短，努力提高自己的业务水平。

(四) 听课要注意的事项

(1) 上下课，听者应与学生一样有时间观念，按时入场，不得中途退场；座位选取恰当，不分散学生的注意力，不影响教师上课的视线以及学生回答问题。

(2) 不要做与听课无关的事，不要与其他听课教师交头接耳，尊重执教者。要注意听、看、思结合，认真做好听课笔记。

(3) 不要越俎代庖，不要代替任课教师辅导或纠正学生的课堂练习，也不要在学生回答问题的时候提醒学生，不要跟学生交头接耳。

(4) 听课后要对记录内容进行整理、总结、思考，总结出一些规律性的对自己有帮助的东西，以提高自己的业务水平。

二、评课

备课—上课—评课，是一个完整的工作体系。这三个环节大都是教师的自主行为，所以，评课一方面是教师自评，即课后总结或课后备课；另一方面，评课和说课、听课一样又属于教研活动的范畴。通过听课、评课，可以加强教学经验交流，进行教学方法探讨，实现教学艺术展示以及完成教学研究经验总结，提高教师教学能力和专业水平。

(一) 评课的意义

评课具有独特的功能，对教育教学工作具有重要的作用和影响。在实施新课标的背景下，评课更具有重要的现实意义。

1. 促进课堂教学质量的提高

教学工作是学校工作的中心，而课堂教学又是教学工作的主体。据统计，一名小学生在校约90%的时间是在课堂中度过的。这就需要树立明确的以教学为中心、以狠抓课堂教学优化为关键的工作意识，建立相应的评议机制，强化评课活动。因此，教师要下工夫研究课堂教学，努力提高课堂教学质量。

2. 推进课堂教学改革与创新

课堂教学是推进新课程改革，落实新课改理念的立足点、落脚点、主战场。通过评课，可以看出教师是否具备新的教学理念，学生学习方式的转变程度等。评课还能诊断出课堂教学实践与新课改要求之间的差距，直接而有效地推进课堂教学改革。

3. 有利于教师全面素质的提高

通过评课，及时与教者认真分析这节课的优缺点，提出改进意见，可以帮助教师总结先进的教学经验，克服不足，明确努力的方向，提高教育教学水平，转变教师的教育观念，启迪和带动教师的教学，使教师素质得到全面提高。

(二) 评评课的内容

评课的目的是对课堂教学的效果加以评析鉴定，查找一堂课成败的原因，总结经验教训，提高教学认识。评课主要从教师和学生两个方面来分析评价。

1. 教师教的方面

教师是一堂课的导演。课堂教学的成功与否，与教师的教有着极大的关系。评教师的教一般包括以下几方面。

（1）评教学目标。

教学目标是教学过程的出发点和归宿点。评教学目标要看教学目标是否明确、准确。明确，指教师对本堂课要求学生达到的知识、技能、情感、态度、价值观以及学习习惯等几个方面是否有明确要求；准确，指教师确定的教学目标是否符合新课标精神，是否符合学生年龄实际、认知规律和难易适度。

（2）评教材的把握与处理。

从教学内容的角度来看，评对教材的体系和知识点把握是否精确、教学重点是否突出、难点是否突破、基本功的重点训练项目是否落实、学生是否已掌握、课堂容量是否合理适当等。

（3）评教学方法。

评课时，要注意分析授课教师所采用的教学方法是否符合学生的年龄特征、思维特点和认知规律，研究这些教学方法的效果如何。现代化教学呼唤现代化教育手段，评课时要注意教师是否运用投影仪、电脑、多媒体等现代化教育手段较好地辅助教学。

（4）评教学程序。

首先，要看教学思路是否符合教学内容和学生实际，教学思路的设计是否有独创性，脉络是否清晰，在课堂教学中实施的效果如何。其次，看课堂教学组织。如果教学组织严密紧凑，一环扣一环，一步接一步，能自始至终把全体学生的注意力都集中在课堂教学上，充分利用教学时间，密度容量大，这样就能在有限的时间内完成好教学任务。

（5）评教师教学基本功。

首先，评板书。好的板书设计科学合理，条理性强，英文书写清晰、美观、流畅。其次，评教态。教师在课堂上应该仪表端庄，举止从容，态度热情，给学生创造一个轻松的学习英语的氛围。再次，评语言。教师的语言应该准确清楚，发音标准；针对小学生的年龄特点，应该生动形象，富有启发性；教学语言的语调要高低适宜，快慢适度，抑扬顿挫，富于变化。最后，评专业功底与知识面。教师过硬的专业功底可以引导其科学地进行课堂设计，准确、高效地传授新知。教师的知识面广，可以在教学中根据需要，信手拈来相关知识充实教学，同时扩大学生的知识面，也有利于教师"博学多才"形象的建立，为教师增添教学魅力。

2. 学生学的方面

课堂教学是师生的双边活动，教师的主导作用发挥得越好，学生的学习积极性、主动性就越高。

（1）评学生的课堂积极性。

每个学生的积极性在课堂教学中是否都得到充分发挥，学习是否在热烈活泼的气氛和严谨的主体教学中进行的，每个学生是否都手、脑、眼协调并用，在进行紧张的思维。

（2）评学生的参与广度。

在教学目标、要求的统领下，学生的个性是否得到了充分的体现。好、中、差三种学生，尤其是差生是否在积极活动，这三类学生是否在当堂课中有不同程度的训练和提高。

（3）评学习效果。

一是学生思维活跃，气氛热烈，学习效率高。二是学生受益面大，不同程度的学生在原有基础上都有进步，知识、能力、思想情操目标达成。三是学生负担合理，在40分钟的课堂上，学生学得轻松愉快，积极性高，当堂问题当堂解决。

3. 评课要注意的事项

（1）评课要准备充分。

要求评课者认真听课，做好听课笔记，同时听完课后认真分析研究该课，把自己的意见整理好，否则，在评课时只能是没有重点，流于表面，对人无用，对己无益。

（2）评课要有理论高度。

评课要掌握教育教学理论。要针对某一教学设计方法，运用教育教学理论进行具体分析，使理论真正起到指导教学实践的作用。否则，就只能就事论事、肤浅平淡，不能给人以启迪，教师自己也不能从中获益。

（3）评课要突出重点，有针对性。

评课不可能面面俱到，要根据不同的课型、不同的对象选择其重点来评述。对于初上讲台的年轻教师要重在教法指导，帮助其积累教学经验，而对老教师则应运用现代教育理论充实其观点，以帮助他们增强课堂教学的气息。

（4）评课要客观公正，有激励性。

评课者的评价要客观，优缺点分明，不以情代评，不掩饰缺点错误。评课的宗旨是帮助教师提高教学水平，调动教师教书育人的积极性。因此，评课者的态度要诚恳，忌草率评判、轻易贬低，不要简单地肯定或否定值得商榷的地方，要鼓励教师勇于创新，潜心教改，争做教学能手。

第五节 教学反思

美国心理学家波斯纳认为，如果一个教师仅仅满足于获得的经验，而不对经验进行深入的反思，那么，即使有20年的教学经验，也许只是一年工作的20次重复。新课标非常强调教师的教学反思。反思是教师专业成长的动力源，是促进教师专业发展、提高教师教育教学水平的重要途径。撰写教学反思日记，可以帮助教师总结教学经验教训，完善教学方法措施，提高教学水平，使教师在发现教学问题中不断地进行自我完善，从而实现自我超越。

一、教学反思的含义

教学反思指教师为了实现有效的教育、教学，对已经发生或正在发生的教育、教学活动以及这些活动背后的理论、假设，进行积极、持续、周密、深入的思考，且在思考过程中，能够发现所遇到的教育、教学问题，并积极寻求多种方法来解决问题的过程。它是教师在教育、教学等实践中，以自己的职业活动为思考对象，对自我行为表现及行为依据进行解析和修正，从而不断提高自身教育效能和素养的过程。教学反思是教师与自我的对话，是教师专业提升的基础和前提，是校本教研的基本活动形式之一。

二、教学反思的类型和特征

(一) 教学反思的类型

从教学过程来看,教学反思分为教学前、教学中、教学后三个阶段。

1. 教学前的反思

教学前的反思,是在教学活动将进行之初,凭借以往的教学经历,在反思以往经历的基础上对新的教学活动进行预测与分析,由此作出计划方案的修订与调整,并在即将开始的教学过程中保持注意。这种反思具有前瞻性,能使教学成为一种自觉的实践,并有效地提高教师的教学预测和分析能力。

2. 教学中的反思

教学中的反思,强调在教学过程中不时审视自己的教学行为,及时发现问题,自主反思,自我监控,及时调整,表现为教学中的一种敏感和机智。反思的实现程度与较多的教学个性化因素直接有关。这种反思具有监控性,能使教学高质高效地进行,并有助于提高教师的教学调控和应变能力。

3. 教学后的反思

教学后的反思,是在某一教学活动告一段落(如上完一节课,或上完一个单元的课等)后,去回顾研究过程,分析人物、事件、现象,从中发现问题,从而对教学过程进行理性的概括和提升。这种反思具有总结性,能使教学经验理论化,并有助于提高教师的教学总结能力和评价能力。

(二) 教学反思的特征

教师的教学反思具有以下几个特征。

1. 问题性

教学反思是基于教学过程中存在的问题并为解决问题而进行的,是指对自己目前存有的不科学的行为和观念的及时发现,进而矫治和完善,最大限度地缩短教师成熟的周期。

2. 主体性

教师的反思是教师的自我反思,是教师自己主动思考教学问题,分析教学现状,充分发挥教学自主性的过程,是教师自主、自律、自发的行动,是教师立足于自我进行多视角、多层次的思考,是教师自觉意识和能力的体现。在反思的过程中,教师要以批判的眼光审视自己的教学行为,发现自己的不足与失误,公正地认识自我、改造自我。

3. 实践性

教师的教学反思是在具体的教育教学活动中进行的一种行动性反思,教师教学效能在其具体的实践操作中得到提高。

4. 过程性

一方面,教师的具体的反思是一个过程,要经过感情期、探究期和修正期;另一方面,教师整个职业成长也是一个长期的过程,教师要经过长期不懈的自我修炼,才能成为一个研究型和学者型的教师。

三、教学反思的内容

教学反思的内容,可以涉及教学过程中的方方面面。

（一）对教学观念的反思

长期以来，教师的教育思想往往只是简单的沿袭或重复，缺乏主动性。在倡导教学改革的今天，教师首先要能够积极对自身的教学观念进行反思。因为反思只有达及观念，才会有力量，有效果，才能真正取得反思的意义。教师应以新课改的理念为标准来审视自己的课堂教学，思考自己的课堂教学在多大程度上体现了新课改理念的要求。这样的反思会使得新课改的理念逐步在课堂上得到体现和落实，在较深层次上促进教育观念的更新与转变，并以此指导教学实践。

（二）对教学设计的反思

教学设计不仅是教师教学的构思谋划，也是教师进行自我反思的重要凭借。通过反思教学实践与教学设计之间的误差，教师可以发现不足，及时调整、弥补。对教学设计的反思主要从以下几个方面进行：教学目标的制定是否符合课程标准和学生学情？教学设计预设的起点与学生起点是否吻合？教学内容是否满足社会、学科、学生三者的需要？教学方法是否优化？教学媒体的运用是否适当？在整个教学过程中，即在教学设计时、教学实施中及实施后，这样的反思都要及时进行，以调整、弥补不当之处。

（三）对教学过程的反思

课堂教学有不可预测性。即使教师课前对教学作了最充分的准备，也永远不可能完全确定课堂教学的每一进程。课堂的开展往往并不全部按照教师设计的方式进行。课堂上很容易出现一些"意想不到"的情况需要教师进行临时决策。教师授课时应随时反思教学过程，不断优化课堂教学。反思教学过程主要关注如何使教学活动更有效，如何更充分地发挥学生学习的主体性。可以从以下几方面入手：学生的主体地位是否得到确立；学生探究活动的组织是否合理；是否积极主动地参与到学习活动中；学生在活动中是否能运用所学并具有创新性；教师自身的教学行为是否适当；是否真正促进了学生的学习和发展；教师是否妥当处理课堂意外；在偶发事件中是否产生教学机智等。

（四）对教学效果的反思

反思教学效果是在教学实施以后，通过学生问答、作业、测验和考试等形式获取反馈信息，对学生知识的掌握、能力的发展、学习中的情感体验等获取全方位的观察。教师通常可追问如下问题：学生对教学的重点和难点内容掌握如何；学生在学习中存在哪些困难和疑问；学生在情感、态度、价值观方面获得了哪些发展；学生是否能熟练运用新学知识。

（五）对学生反馈的反思

众所周知，教学相长，教学是由师生双方组成的双边共同活动。布鲁克菲尔德认为，"了解学生对教学的体验是一个教师做好工作所需要的基本的、首要的知识，没有这些知识，所有的教育技能都将失去意义。"学生是有思想的独立个体，他们对教学有着自己独到的见解，他们从自己的实际需要、兴趣、爱好出发，对教学方法、教学内容、教学进程、课程安排及课堂组织形式等进行评价，使教师不仅能够清楚地认识到自己教学上的闪光点与不足，而且能够更深入地了解学生的真实感受和需要。"通过学生，教师可以更好地理解教学；通过学生，教师可以摒弃自己的许多'霸权假定'（Brookfield 1995）；通过学生，教师会把教学当做一项研究来对待，从而切实改进自己的教学"。因此，教师一定要注意聆听学生的反馈。

四、教学反思的形式

写教学反思有多种形式，这里介绍常用的几种。

（一）符号式

即在原文上依据个人习惯标注符号的记录方法。

（二）批注式

即在教材的空白处写上批注语言。这种形式灵活方便，可以是赞誉，可以是指瑕，可以是补充，可以是记序。

（三）摘录式

即将有关教学内容摘录下来。写这类笔记，若是摘录原文，必须标明书名（杂志名）、作者、出版者、出版时间、页码等，以便日后查找核对。

（四）随记式

主要是将教学过程中的点滴经验或教训、产生的片断联想、直觉灵感等随手记录下来。

（五）体会式

即将教学过程中体会较深的方法、事例进行记录，并阐述见解、感受、体会。这种形式一般为课后记录。

五、教师进行教学反思时应注意的问题

（1）教师不能对周围发生的教育现象抱着一种见怪不怪的态度，认为自己的教学实践没有反思的价值，而是要非常清楚对哪些事件该进行反思。

（2）教师进行反思的面要宽，不能局限在课堂教学，只是对自己的教学行为、教学过程进行反思。除了对教学失误进行反思之外，对成功的经验也要进行反思，以积累经验。

（3）教师的反思要与教学理论联系起来，而不只是一般意义上的教学回顾。只有理论与实践相结合，教师才能更快地成长。

（4）教师要与同学科的老师交流自己的反思，从而使教师之间形成有效的合力，进一步提升反思的水平。不能存在这种错误的观点：认为反思是自己的事情，是个人行为。

（5）教师要把反思作为自己的自觉行为，要发自内心地去对自己的教学行为和教学现象进行反思。反思要有实效，不能流于形式。

思考与练习：

1. 你认为备好课要从哪些方面着手？
2. 说课和上课的差别是什么？
3. 请联系自己的教学实际，谈谈如何在小学英语课堂发挥学生的主体作用。
4. 听课和评课的意义和作用何在？试组织一次听课、评课活动。
5. 教学反思可从哪些方面进行？教学反思要注意哪些问题？

第六章 小学英语教学法（Ⅰ）

通过本章学习，需要达成如下主要目标：(1) 了解语音教学、语法教学和词汇教学的基本理念，(2) 掌握语音教学、语法教学和词汇教学的课堂教学具体操作方式，(3) 通过实践与案例培养相应的教学技能。

第一节 语音教学

一、语音教学的必要性

语音是语言的基本存在形式，是语言的本质，也是整个语言学习的基础。语言是交流思想的工具。语言的交流是通过两种最基本的形式表现出来的，一是语音，二是文字。语言是先有口语，而后有书面语，即语言首先是有声的，凭借这有声的语言，人们才能达到交流思想的目的。所以任何一种语言表现媒介是记录有声语言的符号，即文字都离不开语音，语音是言语形成的关键，是首要的。离开了语音，语言就不能存在。人们是通过语言中的语音，即"物质外壳"相互传达信息，相互传达和了解思想感情的。一个人对母语的习得不是从认识文字开始，而是通过"听"声音来接受信息。在婴幼儿阶段，通过不断的"听"来理解语音符号与事物之间的联系。随着信息量的不断扩大和婴幼儿生理的逐渐成熟，在理解了语言的有声符号意义之后，婴幼儿开始模仿使用语言，并由笨拙到灵巧，在不断的内化之中达到质的飞跃——言语的随意扩展和自如运用的能力。综上所述，接受和形成言语能力首先是从语音开始的。

英语教学提倡"听说领先"。在小学英语教学中，语音教学是一个非常重要的内容，也是小学英语教学的基础。学好语音是全面地、较巩固地学好英语的关键。因为在英语中，语音和语法、构词法、拼法都有联系。很好地掌握语音，不但有利于正确地从声音方面来表达思想，而且也有助于词汇和语法的学习。学生语音不好会直接影响到朗读和词汇的记忆，甚至影响到语法等方面的学习；发音的正确与否也会直接影响是否能正确地听懂对方，领会其意并成功地进行交际。因此，语音关是小学英语教学的第一关，是小学生英语学习入门和继续学习、不断发展的基础。要培养学生听、说、读、写综合运用英语的能力，教师首先要下工夫搞好语音教学。

二、语音教学的目标

小学阶段语音教学的目的是帮助学生解决英文音形不一的问题，提高学生读、记英语单词的能力，并在此基础上激发学生学习英语的兴趣，培养听、说、读、写的综合能力。

根据《英语新课程标准》，基础教育阶段学生需要达到的语音教学标准如下。

(一) 二级目标

1. 语音知识

(1) 知道错误的发音会影响交际。
(2) 知道字母名称的读音。
(3) 了解简单的拼读规律。
(4) 了解单词有重音。
(5) 语音清楚，语调自然。

2. 语音相关技能

(1) 能在口头表达中做到发音清楚、语调达意。
(2) 能就所熟悉的个人和家庭情况进行简短对话。
(3) 能运用一些最常用的日常套语（如问候、告别、致谢、致歉等）。
(4) 能在教师的帮助下讲述简单的小故事。

(二) 五级目标

1. 语音知识

(1) 了解语音在语言学习中的意义。
(2) 了解英语语音包括发音、重音、连读、语调、节奏等内容。
(3) 在日常生活会话中做到语音、语调基本正确、自然、流畅。
(4) 根据重音和语调的变化理解和表达不同的意图和态度。
(5) 根据读音拼写单词和短语。

2. 语音相关技能

(1) 能根据语调和重音理解说话者的意图。
(2) 能在口头表达中进行适当的自我修正。
(3) 能在口语活动中语音、语调自然，语气恰当。

(三) 八级目标

1. 语音知识

(1) 在实际交际中逐步做到语音、语调自然、得体、流畅。
(2) 根据语音、语调了解和表达隐含的意图和态度。
(3) 了解诗歌中的节奏和韵律。
(4) 根据语音辨别和书写不太熟悉的单词或简单语句。

2. 语音相关技能

(1) 能使用恰当的语调、语气和节奏表达自己的意图。
(2) 能识别不同语气所表达的不同态度。

不同阶段的学生所需要达到的目标各有不同，小学生毕业时要求达到二级目标。

三、语音教学的内容

小学英语语音教学的内容主要包括单音发音和语流语调两大体系。

(一) 单音教学

单音教学主要包括字母、音素和音标的教学。

1. 字母教学

统编教材是按 26 个字母顺序编排的。现实生活中，英文字母的出现频率大大提高，教师可从生活中的 A、B、C 开始，自然引入字母教学内容。如教师可启发学生说出 CCTV、NBA、CBA、VCD、KFC 及表示衣服大小的 S、M、L 等，让学生感觉英语字母并不难学。对于班上基础较好的学生，教师除了对他们进行纠音、正调外，还要注意调动他们的积极性，让他们发挥"辅导员"的作用，帮助其他同学学好发音。他们有了特殊的任务，也就不会感到学发音枯燥无味了，同时还能对自己提出更高的要求。

2. 音素教学

音素是根据语音的自然属性划分出来的最小语音单位。英语中共有 48 个音素，其中 20 个元音音素，28 个辅音音素。进行字母教学时，可以教给学生音素，如 a，由 [e→i]→a，b，由 [b→i]→b。教学时，只要让学生了解字母是由哪些音组成即可，不必出示音素的符号。小学生从一年级就开始学习了汉语拼音，拼读这些字母不难。同时，在拼读字母的过程中，学生对音素有了初步的语音印象，也初步培养了拼读能力。

3. 音标教学

音标是记录音素的符号。英语中共有 48 个音标，其中 20 个元音音标，28 个辅音音标。

◆ 元音

单元音：[i:] [i] [e] [æ] [ʌ] [ə:] [ə] [u:] [u] [ɔ:] [ɔ] [a:]

双元音：[ei] [ai] [ɔi] [əu] [au] [iə] [εə] [uə]

元音教学过程中首先强调舌位（尤其是前元音），教会学生感受发音部位的前、中、后和高、中、低之分。口腔内不足方寸之地要发出 20 个元音，舌位稍有变化就会变成另一个音。

◆ 辅音

清辅音：[p] [t] [k] [f] [s] [ʃ] [θ] [h] [tʃ] [tr] [ts]

浊辅音：[b] [d] [g] [v] [z] [ʒ] [ð] [dʒ] [dr] [dz] [m] [n] [ŋ] [l] [r] [w] [j]

在辅音教学中，除了教授学生基本的辅音音素外，首先要强调声带的振动与否，这是区分浊辅音和清辅音的关键。

4. 字母、音素和音标三位一体教学

在教学过程中，教师可将字母、音素和音标结合在一起教学。教师可以将字母的发音分解为音素，将含有同一音素的字母写在一起，如可将字母"f, l, m, n, s, x, z"写在一起，启发学生找出规律：这六个字母的名称音都含有一个共同的音素 [e]。学生在正确模仿该音素的发音后，教师用国际音标给这些字母注音，并指出，去掉这六个字母的第一个音素 [e]，余下的便是这六个字母在单词中的读音。接下来，教师可让学生练习拼读含有音素 [e] 的单词"pen, beg, net, let, bed, hen"等。用同样的办法，教师可教其他字母及其所含音素的发音，并配以相应的单词进行拼读练习。这样，凡符合拼读规则的单词，学生都能做到"见其形读其音、听其音知其形"，从而使学生初步形成独立拼读的能力，为进一步在语流教学中巩固语音奠定基础。

(二) 语流教学

语流方面的语音知识包括重音知识、节奏知识、连读和失去爆破、语调知识等。

1. 重音

重音是指在读一个音或音节时所用力的强度，包括单词重音和句子重音。不少学生常将单词重音读错，句子重音也把握不准确。

（1）词重音。

每个单词都有重音。单词重音的一般规律为：双音节词的重音多在第一个音节上，如 party, doctor；多音节词的重音多在倒数第三个音节上，如 family 等。词重音读错，就会造成误解，影响交际。教师应不断地向学生强调学习单词重音的重要性。在学习新单词时，不仅要求学生要把音发准确，记住词义，还要把重音读对，把重音看成单词读音不可分割的一部分。

（2）句重音。

句重音在语音教学中占有重要位置，是学生在学会发音、连读后转向朗读句、段的必经关口。语句重音一方面有表情达意的作用，另一方面也是节奏和语调的基础和骨架。句重音的一般规律为：在非强调的句子中，实词一般都有句子重音，虚词无句子重音。例如：

'Lucy is a'way from 'school.
We 'help each 'other in 'work and 'study.

2. 节奏

人们在用英语交际或朗读一个句子时所出现的一系列音节所持有的重轻、长短、快慢的现象，即为节奏。言语交际不能说得太快，也不能说得太慢，应抑扬顿挫，高低起伏，富有节奏感。说话如果没有节奏，就会影响交流沟通，甚至有时会使人感到说话者没有礼貌。英语计算节拍的时间以重音为主，讲求轻重音节的搭配。在英语节奏教学中，要突出强调英语节奏的两个特点：一是英语连贯语篇重读音节之间时距大致相等；二是重读和非重读音节交替出现。同时要注意重读音节和非重读音节的音长、音强差别，通过直观教学手段让学生掌握英语节奏。例如：

It's 'half past 'ten.
It's a 'quarter past 'ten.

这两句话所含的音节数目虽然不同，但因为都有两个重音，所以说话的时间应基本相同。教师在教学时要注意让学生在语流中进行训练，不要把每个音、每个词都读得清清楚楚，要教会学生采取弱化、连读、省略等方法来缩短节奏中每个音节所占用的时间。学生掌握节奏的特点之后，可让学生边用手打节拍边模仿练习。

3. 连读和失去爆破

（1）连读。

在连贯地说话或朗读时，在同一个意群（即短语或从句）中，如果相邻的两个词前者以辅音音素结尾，后者以元音音素开头，就要自然地将辅音和元音相拼，构成一个音节，这就是连读。例如：

Put it on.
Not at all.

教师还可根据情况适当介绍"r/re＋元音"型连读、"辅音＋半元音"型连读、"元音＋元音"型连读等英语中多种语音连读现象，并让学生反复模仿，使其英语说得流利自然。

(2) 失去爆破。

失去爆破音是指爆破音在某些情况下，不读出爆破音，而只是发音器官在口腔中留一个发爆破音的位置，不送气，停顿一下，接着发后面的音，这种情况，叫做失去爆破。单词中可以有失去爆破音，词组和句子中的词与词之间也存在失去爆破的现象。单词发音一般在以下情况失去爆破：

① 爆破音 [p]，[b]，[t]，[d]，[k]，[g] 任意两个相邻时，前面一个音失去爆破。例如：

doctor ['dɔ(k)tə]
sit down ['si(t)daun]

② 爆破音 [p]，[b]，[t]，[d]，[k]，[g] 在 [tʃ]，[dʒ]，[m]，[n]，[θ]，[ð] 前失去爆破。例如：

Good night. [gu(d)'nait]
I don't know. [ai'dəun(t)nəu]

③ 爆破音 [t]，[d]，在 [l]，[s] 前，失去爆破。例如：

He doesn't like singing. ['dʌzn(t)laik]
Lucy can't speak Chinese. [kɑːn(t)s'piː(k)tʃai'niːz]

教师在一开始教读单词、词组和句子时，就要培养学生找到规律，读好失去爆破音，养成正确、良好的读音习惯。

4. 语调

教师在不同的外语语音教学过程中，应特别注意语调。在同一个句子里，语调不同，所起作用和效果就不一样。如"Really"这个词，若用升调即表示疑问，若用降调则表示肯定。英语语调一般有升调（↗）、降调（↘）、升降调（∧）、降升调（∨）和平调（→）五种调型。升调和降调是小学英语教学中最为基本的两种语调。升调用于一般疑问句、选择疑问句的前一部分、陈述句逐项列举事物和呼语中。例如：

Is that your book? ↗
Is she your mother ↗ or aunt ↘?
I beg your pardon? ↗
I have a pen, ↗ a pencil ↗ and an eraser ↘ in my pencil-box.

降调用于陈述句、祈使句、特殊疑问句和感叹句。例如：

I am a student. ↘
Please close the door. ↘
How old are you? ↘
What a nice day! ↘

教师教每一种语调都应选取典型例句，在学生反复听示范、充分感知正确语调的基础上，再简要讲解特点，然后让学生参与各种模仿练习。

学生在朗读课文或用英语表达时，都会运用到节奏、重音及连读等语音知识，教师要根据学生的实际情况，适度、适量地进行语音方面的教学，为学生能说一口纯正、流利的英语打下基础。

四、语音教学原则

（一）准确性原则

这是英语教学要遵循的首要原则。教师自己首先应该具有正确的发音技巧，具备一定的语音基本理论，以帮助学生掌握科学、正确的发音要领；教师还要通过各种语音教学方式的使用，采用多样化的教学手段，保证学生的发音准确到位。

（二）长期性原则

由于语音教学任务的内容涉及面广，从入门阶段的字母、单词、日常用语，到初级阶段的课文、句子、对话，拼读规则无处不在。所以，语音教学不是一朝一夕的事情，而是要贯彻英语教学的始终。小学生对新事物有着强烈的好奇心，求知欲和模仿能力强，但受年龄、心理、生理特点的影响，大部分学生缺乏持之以恒的毅力。针对这种情况，小学英语教师应该做到节节坚持，逐步渗透，帮助学生扫清学习语音的障碍，让他们树立学好语音的信心。

（三）趣味性原则

语音教学，尤其是单音教学等内容的机械训练，往往会使学生觉得比较乏味、枯燥。为激发学生的学习兴趣，教师在教学中要运用多种教学手段，如英语说唱、英文歌曲、英语童谣、英语绕口令及 TPR 活动等，让学生乐于学习；同时对学生取得的进步要及时肯定并鼓励，使学生能积极参加学习活动，体验成功的快乐。

（四）针对性原则

语音教学应该针对我国学生在学习英语语音方面的实际问题和主要困难进行，做到有的放矢。英、汉语言的差别给英语语音学习带来了一定的困难。另外，各地的方言也给学生的正确英语发音造成了一定的影响。如四川、武汉、南京、西北地区的学生对 [l]、[n] 两个音开始往往发不好，而且很难纠正。因为在当地方言中，这两个语音区别就不大。再如 [n] 和 [ŋ] 这两个音，由于受地方音的影响，南方的很多学生往往把 [ŋ] 读成 [n]，而北方的学生却存在 [ŋ] 的泛化问题。因此，教师要针对这些容易出错的语音项目，设计专项训练活动，让学生在讲解、对比、训练中提高发音的准确性。

(五) 交际性原则

语音是为交际服务的,语音的价值体现在交际当中。只讲理论知识不开口,则学不会实际使用的外语。小学英语语音教学要根据小学生的年龄特点,创设生动和真实的语言环境,通过课堂上的听、说、做、玩、演、唱等多种教学活动,让学生在体验、参与、实践中运用语言,发展语言能力,体现语言的交际性。

五、语音教学方法

要让学生有好的发音,能正确朗读每个音与每个词,而且在不同语境中,对重音、节奏、停顿与语调表达都能做到正确和流利,语音教学方法非常重要。教师应充分认识小学生的特点,根据他们的智力因素和接受能力,采用恰当的语音教学方法。

(一) 听音模仿

对语音系统的学习主要是靠听和模仿。学习的好坏在很大程度上取决于听准教师的发音能力和准确模仿教师语音的技能。一般来说,儿童在学习一种新的语言时,原有的发音习惯对他们的干扰不大,他们的语言模仿能力很强,远远超过成人。教师要充分运用小学生的这一特点,让学生先认真观看教师发音时的口形,听清楚、听正确、听完整以后再开口。必要时配合讲解发音要领和方法,使学生在理解的基础上模仿。比如在教音标的时候,可以让学生对照口腔发音部位图熟悉各发音器官后,再听教师示范发音,要求学生仔细观察教师发音时的口形,注意嘴唇的开合过程,再调动有关发音器官反复模仿练习,必要时可让学生对着镜子练习。除让学生模仿教师的语音、语调外,教师还可以指导学生听英语本族人录制的录音磁带、唱片等,并在听的过程中可帮助学生解决听力理解上的困难。除单音模仿之外,教师还应注意学生语音的重音模仿、基本节奏模仿、语速模仿、情感模仿、情景模仿等,从而提高整个语音水平。

(二) 拼读训练

培养学生初步的拼读能力是小学英语的任务之一。语音拼读是要求学生掌握英文字母在单词中的发音并正确读出。教师在进行拼读训练时要从学生熟悉的词开始。拼读时应从元音字母和元音音素开始。拼读时可以先跟前面的辅音拼,如 bag:[æ]-[bæ]-[bæg];也可先跟后面的辅音拼,如 lake:[ei]-[eik]-[leik]。这种练习比较适合于元音后面发音相同的单词。拼读训练先一般从单音节词开始,然后再拼读双音节词和多音节词。在拼读双音节或多音节词的时候,要提醒学生注意重音。学生有了拼读能力就能够根据音标正确读出单词的发音。这种能力的培养要靠长期的训练。

(三) 对比训练

小学生在学英语之前就已学过汉语拼音,因此会不可避免地受到本族语的负迁移。如对英语中的双元音和汉语复韵母的发音,有的学生混淆不清,像把 [ai] 读成汉语拼音的 ai(唉),把 [ei] 读成 ei(诶)等。对此,教师要帮助学生找出英、汉两种语言发音之间的联系,然后加强练习,加深理解,巩固记忆。

利用英语发音中的最小对立体,也可以较好地训练学生的发音。最小对立体指一对只有一个音位不同,且意义有别的单词。如 pair, bear; sit, seat; lot, not 等。在语音教学阶段这种方法能够有效地训练学生的听音、读音、辨音和辨义的能力,也有利于学生较快、较多、较牢固地掌握语音及分辨其词义。

(四) 总结规律

英语中字母和字母组合有一定的发音规律,教师要帮助学生把符合同一发音规则的语汇进行整合。如元音字母 a, e, i, o, u 在重读闭音节中分别读作 [æ] [e] [i] [ɔ] [ʌ],而在开音节中分别读作 [ei],[iː],[ai],[əu],[juː]。教师帮助学生归纳出这一发音规律之后,再提供符合这些发音规律的词让学生操练。又如,教音素 [əu] 可先列出所知的含有音素 [əu] 的单词 no, so, nose, note, boat, coat 等,然后,归纳出元音字母 o 和元音字母组合 o-e 和 oa 的发音 [əu],再写出含有 o, o-e 和 oa 的单词,要求学生练习发音。这样经过对读音规则的归纳,便于学生通过读音记忆单词。另外,对英语单词重音的规则、句子语调规则进行分类总结,逐个强化训练,可以让学生在初学之时就能规范自己的重音、语调,形成良好的语感。

(五) 绕口令训练

绕口令短小、活泼、诙谐、有趣,是人们在语言实践中根据语言的特点编出来的一种语言游戏。语音练习往往很枯燥,适当编排一些绕口令可以让学生目的明确、兴致盎然地进行有效的语音练习。教师可根据本地区学生语音辨别存在困难较多的音素编写绕口令,所用的单词要尽量简单而常用,或者是学生日后会学到并使用的。要求学生先反复、连续朗读绕口令,在能正确朗读的基础上加快速度。例如:

black back ground, brown back ground
(练习辨认单元音 [æ] 和双元音 [au])
The doctor's daughter knocked at the locked door.
(练习辨认短元音 [ɔ] 和长元音 [ɔː])

绕口令的训练,可以帮助学生纠正不正确的发音,区别不同的音素,提高学生的口语能力。

(六) 说唱训练

好的说唱练习简单易懂,上口快,容易记忆,节奏感强,轻松有趣,有助于学生的听、说、读的训练。同时,对培养学生的学习兴趣有重要的辅助作用。例如:

Rain, rain, go away.
Peter and Mary want to play.
Rain, rain, go away.
Come again the other day.

这首童谣对学生练习元音 [ei] 的发音及句子的节奏、连读、语调等有很大作用。小学 PEP 教材在每个单元都设有 Let's chant 的内容,学生在明快的节奏中既轻松地练习了语音,又复习、巩固了所学知识。另外,小学英语课本也有不少儿童歌曲,利用好这些歌曲,既能活跃英语教学,又能让学生在歌唱中练习连读、失去爆破等语音技能。

（七）游戏练习

把游戏渗透到语音教学中，符合小学生无意识记忆为主的认知特点，也符合快乐学习的要求。游戏能够激发学生的兴趣，促进学生积极参与，有助于学生语音意识的培养。教学中教师可使用竞赛游戏、TPR活动游戏、猜测游戏、暗示游戏等加强对学生的语音训练。以TPR活动游戏为例，TPR听听做做的活动深受小学生喜爱，其节奏和动作能刺激大脑皮层，激活记忆，从对各指令的反应中自然习得语言。三年级PEP英语教学第一、二单元分别是文具词汇和身体部位词汇的教学，教师在生词教学结束后，可以要求学生听指令完成动作：Show me your pencil. Show me your ruler…；Touch your head. Touch your nose…学生在边听边做中较容易地掌握了新学单词和句型。

此外，朗读练习是语音训练中不可缺少的练习活动。常规的有领读、集体朗读、个人朗读等。教师要把握好朗读练习的方式，为增加活动的趣味性，可以竞赛和游戏方式开展朗读活动。直观教具和电化教学手段对语音教学也很有帮助。直观教学可以充分调动学生的眼、耳、口、手等器官，开展视、听、说、唱、表演等活动，学生乐于接受，印象深刻。电化教学手段可以让学生更深层次地接受语音信息，如可以把发音器官、动作做成动画，让学生领会发音的要领；教师可利用多媒体让学生更多地感受、学习英语本族语者发音的语音、语调、节奏等。在语音教学过程中，教师要善于发现学生的闪光点并及时鼓励，最大限度地调动学生的积极性，增强他们克服困难的勇气和信心。另外，教师可通过设计简单的"任务"，让学生通过用英语完成"任务"来体会和感受自己的语音、语调，从而增强对英语学习的自信心。

第二节 语法教学

一、语法教学的必要性

作为英语学习的入门阶段，小学英语教学的主要任务是通过看、听、说、玩、演、唱等一系列的教学活动，对小学生进行听、说、读、写等能力的基本训练，激发小学生的学习兴趣，培养他们良好的英语学习习惯；并通过教学一定量的词汇和日常交际用语，培养学生以听说能力为主的初步用英语进行交际的能力，为学生将来进一步学习英语打下良好基础。

课程改革重点之一是改变英语课程过分重视语法和词汇知识的讲解与传授，加强学生实际语言运用能力的培养，强调课程从学生的学习兴趣、生活经验和认知水平出发，倡导体验、实践、参与、合作与交流的学习方式和任务型教学途径。因此，一些教师认为，在小学阶段，学生只要能通过听、说、唱、读、做，学会简单的英语对话或用英语进行简单描述日常生活就达到了教学要求，语法教学可有可无。那么，在实际小学英语教学中这种观点可行吗？

众所周知，语法是语言发生作用的框架，没有语法，人们交流思想的公认形式就没有一致性，就无法构成语言。因此，英语交际是离不开语法的。如果学生根本没有接受语法知识的学习，他们在运用英语的时候就会频繁出错，语言表达会支离破碎，甚至无法正确表达自己的思想，导致表达欲望大打折扣而不敢开口说英语。这势必会严重影响学生的语言交际能力的培养。只有学习和掌握系统的英语语法知识,把握英语的基本结构,才能提高运用英语进行交际的准确性,使学生敢于开口,乐于开口,达到对"用英语教学初步交际"这一能力的培养。可见,语法能力是交际能力的组成部分,是语言实践能力的前提。在小学阶段,语法教学是英语教学中的必不可缺的内容。

值得注意的是,在小学英语语法教学中,语法教学从属于运用英语能力的培养。教给学生语法,不是要他们掌握一系列的语法术语、语法概念,以培养他们用语法分析英语语言的能力为目的,而是为培养学生运用英语的能力服务的。小学英语教学中语法不是主要教学内容,教师应该正确把握语法的位置,将语法教学放在以实现真实的交际意图为中心的交际活动中去进行。教师要引导学生通过观察大量形象生动、直观有趣、富有交际性的语言活动后,再对语法项目的关键之处略作点拨,让学生分析已获得的感性认识,归纳、概括其特点,有效地帮助交际任务的实现。小学英语的语法教学要做到"淡化而不忽略,重视而不过分",能帮助小学生在初学阶段明确、系统地认识英语语言规则,建立规范的语言意识。

二、语法教学的目标与要求

根据《英语新课程标准》,基础教育阶段学生需要达到的语音教学标准如下。

(一) 二级目标

(1) 知道名词有单复数形式。
(2) 知道主要人称代词的区别。
(3) 知道动词在不同情况下会有形式上的变化。
(4) 了解表示时间、地点和位置的介词。
(5) 了解英语简单句的基本形式和表意功能。

(二) 五级目标

(1) 了解常用语言形式的基本结构和常用表意功能。
(2) 在实际运用中体会和领悟语言形式的表意功能。
(3) 理解和掌握描述人和物的表达方式。
(4) 理解和掌握描述具体事件和具体行为的发生、发展过程的表达方式。
(5) 初步掌握描述时间、地点、方位的表达方式。
(6) 理解、掌握比较人、物体及事物的表达方式。

(三) 八级目标

(1) 进一步掌握描述时间、地点、方位的表达方式。
(2) 进一步理解、掌握比较人、物体及事物的表达方式。
(3) 使用适当的语言形式进行描述和表达观点、态度、情感等。
(4) 学习、掌握基本语篇知识并根据特定目的有效地组织信息。

不同阶段的学生所需要达到的目标各有不同,小学生毕业时要求达到二级目标。具体要求见下表。

语法项目	语法内容
名词	可数名词、不可数名词、名词的单复数、名词所有格
动词	动词原形、动词第三人称单数、动词现在分词、动词过去式
形容词	形容词的比较级、最高级的构成及用法
副词	副词的比较级、最高级的构成及用法
数词	基数词和序数词
代词	人称代词（主格、宾格） 物主代词（形容词性、名词性） 指示代词 this, that, these, those 不定代词 some, any, many 疑问代词 what, who, whose, which etc.
介词	表方位、表时间介词
冠词	不定冠词、定冠词
连词	并列连词、转折连词
句子种类	陈述句（肯、否定）；疑问句（一般、特殊、选择疑问句） 祈使句（肯、否定）；感叹句（分别由 what, how 引导）
时态	一般现在时、现在进行时、一般过去时、一般将来时
There be 结构	There be 结构的肯定句、否定句、一般疑问句及特殊疑问句

三、语法教学的原则

（一）情景性原则

专家指出，在学习语言时，孩子的注意力通常首先放在语言的意义上，他们很少注意到语言的形式或语言规则。孩子在特定的情景中获悉语言的意义的能力是很强的，所以教师在授课时不要一开始就给学生谈论很多的语法规则，而要充分利用孩子的天性来帮助他们学习语言，真正做到"以人为本"。教师可先让学生在一个有意义的情景中理解所教语法项目的意义；然后提供足够多的机会让他们在较真实的语境中进行交际活动，运用所学到的语法知识；最后，在学生理解并会运用的基础上，教师把孩子的注意力吸引到语法规则上来，进一步巩固所学知识。

（二）交际性原则

小学英语语法教学的目的在于培养学生的语法意识，为听、说、读、写技能及交际能力的培养打下良好的语言基础。因此，语法教学不应该在孤立的句子中进行，而应该在交际活动中将零碎的语法点和真实有效的语境结合起来，体现交际性原则。教师应尽可能创设交际性语言环境，运用幻灯、动画、实物、图片、简笔画、表演等多种教学手段，组织真实、半真实的交际活动，让学生把语法点和交际性语境结合起来，使学生在听说实践中感知、理解语言知识，掌握语言规律，发展语言技能，培养初步的语言交际能力。

（三）综合性原则

综合性原则是指语法教学要采取恰当的教学方式，具体体现在以下几个方面。

1. 归纳教学和演绎教学相结合

这两种教学方式各有所长，教师在语法教学中要根据具体的内容，将二者有机结合，以归纳为主，演绎为辅。

2. 隐性教学与显性教学相结合

隐性语法教学在教学中避免直接谈论所学的语法规则，主要通过情景让学生体验语言，通过对语言的交际性运用归纳出语法规则。显性语法教学侧重在教学中直接谈论语法规则，语法教学目的直接、明显。根据小学生的生理、心理特点，教师应尽可能避免机械、反复的语法识记和操练，应注重让学生在一个有意义的情景中感知、理解所教语法项目；然后为学生创设生动有趣的情景，让学生在交际活动中模仿、操练、巩固语法知识；最后，在学生理解并会运用的基础上，教师帮助学生总结归纳语法规则。语法教学应以隐性教学为主，适当采用显性教学，这样能激发学生学习语法兴趣，帮助于学生增强语法意识，培养语言使用能力。

3. 寓语法教学于听、说、读、写教学之中

学生的听、说、读、写四大基本技能的培养离不开语法，语法是为这些技能服务的。所以教师要把语法教学贯穿在听、说、读、写教学之中，使语法真正服务于交际。

（四）实践性原则

传统语法教学只重视知识传授，不重视技能培养，忽视语法的交际功能。《英语新课程标准》注重学生能力的培养。教师要明确英语语法教学只是培养语言实践能力的桥梁，其目的是更好地培养学生听、说、读、写语言实践能力，进而达到用英语进行交际。因此，语法教学必须突出其实践性原则。行为主义学习理论认为，外语学习基本上是一个形成习惯的过程。其他流派也从不同角度提出了练习在培养言语能力中的作用。小学英语语法主要出现在单词、句型、短小文章中，教师在语法教学中必须以多种方式对语言知识进行实践练习，根据具体情况适当点拨，让学生在精读多练的基础上，熟练掌握语法知识，形成语感，从而建立一套新的语言习惯。

（五）阶段性原则

小学英语教学不应以单纯的语言知识的传授为重点，而应着重于对学生听、说、读、写等语言基本技能的培养。小学阶段的英语实际就是对英语知识的感性积累阶段。学生学习语法有助于基本技能的培养。语法教学的过程是一个由简到繁、循序渐进的过程。小学阶段的语法教学处于这个过程的最初阶段，很多语法知识的出现只是让学生获得一定的感性认识，教师帮助学生在感性认识的基础上上升到理性认识，最后让学生在理性认识的基础指导下进行语言实践。教师在此阶段如果因强调语法的系统性和完整性而给学生讲过于复杂的语法知识，可能会打消学生学习英语的积极性，起到相反的作用。

（六）激励性原则

动机是学习的先决条件，是直接推动学习的一种内部动力。语法教学受其内容的影响，显得比较枯燥。因而动机的激发在小学英语语法教学中就显得愈发重要。为使学生积极参加到语法学习活动中来，在动机的激发中应注意以下方面。

1. 选择适合学生的话题

教师要考虑话题是否源于学生的亲身经历，符合学生的观点和学生的情感，能否激发学生的兴趣，让学生愿意相互交流。

2. 丰富练习的形式

传统语法教学注重语言形式，忽略表意功能。新课改的英语语法练习不能仅仅停留在简单的重复模仿上，教师可以大量减少传统的控制性机械语法练习，代之以开放性的、让学生在实际情景中进行的语法操练，从而激发学生的好奇心，让学生在操练的同时内化语言规则。

3. 让学生在适度紧张中进行语法练习活动

为激起学生的兴趣和参与语法练习活动的热情，教师所设计的语法任务不能太简单，要有一定的挑战性。学生在适度紧张的状态下单独或者通过相互合作完成了具有一定挑战性的任务，这样会有很大的成就感。

4. 及时鼓励学生

语法教学是为了让学生在听、说、读、写时遵守语言规则，使语言更加规范。因此，教师必须保证学生能理解并正确使用新学语法规则。但在教学过程中，教师不能把注意力聚焦在语法活动中学生所犯的错误上。如果一发现学生的错误就进行制止，并马上纠错，就会挫败学生的积极性，使他们觉得语法学习很难，而对自己失去信心，对英语学习也失去兴趣。教师要提供机会让学生能有良好的表现，并对学生的表现及时给予肯定与鼓励。自己的表现受到肯定，学生就会产生积极的情感体验，学习就会更有动力，能够得到最大限度的表现潜能，对语法学习也更充满信心。

(七) 适量原则

在语法教学中，教师还应关注小学生的特点。小学生的思维从以具体形象思维逐步向以抽象逻辑思维过渡，他们的抽象思维能力不能与成人相比。因此，他们对纯理论的语法知识不感兴趣，也很难理解透彻。部分教师对学生所犯的语言错误持这样的态度：认为是语法知识点讲解不够详尽。其实不然。太多的单纯语法知识的讲解会使学生越加糊涂，甚至产生厌学情绪。所以教师在讲解语法项目时要适时适量，点到为止，解释清楚即可。不能按成人的要求，认为讲得越详尽、越仔细越好。对于语法知识的掌握和正确运用，要落实到具体实践中，让学生在实际运用中验证语法规则，并进行总结、归纳，学生才能更好地、更有效地进行语法学习。

除以上教学原则之外，教师在语法教学中要尽可能多地增加学生的参与率，设计丰富多彩的教学活动。根据学生的差异性，可把学生编排到不同的小组进行语法活动练习，帮助学生通过自己的理解去探索、发现语言的使用规则。

四、语法教学的方法

在传统的语法教学中，教师很少创设情景，而只是一味讲解语法概念，侧重语法知识的孤立训练，导致多数学生只会做语法题，而在真实的语境中却不能正确地使用英语进行交际。小学英语语法主要出现在一些句型和套话中，学生是在语境中使用语法。因此，教师应设计多种含有语法知识的交际活动，让学生在真实、半真实的语言环境中通过交际性练习掌握语法规则。教师可结合小学生的特点，广泛利用实物、简笔画、童谣、歌曲等；

在语法教学中使用多种形式的教学方法,如演绎法、归纳法、对比法、图画法、游戏法等,使学生轻松学得语法知识。

语法教学案例(一)

教学内容:There be 句型

教学方法:图画教学法,归纳法

教学过程:

1. 教师在黑板上画出两个房间,一间有一张书桌,另一间里有两张。

T:(指房间 1)What's in room1?

S:A desk.

T:Yes. There is a desk in room1.

T:(指房间 2)What's in room2?

S:Two desks.

T:Yes. There are two desks in room2.

2. 教师板书 There is a desk in room1. 及 There are two desks in room2. 引导学生观察两句的结构并大声朗读。

3. 教师在房间 1 的书桌上画出一个书包,在房间 2 的书桌上画出两个书包。

T:(指房间 1)What's on the desk?

S:(启发学生回答)There is a bag on the desk.

T:(指房间 2)What's on the desk?

S:(启发学生回答)There are two bags on the desk.

4. 教师板书学生的回答,引导学生观察两句的结构并大声朗读。

5. 教师可以依次画出房间 1 的书包边有一本书、一个文具盒,房间 2 的书包边有三本书、三个文具盒等,引导学生用 There be 句型进行训练。

6. 针对黑板上的图画操练之后,教师可要求学生用教室的实物如黑板、门、学生自己的文具进行 There be 句型的实际操练,让学生在真实的情景中领会 There is/are 的用法。

7. 在学生理解的基础上,教师启发学生说出 there is/are 的用法区别:There is + 单数名词,There are + 复数名词,并用彩色粉笔着重突出句子中的 is,are 及对应的名词单数和复数。

(此活动采用图画教学,形象地用简笔画勾勒出教学内容,符合小学生的认知规律。教学中教师通过启发、引导学生观察、发现语言材料中的语法规则,让学生用生活中熟悉的物品操练句型,最后用归纳法引导学生自己总结出语法规则,使学生较容易地掌握了语法知识并培养了运用语言的能力)

语法教学案例(二)

教学内容:Be 动词的用法

教学方法:童谣说唱法

在学了 Be 动词的三种形式后,因为汉语里没有动词形式的变化,一部分学生会对其用法产生混淆,教师可教学生说唱以下自编歌谣:

我用 am,你用 are,is 用在他她它,

单数名词用 is,复数名词都用 are,

变疑问,往前移,句末问号别忘记。

变否定,也容易,be 后 not 需牢记。

学生熟记歌谣后,再让他们做相应的练习,如用 I,you,he,she,it 等不同人称代词造简单的句子,或者给出句子,让学生用 be 动词的正确形式填空。进行这两种练习的时候,都可使用竞赛法,看哪组的同学造句、填空又快又准,以激发学生的积极性。

(说唱教学紧跟语法点,形式活泼,易于上口,便于记忆,是学生识记语法规则的一种很好的方法)

语法教学案例 (三)

教学内容:动词第三人称单数及发音

教学方法:对比法,归纳法

教学过程:

1. 教师给出以 [t] 音结尾的动词,要求学生分别用不同主语,把动词用在句子当中,并读出句子,引导学生归纳出 [ts] 的发音。如:

get:

I get up.

You get up.

She gets up.

plant:

Lucy plants trees.

I plant trees.

They plant trees.

write:

I write my homework.

Tom writes his homework.

You write your homework.

2. 教师给出以 [d] 音结尾的动词,要求学生分别用不同主语,把动词用在句子当中,并读出句子,引导学生归纳出 [ds] 的发音。如:

read:

I read a book.

We read a book.

Sarah reads a book.

ride:
John rides a bicycle.
You ride a bicycle.
He rides a bicycle.

3. 用同样方法要求学生进行清辅音、浊辅音发音结尾的动词在句中的操练，并启发学生归纳动词第三人称单数的读音。

4. 教师总结人称与动词加 s 的规律，并板书四种发音：
gets [ts]　　　rides [dz]　　　makes [s]　　　plays [z]
让学生进行观察对比，并进行带读。

（英语动词第三人称单数变化及读音，是许多小学生掌握得不够准确的语法项目之一。教师通过把最基本的四种发音归纳对比，可以让学生对动词三单的发音有个整体的了解。教师要求学生自己用动词造句，起初学生可能会觉得有一定难度，但通过教师的启发和鼓励，学生会逐渐找到规律并有了自信心。通过自己造句，自己运用规则，学生会较快地领会动词第三人称单数的用法并运用于实际）

语法教学案例（四）

教学内容：名词复数
教学方法：实物法，图表法，归纳法
教学过程：

1. T：What's this/that?（手持单数名词图片）
S：It's a desk/chair/bed/box/bus/ watch/brush.…
教师根据学生的回答板书单词。

2. T：What are these/those?（手持复数名词图片）
S：They're desks/chairs/beds/boxes/buses/ watches/brushes…. （教师启发学生说出复数形式）
教师根据学生的回答在已板书的单数名词上用彩色粉笔写出复数形式。

a desk——two desks
a chair——three chairs
a bed——four beds
a box——five boxes
a bus——six buses
a watch——seven watches
a brush——eight brushes
……

3. 教师启发学生归纳名词复数的构成，即在名词词尾直接加 s；以 s，x，sh，ch 结尾的名词加 es。

（学生通过直观的图片和板书，很快就能掌握复数的概念，在看看、说说中就掌握了这一语法知识。当然，语法知识的巩固还需要学生在课后不断练习、实践）

语法教学案例（五）

教学内容：现在进行时
教学方法：情景教学法，童谣说唱法
教学过程：

1. 教师做出各种动作，并用英语自问自答：

What am I doing?   I am reading.
What am I doing?   I am walking.
What am I doing?   I am drawing.
……

要求学生跟读答句。

2. 教师重复刚才的动作，并问：What am I doing? 启发学生用英语回答：

You are reading. You are walking. You are drawing. …

3. 教师请学生做指定动作，并问：What is he/she doing? 启发学生用英语回答：

He/She is reading. He/She is walking. He/She is walking. …

4. 师生一起归纳现在进行时的用法和结构：表示现在正在进行的动作，主语＋be 动词＋动词的 ing 形式。

5. 教师给学生提供更多的可以使用现在进行时的情景供学生练习、巩固现在进行时的用法，并在此基础上，编童谣帮助学生识记此语法项目：动作正进行，须用进行时；句首为主语，am，is，are 跟其后；动词 ing，紧跟第三位；一般疑问句，am，is，are 提句首；变成否定句，be 后加 not。

（语言交际是学生习得语法知识的有效途径，当学生大概有了感性认识之后，老师给学生创造真实的场景进行语法项目的练习。让学生在真实的语境中进行现在进行时的操练，目的是通过交际活动明确这一时态的用法，这比单纯地讲解语法知识效果要好得多。以童谣的形式归纳出时态的用法和结构，便于学生识记）

语法教学案例（六）

教学内容：have to，don't have to 的灵活运用
教学方法：设置上下文情景，利用事物间的逻辑联系进行讲解
教学过程：

1. 教师提供语言情景，并示范用法：

T：I am going to catch the 10 o'clock train. It's 9：45 now.
　 So I have to hurry.

T：I am going to catch the 10 o'clock train. Now it's just 9：00.
　 So I don't have to hurry.

2. 教师提供语言情景，启发学生作出结论：

（1） T：It's raining heavily outside. So I can't play football.
　　　Ss：So you have to stay inside.

(2) T: Our classroom is not clean now.
　　Ss: So we have to clean it.
(3) T: It's Saturday tomorrow.
　　Ss: So we don't have to go to school.

(学生在教师提供的上下文情景中，可以根据自身的经验来判断事物之间的逻辑关系，培养学生分析判断的能力，并达到运用语言的目的)

第三节　词　汇　教　学

一、词汇教学的意义与内容

(一) 词汇教学的意义

词是语言中最基本的造句单位。有了词汇，就有了语言，人们就可以相互交流，可以完成正常的思维活动。反之，如果没有词汇，语言结构则无法表达意义。所以，在社会生活当中，一定词汇量的积累是了解他人的意思，或是清楚表达自己思想感情的先决条件。

同语言的另两大要素语音、语法相比较，词汇这一要素无论从数量上，还是从意义和用法上来讲，都是最难掌握的。"没有语法，人们表达的东西寥寥无几；而没有词汇，人们无法表达任何东西。"著名英国语言学家威尔斯金的这一观点充分说明了词汇在语言教学中极为重要的地位。

众所周知，一个人的词汇量与其英语应用能力成正比。没有相当的词汇量，英语的应用能力只能是空中楼阁。学生如果突破了英语词汇学习的这道难关，对形成语言技能，提高综合语言运用能力有极大的帮助。

(二) 词汇教学的内容

小学英语这个英语学习的启蒙阶段对学生以后的学习起着极为重要的作用。《小学英语新课程标准》要求三、四年级的学生"能根据听到的词语识别或指认图片和实物；能根据图、文说出单词或短句；能听懂课堂简单的指令并作出相应的反应；能根据指令做事情，如指图片、涂颜色、画图、做动作、做手工等；能够根据表演猜意思、说词语、能看图识字；能在指认物体的前提下认读所学词汇；能正确书写字母和单词"。要求五年级学生"能认读所学词汇；能根据拼读的规律读出简单的单词；能基本正确地使用大小写字母和标点符号"。要求学生六年级毕业时"学习有关本级话题范围的 600～700 个单词和 50 个左右的习惯用语；了解单词是由字母构成的。"具体为：在能够用正确的语音、语调朗读所学的单词、词组和课文的基础上，掌握所学重点单词、固定短语和基本句型的基本用法；能够用正确的语音、语调说出所学单词 400 个左右；能够拼写所学常用单词 250 个左右。

《小学英语新课程标准》要求英语课程贴近实际，贴近生活，贴近时代。这说明小学英语词汇教学不能忽视学生的实际运用能力，要以学生兴趣为出发点，以交际为目的，充分体现学生的主体性和语言的交际本质，强化语言交际运用的过程。小学生善于模仿，联想丰富，教师要在他们英语学习的初始阶段运用灵活、有效的方法教授词汇，让学生学会在实际生活中运用所学词汇，而不是传统的一味死记硬背词汇。要让学生对英语学习感兴趣、有信心，为他们升入初级中学后进一步学习英语打好基础。

二、词汇教学的原则

（一）直观性

小学生的思维以具体形象思维为主，他们的抽象逻辑思维在很大程度上仍是直接与感性经验相联系，具有很大成分的直观性。现行小学英语教材出现的词汇基本为常用、常见的，和他们日常学习、生活密切联系的人称代词、名词、动词、形容词等。如表示人称的 I, you, he, she, 等；一年四季的名称 spring, summer, autumn, winter；表示动作的 read, write, stand, sit 等；描述事物外在特征的 big, small, fat, thin, tall, long 等。根据小学生的特点和教材中词汇的特点，在词汇教学中应遵循直观性原则。直观教学法主要是通过实物、图片、手势、动作、表情等各种直观的教学手段，为学生创造逼真的语言环境，使学生获得生动的表象，从而加深对所学词汇的理解和记忆。这是最常用的一种教学手段。

1. 实物展示

此方法适合名词的教学。教师手持教学名词实物，如学习用品、水果、衣物、食物等，让学生看物听音，并进行发音模仿，教师同时板书该单词。这样直观、生动地一次性完成单词的音、形、义的教学。接着按照词不离句、句不离文的方法套入一些句型，引导学生利用实物进行操练，强化学生对单词音、形、义的统一意识。教师可广泛利用教室里的实物资源，如门、窗、墙、黑板等进行单词的教学。物品给了学生最直观的视觉信息，有助于他们的理解识记。

2. 图片展示

对于不便于通过实物来进行教学的词汇，如家庭成员、季节、交通工具、动物等，可以用教学图片、简笔画或多媒体进行展示。教师借助这些教学手段，也可有效地将单词的音、形、义同时呈现给学生，同样能够让学生具体感知和记忆单词。

3. 动作、表情示范

此方法适合教动词和简单的形容词。如教 run, walk, read, write 等动词时，教师可一边做动作一边说，I'm running, run；I'm reading, read 等，这样不需要借助汉语翻译，学生就能理解单词的意义。又如在教 happy, sad 时，教师可利用简笔画在黑板上分别画出一张笑脸、一张不高兴的脸，还可自己做出高兴和悲伤的表情，也可请学生帮助做此表情，让其他同学猜表达的是什么意思，这样学生可以在轻松的气氛中学得单词。

（二）趣味性

爱因斯坦说过，"兴趣是最好的老师"。学生对英语学习有了兴趣，就会主动去求知、去探索、去实践，并在求知、探索、实践中产生愉快的情绪和体验，之后会以更大的热情投入到学习中去。所以，在词汇教学中要以多种教学方式激发学生学习的兴趣，让他们乐于学习，以学为乐。在教学中，教师可以借助游戏、歌曲、故事、表演等生动活泼的方法，让学生在各种活动中兴趣盎然地进行英语词汇学习。如有位教师在教颜色的单词时，较好地运用了歌曲这一教学手段。首先，播放歌曲《color song》两遍，让学生欣赏歌曲美妙的旋律，同时找出歌曲中所出现的英语颜色的单词。接着，教师以歌手 White 的身份再演唱一遍，学生这时在听歌的过程中已不由自主地开始模仿。教师唱完后，引导学生用 great，wonderful 等词进行评价。最后，教师教唱歌曲。由于节奏明快、活泼，学生很快就能学会歌曲，并掌握新授单词。在愉快的歌声中进行学习，大家都觉得很轻松。

（三）情景性

英语是人们用来交流思想感情的一种工具。教师要根据小学生活泼好动、模仿力强、记忆力好、听觉灵敏等特点，结合教材的内容，创设英语教学与现实生活结合的情景，将词汇教学置于情景中，帮助学生理解词义，并真切地感受英语在生活中的运用，从而使学生加深印象，有效地提高词汇教学的效果。

如教授文具单词时，教师可让学生用自己的文具进行对话训练：What's this? It's a ruler/pencil.……另一位教师在教授 wash the clothes, cook the meals, sweep the floor, water the flowers 等词组时，先请几位学生到讲台进行动作的表演，其他同学根据动作进行猜测。在全班学生掌握读音和意义之后，教师又设计一个家庭请小时工的情景，教师扮演主人，以"Can you…?"句型提问，把这堂课所学的几个短语都运用进去。这种熟悉的话题激发了学生的学习情绪和学习兴趣，大家都踊跃参与到"小时工"的应聘，在轻松的氛围中不知不觉地从形象的感知达到抽象的理性的感悟，最终达到教学要求。

（四）对比性

研究表明，两种性质不同的语言材料同时出现时，会促进大脑皮层的相互诱导，强化"记忆痕迹"，活跃思维活动。教师根据大脑神经系统的这一规律，可以把小学英语词汇中可以成对的概念归纳出来，帮助学生识记单词。

1. 同（近）义词对比

如 enjoy—like，small—little 等。

这是词汇教学中常用的一种方法，可帮助学生"温故而知新"。

2. 反义词对比

如 long—short，thin—fat 等。

教师可以借助恰当的教学手段，有效地帮助学生准确地运用这些反义词。

3. 同音异形词对比

如 see—sea，no—know 等。

教师可以引导学生如何区别这些单词在书写上和意义上的不同，进而利用这些单词造句，加深学生对单词的印象并提高其运用单词的能力。

（五）反复性

根据德国心理学家艾宾浩斯（Hermann Ebbinghaus）的遗忘曲线规律：记忆的遗忘速度是由快到慢的，即在记忆的最初阶段遗忘得最快，而后逐渐变慢。日本学者上冈光雄研究的"英语单词保持率曲线"也表明，识记过的单词如果不及时复习、巩固，则3周之后只能在头脑中留下模糊的印象。小学英语每周只有三课时，因此词汇教学应遵循高频率及反复性原则。课堂上教师要让学过的单词有计划、系统地复现在教学活动中。课后，教师应督促学生及时加以复习、巩固，否则，学生在上新课时对上节课中所学到的知识会遗忘很多。教师可通过多种方式进行单词的巩固和运用，如单词游戏和竞赛；布置学生在课外制作包含图画和单词的卡片、连环画册；在英文报刊杂志中查找与教学内容有关的信息；学唱英文歌曲等。对于这些活动，教师要安排时间让学生进行成果展示，这样能帮助学生巩固已认读的知识，了解词汇的不同搭配和用法，同时，看到自己课外的"劳动成果"能被承认，学生会产生积极的思想情绪，学习英语的热情会更加高涨。

三、词汇教学的方法

多年来我国英语词汇教学方面存在的问题是：偏重语言知识的学习，忽视词汇在语境中的灵活运用。学生觉得词汇学习枯燥乏味，因而学习缺乏主动。教师要根据新课程标准的要求，真正把学生当做学习和发展的主体，在教学中倡导自主、合作、探究的学习方式；改变传统的讲授词汇的方法，采取各种教学手段激发学生的学习动机，培养学生学习策略；围绕词汇教学中的感知和模仿—操练和掌握—记忆和运用这三个基本步骤来开展各种活动，让学生把学到的词汇及时转化为语言技能，达到活学活用英语的初步交际能力。

（一）实物教学法

用实物教单词，借助直观教学手段能动员各种感觉器官来感知和认识客观现象，让学生把英语单词与实物联系起来，能较容易地掌握单词。教师除自己准备实物教具外，还可以请学生准备实物以备练习时使用。

实物教学法教学案例

教学目的：教5个表示水果名称的词汇：apple, orange, pear, banana, peach 及水果的总称 fruit

教学准备：准备苹果、橘子、梨、香蕉、桃等五种水果，一个盒子

教学步骤：

1. 教师指盒子。

T：What's this?

Ss：It's a box.

T：What's in the box, can you guess?

T：Look, I have an apple. （从盒子里拿出苹果，重复三遍，重读 apple）

T：Read after me. "Apple". （两遍，贴 apple 的单词卡片于黑板上）

Ss：Apple, apple.

T：What's this in English? （举起苹果）

Ss：It's an apple.

2. 教师继续提问。

T：What else is in the box?

T：Look, I have an orange. （从盒子里拿出橘子，重复三遍，重读 orange）

T：Read after me. "Orange". （两遍，贴 orange 的单词卡片于黑板上）

Ss：Orange, orange.

T：What's this in English? （举起橘子）

Ss：It's an orange.

3. 用同样的方法完成其他词汇的呈现。

4. 呈现 fruit。

T：Look, we have an apple, an orange, a pear, a banana and a peach. What are these? They are fruits.

T：Read after me, fruit. (两遍，贴 fruit 的单词卡片于黑板上)

5. 教师举起一种水果，并使用不同的语调用英语带读数词。

T：Peach, peach. （升降调）

Ss：Peach, peach. （升降调）

T：Peach, peach. （轻重音）

Ss：Peach, peach. （轻重音）

6. 用同样方式完成其他词汇的练习。

7. 教师任意指黑板上单词卡片，提问单个学生，并纠正发音。

8. 请一位学生到讲台做小老师。

S：What's this?

Ss：It's a banana.

……

9. 其他活动操练。

(二) 图画教学法

对于一些不能用实物进行教学的单词，图画是很好的教学辅助手段。课文插图、教师自制的挂图、剪贴画及简笔画等都可以用来再现物体，创设情景。小学生喜欢色彩丰富的图画，教师要依据他们这一特点根据教学内容设计图画来吸引学生的注意力。寥寥几笔简笔画可以表达丰富的语言信息和概念，可以激发学生的兴趣，活跃课堂气氛，提高学生的形象思维能力。

图画教学法教学案例

教学目的：教学单词 kite

教学准备：飞机图片

教学过程：

1. 教师在黑板上以简笔画画出飞机，复习旧单词 plane。

T：What's this ?

S：It's a plane.

T：Is it a plane?

S：Yes, it is.

2. 教师用图片呈现风筝。

T：Is it a plane?

S：No, it isn't.

T：Right, it's not a plane. It looks like a bird. It's a paper toy for flying（教师做飞行状）. It can fly in the sky.

What's it in English?

It's a kite.（重读 kite）

3. 操练（拼读，跟读，领读，重复回答，齐读，小组读）。

4. 自由操练（用学过的句型进行对话练习），如：

What's this? What color is it? Do you have a kite? Can you fly a kite?

5. 学生上台展示自编对话。

(三) 歌曲歌谣教学法

歌曲与歌谣教学在小学英语教学中占有相当重要的地位。根据新课标要求，一级（小学三、四年级）要求学生能唱简单的英文歌曲15～20首，说歌谣15～20篇；二级（小学五、六年级）要求学生能表演歌谣或简单的诗歌30～40首（含一级要求），能演唱英文歌曲30～40首。小学生英文歌曲一般简单活泼，学生可以在富有节奏感的音乐中通过唱唱、做做有效地学习和巩固所学词汇。童谣则更是节奏明快，朗朗上口，教师在词汇教学中合理地利用童谣，可以帮助学生化繁为简，化难为易，不断出现的单词重复可以使学生的瞬时记忆转化为长时记忆。例如有位教师教表示颜色的单词，单词的呈现和操练步骤结束之后，用一首有趣的童谣帮助学生记忆单词：" 小黑熊，真顽皮，手里拿着大画笔，画片天空是蓝色，blue，blue 是蓝色；画朵白云是白色，white，white 是白色；画片草地绿油油，green，green 是绿色；画串香蕉是黄色，yellow，yellow 是黄色；画个茄子是紫色，purple，purple 是紫色；最后拿起黑色笔，black，black 是黑色；对着镜子画自己，黑不溜秋不美丽，哭着闹着找 mummy。"学生通过这富有情趣、朗朗上口的歌谣，可以很快地记住新学的单词。

歌曲歌谣教学词汇案例

教学目的：掌握6个表示身体部位的词汇：eye, ear, mouth, nose, hand, leg

教学准备：多媒体，身体部位单词卡片

教学过程：

1. 通过播放多媒体让学生边听边看画面，熟悉音乐的旋律和节奏，对歌曲的大意有初步的认识。

2. 呈现新词汇。

T：This is my eye. Eye, eye.（一边说一边用手指自己眼睛部位）

T：Touch your eyes, and read after me. Eye, eye.（用升降调领读同时板书 eye）

S：Eye, eye.（升降调跟读，并用手指眼睛部位）

3. 用同步骤2的方法逐一呈现其他词汇，并一一板书出来。

4. 学习新词汇。

教师通过不同方式的领读等活动，使学生掌握新词汇的发音和拼写，并教授单词的复数形式。

5. 操练。教师可开展各种活动来操练新学词汇，如竞猜游戏、比比谁的反应快等。

6. 多媒体呈现歌词：

Why can we see with our eyes? Why can we hear with our ears? Why can we speak with our mouth? Why can we smell with our nose? Why can we write with our hands? Why can we walk with our legs? Why? Why? Why? Will you tell me why? 略讲歌词大意，领着学生正确读出歌词。

7. 让学生模仿磁带跟唱，直到学会为止。

8. 引导学生边唱边加上动作，然后进行合唱、分组唱、对唱等活动，要求学生边唱边做动作。学生在边唱边做的过程中也训练了单词的发音，掌握了单词的意义。

9. 对学生的表现进行适时的鼓励，增强他们的信心。

(四) TPR 教学法

TPR（Total Physical Response）教学法即"全身反应法"，也叫领悟法（Comprehension Approach），是由美国加利福尼亚圣约瑟州立大学心理学教授 Jame Asher 创立的。它是一种把言语与行为联系在一起的，通过身体动作教授外语的教学方法。其教学目标是：训练初级程度的外语口语能力，注重听力理解并将其作为培养基本口语技能的一种手段。全身反应法的优势是强调身体的互动性、教学的生动性，以便让孩子更直观地了解在游戏中学习、英语生活化，同时也可以更好地激发孩子对英语学习的浓厚兴趣。教师将教学内容设计成一系列指令性语言项目，然后请学生对这些语言项目用身体作出反应。

教师要根据小学生好动、注意力难以持久这一特征，在课堂上调动孩子的多种感官，让学生通过跑、跳、做游戏学英语。这样，在气氛活跃的课堂，孩子学习情绪主动，就能较长时间保持注意力。在学习过程中，教师用目标语发出指令，先自己做，等学生能理解后，让学生完成动作，然后边说边做。这样有助于帮助学生强化理解，也突出了学生的主体作用。让学生不是通过呆读死记、简单重复、繁琐训练进行英语学习，而是使学生在充满乐趣的氛围中进行创造性思维、创造性交际和创造性学习，从而取得理想的学习效果。

使用 TPR 教学，优势很多，但也有局限性：它涉及的活动和言语都比较简单而基础，适用层面较为浅显，因此 TPR 教学法只适合于语言教学的初级阶段；再就是它的不易把握性，因为 TPR 教学法包含了游戏、表演、竞赛、舞蹈等大量活跃元素，教学方法灵活且丰富，这需要教师具备较好的课堂管理方法，能将小学生有秩序地组织起来，使英语课堂取得预期的教学目标。所以，TPR 教学法需要教师具备一定的教学能力和教学经验。

TPR 教学法词汇教学案例

教学内容：动物名称 duck, cat, dog, rabbit, monkey
教学准备：玩具鸭、玩具猫、玩具狗、玩具兔、玩具猴及以上动物的图片
教学过程：

1. 教师让学生进行 TPR 活动热身。

T：Listen and do：Stand up. Turn around. Sit down. Open your books. Close your books. Touch your eye. Touch your nose. Touch your ear. …

2. 教师拿出一只玩具鸭。

T：What's this?

It's a duck. Read after me.（两遍，升降调）

S：Duck，duck.（两遍，升降调）

3. 教师做动作并模仿鸭子的叫声。

T：Act like a duck.

4. 学生做动作并模仿鸭子的叫声。

5. 请单个学生读 duck（升降调），并纠正发音。

6. 以相同方法呈现其他单词。

7. 以 TPR 活动操练单词。请几组学生到讲台，听指令做动作。

T：Act like a monkey. /Act like a cat. / Act like a dog. …

8. 在句型中操练单词 duck，cat，dog，rabbit。

T：I have a rabbit/duck/dog/ monkey/cat.

（将 rabbit 等图片贴在黑板上，学生跟读。图片都贴好后，进行听音指认动物竞赛。请学生到黑板前，教师用"I have a…"句型说出一动物名，学生迅速指出该动物，看哪组速度快）

9. 总结。让学生用任意一个玩具，说出 I have a rabbit. …

10. 扩展运用。让学生用"I have a…"句型造出更多的句子。

（五）直拼法

《小学英语新课程标准》要求学生能了解简单的拼读规律；能根据拼读规律，读出简单的单词。小学生学单词，记得快，忘得快。单词识记始终是大多数学生学习英语的拦路虎，很多学生因为记不住单词而失去了学习英语的兴趣。在以往的英语教学中，学生对单词是纯粹地死记硬背。以 head 为例，学生要把单词逐个字母拼读，h-e-a-d，head，然后在大脑里转化成各字母在单词里的读音，最后转化为音标［hed］，并读出。为了使学生记住单词，教师常常是让学生几十遍、上百遍地抄写，时间花了，许多学生还是记不住单词，取得的效果并不是很好。而用直拼法，既减少学生按字母名称先后顺序死读硬背单词的时间，又能同时解决单词"读"和"写"的问题。学生通过读出字母及字母组合在单词中的发音而拼读出整个单词的读音。反过来，可以通过拼读单词写出构成单词的字母或字母组合，从而默写出单词。学生如果具备见词能读、听音能写的能力的话，就可以大大提高记忆单词的能力。使用直拼法教学单词，首先要让学生掌握字母、字母组合的发音和拼读。英语发音中有辅音和元音两大元素，辅音字母的发音可借助于学生已学的汉语拼音中的声母进行辅助教学，对于元音，教师要在日常授课中逐渐归纳元音字母和字母组合的发音，让学生掌握其基本的发音规律。如果学生可以利用英语单词拼写与读音之间的对应关系，有声地学习英语，他们就会觉得学得轻松，觉得英语其实并不是想象的那么难。直拼法教学应从起始年级就开始渗透，而且在每堂课上都要有所体现。

直拼法词汇教学案例

教学内容：teacher 拼读

教学过程：

T：Today, we will learn this word.（板书 teacher）Do you know how to read it ?

S：No.

T：I think you can read it a moment later. Please find out the words (that we have learned) with "ea".

S：(The students begin to think and find out the following words: tea, seat, meat, …

T：Now please read them and tell me how to pronounce "ea" in each word.

S：tea [ti:], seat [si:t], …

T：So how to pronounce "ea"?

S：[i:].

T：Yes, you're wonderful.

（ch 与汉语拼音的 ch 较相近，er 与"儿童"中的儿的拼音 er（除去声调）音相近。教师可启发学生拼出 cher）

教师带读

T：t, t [t] [t] [t], ea, ea [i:] [i:] [i:] [t-i: —ti:]

S：t, t [t] [t] [t], ea, ea [i:] [i:] [i:] [t-i: —ti:]

T：ch, ch [tʃ] [tʃ] [tʃ]

S：ch, ch [tʃ] [tʃ] [tʃ]

T：['ti: tʃə] ['ti: tʃə]　　　（升降调）

S：['ti: tʃə] ['ti: tʃə]　　　（升降调）

T：I'm a teacher. I teach you English.

……

利用直拼法记单词，能帮助培养学生浓厚的英语学习兴趣和良好的学习习惯，使他们以愉快的情感，积极参与教学活动；可以大幅度地提高学生记忆单词的能力，减轻学生学习负担，并为学生进一步学习国际音标打下良好的基础。

（六）情景法

学生学习英语的最终目的是能把所学运用到现实生活当中。因此，教师要通过言语及各种教辅设备，创设真实的语言环境，尽可能调动学生的各种感官，充分感知学习内容，最大限度地获取信息，把书本内容与实际情景、事物联系起来，加深对课本知识的理解，完成对知识的掌握。教师可在教室创设一定的生活场景来进行词汇的教学和操练。比如在教学文具的单词时，可把讲台布置成文具店；教授水果的单词时，又把讲台改为水果店……这样学生就可以在较真实的场景中进行词汇和句型的训练，如"Can I help you?" "I'd like a（some）…" "How much is it?" 等。

情景法教学词汇案例

教学内容：学习家庭成员的称呼，句型 Who's that man/woman? ...

教学准备：多媒体，教师及学生的家庭照

教学过程：

1. 屏幕上出现老师的家庭照，教师向学生逐一介绍人物并呈现新词。

T：This is a picture of my family. This is my father. This is my mother. ...（板书新单词）

2. 学生对新词汇有个大致了解并掌握发音后，进行 Guessing game。

T：He is my father's father. Who is he?

She is my mother's mother. Who is she?

He is my mother's brother. Who is he?

She is my father's sister. Who is she?

My mother has a daughter，but not me. Who is she?

3. 教师指着家庭照进行总述，接着播放英文歌"Happy Family"。

4. 教师用幻灯片展示课前搜集的学生们的家庭照，并提问。

T：Who's this boy/girl?

Ss：He/She is….

5. 屏幕上再次出现教师的家庭照，教师再次示范介绍自己的家庭。

T：This is my family. This is my grandfather /grandmother/ father/ mother /sister/ brother.

6. 学生用自己的家庭照，分小组训练介绍自己的家庭。

S1：Who's this man?

S2：He's my…. This is my….

7. "临时家庭"扮演活动。各小组确定家庭成员。每组选一代表，运用句型"This is…." "Who's that man…?"向全班同学介绍自己的"临时家庭"；被介绍到的家庭成员要自我介绍并模仿该成员的动作，如 I'm grandfather，边说边做拄拐杖走路的样子。

8. 教师总结本堂课所学内容。共唱"Happy Family"结束。

（七）游戏、竞赛法

游戏永远是小学生最感兴趣的活动。在词汇学习的感知、理解、巩固和练习阶段，课堂游戏都是非常有效的教学手段。学习外语是为了交际，教学游戏就是一种交际活动。教师应充分利用学生活泼、好强、好表现这些特点，努力在英语课堂上为学生创造说和做的机会，以游戏竞赛等途径，使学生积极主动地参与到课堂教学当中，变枯燥的词汇学习为有趣的词汇学习。下面介绍几种词汇教学游戏。

1. 单词接力赛

游戏功能：复习学过的单词。

游戏方法：将学生分成 A、B 两组，每组人数相等，每组的第一个同学在黑板上写出一个单词，本组的第二个同学以第一个单词末尾的字母开头，在黑板上写出第二个单词，且不能写重复单词。哪一组在规定的时间内写的单词多，拼写错误少，字迹又工整的则为优胜者。

例如：monkey- yellow- what- tail- long- glasses- spin- nest- they- yes- small…

2．职业演员

游戏功能：练习"He/She is a …"句型及 doctor, driver, policeman, nurse, farmer, teacher 等表示职业的名词。

游戏方法：学生在座位坐成一圈。先由老师上前作示范，做一个动作表示某种职业。然后让学生举手猜他表演的是什么。猜中的同学代替老师的位置上前表演，其余同学猜，每次都由先猜对的同学上前表演。下面猜的同学用"He/She is a …"来表达。

3．比比谁的反应快

游戏功能：练习用英语数数，复习学过的人体器官的英文单词，锻炼学生的注意力和快速反应力。

游戏方法：首先告诉学生，老师说"one"时，学生用手指头发并讲出"hair"。老师说"two"时，学生指脸并说出"face"。依此类推：three—耳—ear, four—眼睛—eye, five—鼻子—nose, six—嘴—mouth, seven—肩膀—shoulder, eight—腿—leg, nine—手—hand, ten—脚—foot。经过反复练习熟练以后，可以让一名学生来数数，其余学生找相应的器官，讲出英语单词，并可以抢答。要求学生手口一致，教师数数时应由慢至快，并注意学生讲的是否正确。

4．找胳膊

游戏功能：区分 He、She；熟悉身体各部位的表达方法。

游戏道具：男孩和女孩的大图片各一张，缩小复印或描画一份作为参考图。把大图身体各个部位剪下，放在一起；胶水或两面胶纸。

游戏方法：将缺少身体部位的男孩和女孩的大图贴在黑板上，在他们旁边分别贴上较小的参考图。请同学上来把男孩和女孩身体各部位贴回去。每次点一二名同学，用英语"Find her /his eyes …"提示他们从剪下的纸片中找出正确的部位，并贴到图上，边贴边说："These are/This is his /her …."可以将同学们分为两组进行。给他们记分，看哪组贴得又快又准。

5．食物 BINGO

游戏功能：复习事物类的英文单词。

游戏准备：让学生每人在纸上画一个 3*3 的格子，并在自己的九个小方格分别画出 rice, noodles, meat, orange, apple, pear, mango, banana, chocolate 这九种食物。

游戏方法：老师随口说出一种食物的单词，同学们就在相应的格子里画勾号。谁的勾在横、竖、斜三个方向连成三格一线就大声喊"BINGO!"最先喊的三位同学可得到贴纸作为奖励，游戏可以重复进行若干次。BINGO游戏可用来复习各类学过的字母、数字及单词。

6．猜颜色

游戏功能：练习红、黄、蓝、绿、黑五种颜色的表达及句型"What color is it? It's…"。

游戏道具：用这五种颜色的彩纸，做五顶可以戴在手指上的小帽子。可以多准备几套作为给学生的奖品。

游戏方法：老师把手背在身后或用物品遮挡，然后任选一种颜色的小帽子戴在手指上。让学生猜测他戴的是哪种颜色的小帽子。奖励猜中的同学一顶彩色小帽子。

英语游戏可以激发学生的学习兴趣，吸引学生的注意力，让更多的学生积极地参与到课堂教学活动中来。但作为教师要正视其可能给教学带来的负面作用，处理好学与玩的关系，要注意合理控制时间，避免只追求趣味而忽略教学效果。

思考与练习：

1. 请简述语音教学在小学英语课程中的地位和作用。
2. 你认为小学阶段要怎样开展音标教学？
3. 语法教学在小学重要吗？你认为怎样才能加强小学生的语法学习？
4. 词汇教学有哪些教学方法？结合你的教学实际，谈谈你在教学过程当中是怎样运用这些教学方法的。

第七章　小学英语教学法（Ⅱ）

通过本章学习，需要达到如下目标：(1) 了解小学英语教学中听、说、读、写教学的意义及原则，(2) 掌握小学英语教学中听、说、读、写教学的方法，(3) 掌握小学英语教学中听、说、读、写的游戏活动案例。

第一节　听的教学

小学英语教学是师生之间、学生之间的多向交流活动。听是交流的主要形式之一，听是学生获得语言信息及语言感受的最主要途径。作为教师要使自己的学生拥有一定的听力水平，策略如下。

一、规范语音发音和加强辨音训练

语音教学的内容包括两个方面：基础语音知识和基本语音能力，语音能力的形成是语音教学的最终目的。而其中的基本语音能力包括：(1) 听音、辨音能力；(2) 模仿的能力；(3) 拼读单词的能力；(4) 拼读音标的能力；(5) 联系语音和语义的能力；(6) 朗读能力。就基本语音能力方面，有以下做法。

（一）教师要认识到语音部分教学的重要性，合理地编排这一课时的教学

在平时的教学中，教师可以适当地加以整合，甚至可以合并为一个课时，即将语音作为完整的一个课时来教授。在这部分的教学时，巧妙地设计教学环节，让学生通过模仿、归纳，整理出发音规律并且加以运用。比如，有教师将语音环节的各个单词从旧知过渡到新知，再让学生用这一规律去认读新单词：从 air, hair, chair 总结出发音，再用这个发音去认读新单词 stair，然后给学生听写单词 kair, sair, dair, shair 等。这些单词有可能不存在，但是却可以让学生很好地记住字母组合"air"的发音，让学生在学中用，在用中学，更好地掌握发音。同时，也要经常引导学生进行发散性记忆，从一个单词牵出一串单词，多多归纳：从 cake 牵出 take, lake；从 skirt 牵出 shirt, T-shirt, dirty, birthday 等。串联式的记忆更有助于学生牢固地记住字母组合的发音规则。

（二）引导学生巧记单词的读音和总结发音规则

对于学生喜欢用汉字来标注新授单词的做法，有的老师可能会走两个极端：一个是听之任之；另一个是进行批评，令其日后不敢再用这个小伎俩。其实，学习语言的方法有很多，也许这个注汉字的方法不入流，但是这是孩子作为探究新知的途径之一。当然，作为教师并不鼓励学生依赖这种在单词上写中文的方法，然而对于一些尚未掌握正确方法的学生来说，适当地注汉字也有助于单词发音的记忆。要是学一个忘一个，或者是机械式地重

复朗读，学生很容易产生厌倦感甚至挫败感。教师在辅导个别学困生时，注汉字这个方法也许同样适用。

（三）注重平时的积累，聚沙成塔，集腋成裘

班级中很多领读的小干部也存在或多或少的发音错误，这就需要教师经常性地关注他们的发音问题，及时纠正他们的错误，务必保证每天早晨学生能够跟读近乎标准的英语。同时，教材中的磁带也一定要让学生好好地利用起来。随着年级的升高，很多学生慢慢地忽视听磁带这一复习步骤。所以教师要督促学生更好地用好英语磁带，制作听磁带表格，请家长记录孩子听磁带的内容和时间，最大程度地确保学生在听音方面的训练。另外，教师在平常的教学中，除了作业本上的辨音练习外，还可以适当布置一些小作业。例如，每堂课结束时，在黑板上布置一道辨音练习，请学生抄在专门的练习本上，自己思考或者4人小组讨论，第二天上课的时候公布正确答案。这一方法通过实践，学生的参与积极性很高，半学期下来，已经有部分学生能够很好地掌握辨音练习的窍门了。相信随着时间的推移，这一方法的成效会更大。

二、营造和谐的英语氛围

英语作为小学生的第二语言，平常生活中并没有听说的环境，教师要充分利用课堂为学生创造一个听英语、学英语的环境。教师应该坚持尽可能地用英语教学，包括问候、课堂用语、评价、布置作业，并且要求学生在课堂上尽可能地说英语，不要担心学生做不好。事实证明，用不了多长时间，学生完全能听懂教师的指令、要求，甚至还能学会教师的一些课堂用语。对于那些刚开始接触英语课的学生来说，教师应该将常用的课堂用语用英语说一遍，再重复一遍汉语，让其慢慢适应。有的话可以借助表情、姿势、动作、手势帮助学生听懂。只要教师坚持每堂课都用英语组织教学，经常说，反复做，长此以往形成习惯，师生配合会越来越默契。教师可以不断提高自己的口语熟练程度，学生可以逐步养成听英语并用英语思维的习惯，不断提高听的能力，收到教学相长的良好效果。

课外，教师应该鼓励学生积极地利用一切机会用英语会话，收听、收看一些少儿英语节目，以扩大自己的知识面，提高听力水平。

三、培养听的兴趣

兴趣是最好的老师，而学生对听不感兴趣，可以说是听力教学的最大障碍。因此，教师应当在培养学生对听的兴趣方面花大力气，想方设法使学生产生兴趣。

对小学生英语听力兴趣的培养宜视听结合。这里的视听结合是指利用实物、图片、简笔画，教师的动作、表情、投影等直观手段来创设模拟情景。因为有些听力内容较难，学生跟不上所听内容的语速，听不懂，学生当然不感兴趣。这时教师适时地出示一些提示性的图或肢体语言，在条件允许的情况下用多媒体创设模拟情景，都可以起到辅助理解的作用，降低听的难度，同时也能激发学生听的欲望和热情。

小学英语听力材料的内容应是有选择性的。问卷调查表明，学生对各类材料的偏爱比例是：小故事83%；英语歌曲80%；人物介绍32%；对话72%。从中我们可以看出，由于小故事有情节，学生容易接受；而对话一般较贴近生活，也较易理解；英语歌曲则因为其旋律优美、歌词简单、容易模仿跟唱而颇受学生欢迎。学生正处在求学的最佳时期，教

师应尽量满足学生的兴趣要求,让他们接触一些健康有益的英语小歌曲,听一些短小精悍的幽默故事。这样既培养了学生对听的兴趣,又开拓了学生的视野,陶冶了他们的情操。

四、理解中外文化差异,加强听力理解

听是语言交际的重要方面。在与外界的交往中,听力水平的高低直接影响人们之间的相互理解以及工作效率。随着国际交流的日渐频繁和通信科技的迅猛发展,提高英语听力的重要性显得尤为突出。然而,在我国英语教学中,由于各种条件的限制,英语听力教学和英语听力训练还相对薄弱,教学效果不太好,学生的听力水平亟待提高。为此,本书根据多年的英语听力教学实践,提出了一些应对措施,以期对英语听力教学有所帮助。

(一) 影响英语听力理解的主要因素

1. 缺乏英语语音知识

众所周知,只有自己的发音正确,语调得体,才能正确判断他人所讲的话,从而听懂他人的话。自身错误的发音使得听到的单词无法与已经掌握的单词对号入座,以致造成理解上的困难甚至错误。

2. 词汇量不大

学生词汇量的大小,或是对听力材料中的词汇的熟悉程度,都会影响学生对所听材料的理解。通常情况下,学生对陌生词汇的反应速度远低于所熟悉掌握的词汇,尤其是学生很难理解英语中的缩略语、俚语、行话、习语和专业术语等。学生在学习(包括英语学习的其他几个方面,即说、读、写、译)的过程中,要加强词汇的积累,并且尽可能达到"烂熟于胸"的程度。

3. 心理障碍

心理学研究表明,学生在听音时的情感因素与听力理解的有效程度有着密切的联系。当人的情绪处于紧张、焦虑状态时,就容易产生畏惧心理,从而在理解本可以听得懂的内容上也有困难。由于听力材料难度太大,或是听的时间过长导致注意力不集中,也会影响听力的效果。另外,听力设备(包括发射台和学生接受机的质量)的效果,不仅直接影响所听材料的清晰度,而且更会造成学生听时的心情。

因此,学生在平常训练听时,不仅要创造较为适宜的听力环境,模拟真实课堂或是考场的情景,还应注意把握听力时间的长度,做到"劳逸结合"。

(二) 中西文化差异对英语听力理解的影响

《现代汉语词典》中"文化"的定义是:它是人类社会历史发展过程中所创造的物质和精神财富的总和,特指某个社会的精神财富,如文学、艺术、教育、科学等。美国著名的语言学家萨皮尔(Edward Sapir)认为:"语言不能脱离文化而存在,不能脱离社会继承下来的各种做法和信念,这些做法和信念的总体决定了我们生活的性质。"

由于文化具有鲜明的民族性,不同民族的文化自然会迥然不同。语言作为文化的一部分,操英汉两种不同语言的人由于民族、社会制度、地域、职业、性别、年龄等方面的不同,必然存在文化上的巨大差异。

中西文化差异是影响学生英语听力理解的一个重要因素。听力材料的文化色彩越浓,理解起来难度就越大。很多学生由于不了解西方文化背景知识,尤其是不了解中西文化之间存在着巨大差异,在听力过程中,虽能听懂每个词句,但对整个听力信息的理解仍然非常困难。

因此,学习英语必须了解英语国家的文化背景,包括他们的风俗习惯、价值信仰、社会、政治、经济等。在听力教学过程中,教师也有必要介绍有关的文化背景知识,帮助学生培养文化意识,提高文化素养,以便更好地促进中西文化的交流。

(三) 实例分析

I am proud of the work you do, Mom. Really proud. You are one fantastic Mom, but, I've been noticing how little quality time you spend with Dad and me. And the family.

这是英语教学片《走遍美国》(Family Album USA) Episode 20 中儿子 Richard 看到母亲 Ellen 和父亲 Phillip 都在忙于自己的工作而无暇相聚,担心因此影响到家庭成员之间的关系,于是说了上面的这段话。通常,听到这段话的第一反应是,quality time 是什么意思?这两个单词都不是生词,可什么叫"质量时间"呢?所以,对 quality time 的准确理解成为听懂这段话的关键。在美国,该短语十分流行,因为美国人工作压力大,时间紧,包括原来的家庭主妇的工作也越来越忙,很难有时间与家人或是亲朋好友相聚。所以,与家人共处的时间越来越少,只有保证质量了。了解了这个文化背景知识,我们就可以理解 quality time 指的是"与子女共度的宝贵时光"。儿子 Richard 正是用 quality time 表达了他希望母亲有更多的时间与家人在一起的心愿。

综上所述,要提高学生的听力理解能力,教师不仅要解决学生语言和技巧上的障碍,提高掌握正确语音、语调的意识,加强学生对词汇的记忆,还必须把文化教学融入到语言教学中去,通过教授文化背景知识,进一步提高学生的听力理解能力和语言综合能力。

五、教授一定的听力技能

作为一种直接听取信息的能力,在语文教学中是自然形成的。而英语作为我们的第二语言,在其教学中这种能力则需专门培养。授之以鱼不如授之以渔,教给学生一定的听力技能和技巧是很有必要的,一般有以下几方面。

(一) 识别技能

即识别语音、词汇、语法、语义等知识的技能。例如能辨别出听力材料中多数单词的词义、组合成的词组意义;同一单词在此处的具体义项;能听懂对话里一些明显的连读、典型句型等。

(二) 预测能力

即对将听材料的语句成分的预料和内容情节的期盼和估计,以及根据上下文对熟悉或者没听清部分进行猜测。也就是根据所听材料进行推理、判断,得出结论的能力。预测能力的培养,对刚接触英语的小学生特别重要。

(三) 捕捉关键词的技能

对刚刚学习英语的小学生来说,听关键词不失为一个好的听力技巧。如关于数字的就着重听数字,关于颜色的就主要听关于颜色的词,对于判断性的就抓重点词汇等。

(四) 做笔记的能力

对于一些重要或易忘的内容,要迅速做好记录。指导学生边听边记下一些关键词组及数字等重要信息，让学生知道笔记往往是以关键词或短语的形式出现，而不是以句子的形式出现。

第二节 英语口试

随着素质教育的深入开展，小学英语教学中对于听说能力的要求有了明显的提高，培养"说"的能力已成为英语学习初始阶段的主要教学目标之一。而如何科学、全面地测试、评价学生"说"的实际水平是非常重要的。因此，有必要探索一种既有一定可行性，便于教师操作，又能发挥测试应有的功能，体现培养素质人才的口语测试方法。

一、英语口试的目的

帮助学生掌握一定的基础知识（语音、词汇、功能、话题、语法），建立初步的语感，是小学英语教学的主要教学目标之一，并且小学英语教学是以听说为主要的训练项目。而小学英语口试的目的就是检查学生是否具备了一定的口头表达能力，看他们是否能就某些交际性主题进行正确的表述，并帮助学生进行自我分析、诊断，以利于他们后继学习。

二、英语口试的原则

（一）同步性原则

小学英语教学是基础性的教学，学生所学的词汇、句型、功能是有限的，他们的语言输出的范围不可能超越他们的学习内容，因此在口语命题时一定要注意口试试题要与学生所学教材内容相关，这样才能如实、客观地评价学生。例如，译林版小学英语第三册有Mr. King自述"My Family"一文。在口语测试题中就可设计一题自述"My Family"。这类试题源于教材，体现了同步性，又高于教材，体现了创造性，并且试题内容贴近学生的实际生活，体现了趣味性。

（二）交际性原则

口头交际是人类最直接的语言交际活动。在设计口试试题时要尽可能围绕教材所体现的语言交际功能，这样可以使学生在课堂中习得的英语知识和英语表达能力迅速地迁移到实际生活环境中去，以求达到英语教学的最终目的。这类口试试题如让学生在所给的情景中自编自演一段对话。

（三）趣味性原则

口语测试要避免枯燥、单调、机械化，尤其是小学英语口试更应该富有趣味性。首先，要针对不同层次的学生设置不同类型的试题，使口试试题内容多样化，让学生有话可说、有话想说。其次，口语的组织形式也应多样化，如小组活动、对话表演、师生对话、个别讲述等，也就是说教师要采用在平时教学过程中运用的各种形式。这样就会让学生既熟悉、又乐于参与，也消除了口试的紧张心理。

（四）激励性原则

英语口试与笔试、听力测试不同，它在评分标准上有一定的主观性。因此教师可以把口试与学生的学习兴趣等非智力因素相结合进行评价。在口试过程中，教师对学生付出的每一步努力、获得的每一点进步都应给予肯定、鼓励，这样会使得口试不理想的学生能主动向教师提出让他们重考，而不至于让学生对口试望而生畏。所以，口试只是一种手段，如何通过口试调动学生学习英语的积极性才是口试真正的收获。我们所寻求的合理的、相对客观的评分标准也会在这种和谐的氛围中得到解决。

三、英语口试的主要题型

（一）口试的主要题型

1. 机械性学习型

这类口试题主要是为学习有困难的学生提供的。对于这类学生，应着眼于培养开口与养成好的口语学习习惯。如朗读课文、回答教师简单的问题等。

2. 练习性输出型

这是针对大多数学生的。主要是提供一些活动思路。如展示一些图片、话题、角色，让学生根据教师提供的材料来灵活运用所学语言。

3. 交际性输出型

这是针对部分口语好的学生所设置的。例如提供一个情景，让他们（2～3人小组）自己主动地承担角色，组织活动。

（二）具体口试形式

1. 朗读短文

朗读短文包括朗读字母、单词、音标等。教师在所学课文中选出若干典型课文，让学生抽签进行测试。

2. 快速应答和情景问题

"快速应答"要求学生对所听到的问题或情景作出正确的应答；"情景问题"即教师可以提供日常生活中经常会遇到的情景，要求学生设身处地进行发问。

3. 话题简述

教师既可以提供一张或一组图片，也可以提供话题，让学生根据图片内容或话题进行口头表达。

4. 角色表演

提供一个情景，让学生进行准备，由他们自行分担角色，进行表演。

四、英语口试的类型及其操作方法

英语口试的类型可分为形成性口语测试和终结性口语测试两大类。形成性口语测试是指在平时教学过程中对学生口语能力的评估，而终结性口语测试是指在学期末或学年末对学生口语的综合评估。

（一）形成性口语测试操作方法

形成性口语测试通过平时对学生口语能力的评价，对学生口语能力的提高起着激励和导向的作用。教师可以通过每节英语课前5分钟左右的值日生汇报和一至两组对话表演等形式来实施测试。值日生汇报的内容有天气情况、班级常规、英语歌曲、话题简述等。对话表演主要围绕某一情景进行对话，由学生课前准备，课上表演。而后采取学生的自评、互评、教师评、教师小结等形式给学生打分和指导,使学生参与评价的全过程,变被测为自测,把学生从被动的地位转向主动地位,体现了学生的主体参与性。在这种经常性有准备的口语测试中,学生口语测试的心理负担减轻了,口语能力就会提高,口语测试其本身也变成了一种学生之间的人际交往和再学习的过程。

(二) 终结性口语测试操作方法

终结性口语测试由于时间紧、测试面广,通常可以采用分散考评的方法。分散考评指考评时间上的分散、考评内容上的分类。考评时间上的分散是指将期末一次性的测试分散到每节课进行,确定每节英语课测评的项目,然后逐个进行测试。考评内容上的分类是指教师将教材内容及知识进行总结归类。如可分为打招呼、问候、谈论某物、谈论某人、购物、问路等。让学生通过机械练习、复用练习、活用练习及交际练习等形式来复习。这样,复习效率就会大大提高。从某种程度上来说也是切实有效地对学生进行"减负"。

英语口试不仅是教师对学生的评估,更是学生的一次学习和实践的机会,也是培养学生合作精神、提高学生语言运用能力的过程。随着语言教学的改革和进步,口语测试作为一个完整的语言测试体系中不可或缺的一部分,会进一步得到加强。这对英语口语教学,甚至对整个一代人英语水平的提高,起着不可估量的作用。

第三节 阅 读 教 学

阅读课常被称作泛读课,顾名思义,泛即是广的意思,其宗旨就是让学生进行大量广泛的阅读。要提高学生的阅读能力,首先应使学生具有一定阅读量。只有具备了一定的阅读量,学生才能建立起语感,才能使阅读上一个台阶。

一、采用有效策略,培养阅读能力

(一) 泛读与精读结合

阅读能力的培养是一个任重道远的过程,并不是教师在课堂里所能解决的。对于小学高年级学生来说,语言知识与阅读时间都是有限的。因此,除了布置相适应的阅读任务以外,在课堂上适度的精读指导是相当有意义的。阅读以理解为目的,推理是理解的核心。要培养学生正确理解语篇的能力,教师必须引导学生仔细观察语言,掌握必需的篇章知识,弄清语言各层次之间的制约关系以帮助他们正确预测,有效推理。教师应该做到精泛结合,使之互为补充,最大限度地提高阅读课的效率。在阅读教学的课堂上,对词汇和句型的适度教学能帮助学生更好地理解,这对于小学生来说是不可或缺的一个学习环节。其实在低段三年级也可以培养学生处理对话的精读和泛读。例如,在《PEP 小学英语》每单元的最后一课都有"story time",每次跟读前,教师都提示学生,故事前的问候语和结束语可以粗略地听、记,但故事中的细节,就要认真听读、详细记录。例如年龄、数量、时间等这些小任务的设置,其实就是在无形中培养学生精读和泛读的能力,为以后高年级学习奠定良好的基础。

(二) 课内阅读与课外阅读结合

多年的教学实践证明,小学生接触和使用语言的时空受到了一定的限制,因此,开展课外英语阅读活动，为学生提供大量接触英语的机会，对增强他们的语感，丰富他们的知识，帮助他们了解西方文化差异，进而提高他们的英语阅读能力，起着十分重要的作用。但是，小学生词汇量小，对语法又不是很了解，阅读能力毕竟有限，所以，阅读材料不能过分超越他们的实际阅读能力，其背景知识也应为小学生所能接受。否则，阅读效果肯定无法令人满意。如果把英语阅读和校园活动相结合，效果就会好得多。比如，如果六月是学校"校园读书节"，整个校园弥漫着浓浓的书香气息。此时，英语教材的内容恰恰都是一些介绍古今中外名人的故事。教师可以结合"校园读书节"，开展"读好书，与伟人交朋友"的英语课外阅读活动，让学生课后阅读名人的故事，并将阅读制作成为"The Great Man I Know"的专栏。教师可以安排学生个人阅读，也可以小组为单位组织学生集体阅读某一名人的故事。这一切都为学生提供了自主学习、合作交流的机会和充分表现自我的空间。不难想象，当孩子们看到自己的作品登上了年级墙报时，内心该是多么骄傲和自豪啊！

（三）阅读与"说"、"写"技能结合

语言学家的研究表明，儿童语言能力的发展是综合的整体的发展，听、说、读、写各项能力是相互制约、相互促进的。任何一项能力的发展滞后都会影响其他能力的进一步发展。阅读只是一种语言输入，最终应该形成语言输出。否则，阅读便毫无意义可言。"说"和"写"是语言输出的主要形式。在阅读教学中，教师应合理设计教学活动，采用各种手段引导学生"以读促说，以读促写"。比如，学习 A Visit to UN 一课时，教师可以在"读后活动"中设计如下练习：Read the following passage, it's about what a Chinese pupil wants to do in the UN, what about you? What do you want to do? Tell your partners, and write them down. 考虑到学生的语言能力和知识水平，此类练习的难度不能定得太高，否则会让学生望而却步。上述读写训练，因为有了前面的阅读输入，又有范例可以仿写，学生必然"有话可说"。

二、丰富教学形式，促进学生发展

（一）词语积累

阅读材料中的词汇和短语就如同建造房子的砖瓦，没有砖瓦无法建成高楼大厦，没有相当量的英语词汇，阅读英语是无法进行的。所以，要提高阅读能力，就得学会积累词语。课堂上的识记是必不可少的，而在课后阅读时，遇到生词尽可能根据上下文来猜，仍猜不出意思的，当然是查词典了，然后抄写在一本可随身携带的小本子上。有空时，就拿出这小本子背诵记忆，这样做不费时，不费力，效果却会意想不到的好。反复地记忆，词汇量能增加得很快。

（二）任务教学

阅读时应把给学生的任务细节化，任务越细，学生参与的机会也就越多。例如，阅读材料为《新版小学英语》六年级下册第 11 课有关植树节内容，任务设计：让学生阅读后，把关键词按植树的顺序表达出来。学生参与了积极的讨论，也对阅读充满了期待，希望自己说的结果得到证实。

（三）整体理解

人们在阅读时常有这样的情况：句子都能看懂，但读完后对阅读材料印象却不深，这就牵涉到对阅读材料内容和框架结构的整体理解。学生也会遇上此类的问题。那如何学会对阅读材料的整体理解呢？首先，要重视阅读材料的题目和首句。题目就是阅读材料的主题，阅读材料的内容就是环绕主题展开。首句是阅读材料的导入，点明阅读材料的时间、地点、意图、背景等，也是不容忽视的。而且，在阅读时要养成这样一个习惯：见了阅读材料的题目，要停顿一下，想一想，猜一猜，这篇阅读材料大概写什么，然后你便会饶有兴趣地读下去。接着在往下阅读时特别注意每段的第一句与最后一句，并用心记住。这样，在读完全文时，清晰地将全文的主要内容像看电影似的一幅一幅地印在脑中，记忆很深，既把握住了全文的主要内容、论点、论据，又学会了作者逻辑推理的方法、技巧及整篇阅读材料的框架结构，而这是写阅读材料最重要的，也就是阅读材料的构思。

（四）提问互动

从教育学普遍原则的观点出发，提问是检测理解与否的主要方式之一。提问可以是单向的，也可以是双向的。它可以是教师与学生之间的，也可以是学生和学生之间的。提问可按目标分阶段进行，一般可分三个阶段：读前提问、读中提问和读后提问。读前提问的原则是围绕主题提出一些发散性问题，一般以"wh"问题为主，最大限度地激活学生的有关背景图式，同时激发他们的认知需求，这是学习动机的一个主要驱动力。读后提问将学生的理解引向高级阶段，即在获取语篇主要内容的基础上提出一些判断、评价性问题，训练学生综合概括和进行独立思考的能力。

第四节　写的教学

英语教学的最终目的是发展学生的英语语言技能，培养学生良好的英语交际能力。而语言技能是构成语言交际能力的重要组成部分，它包括听、说、读、写四个方面的技能以及这四种技能的综合运用能力。听和读是理解的技能，说和写是表达的技能。这四种技能在语言学习和交际中相辅相成，相互促进。

一、建立良好的写作模式

（一）营造和谐的写作环境

写作是一个复杂的思维过程。在教学中，可以精心为学生创造一个积极、合作与富有鼓励性的写作环境，使他们乐于写作，充分发挥自己的思维能力。可以设置小组英语日记制度，每一小组学生共用一本日记本，每天有一个学生将日记本带回家写英语日记，老师及时做好批改与鼓励性的评价。在传阅过程中，学生们不仅分享了成功的喜悦，也扩大了阅读量，学习了别人的英语日记。

（二）培养积极的写作态度

写作需要明确的动机与积极的态度。在教学中，让学生结合他们熟悉的实际生活与需要来写作。使他们具有写作的愿望，愿写、乐写。

（三）渗透正确的社会文化

用英语写作时，应遵循英语国家的社会准则，不能照搬我国的社会与文化知识。在教学中注意加强英语国家的历史地理、风土人情、传统习俗、文学艺术、行为准则、价值观念等的渗透。接触和了解英语国家文化有益于对英语的理解和使用。

二、传授基本的写作知识

由于小学生进行英语写作的难度较大，所以提高小学英语写作教学质量很不容易。在进行英语写作教学时，要特别注意根据教学目标与学生特点，采用适当的教学方法，传授基本的写作知识。

（一）科学指导单词识记，提高正确拼写的效率

单词拼写是写作最基本的要素之一，过分强调它是不妥的，但忽视单词拼写教学的后果是严重的。如果学生在初学英语时形成了不注意拼写的习惯，会导致英语写作中单词错误百出的情况。

老师在单词拼写教学中从不使用拼读法。因为集体拼读单词表面上看整齐划一，实际上不少学生有口无心。在新授单词时经常采取演绎法，即单词出现后就讲解一些发音、拼读规则，再让学生依此类推；在复习单词时经常采用归纳法，复习了一些单词后引导学生归纳总结一些字母和字母组合的发音规律。掌握了正确的单词拼写规律，识记单词对学生而言是一件十分轻松而有趣的任务。许多学生看到新单词，不用查字典就能根据规律正确朗读出该单词；反之，听到一个新单词，他们也可以根据读音正确拼写出该单词。

（二）精讲精练标点符号，提高正确运用的能力

标点符号是写作中的小问题，常被教师与学生忽视。但正确使用标点符号对正确表达思想十分重要，也是写作基本功之一。在英语写作教学中不必在标点符号上花费大量时间，要把各种常见的标点符号的意义与使用规则对学生讲解清楚，在掌握规则后给出短文让学生进行一些添加标点的练习。

（三）强化操练句法结构，提高正确表达的水平

小学英语教学不要求精确讲解语法知识。在教学中可尝试将有关的句法结构进行重点操练，但让学生在强化操练中自然而然地获取语言结构，以便学生在写作时能正确地表情达意。

三、开展扎实的写作训练

（一）造句

造句是英语写作教学的主要练习形式之一。教师在让学生造句时可以为造句提供一个结合实际生活的情景，避免注重语言形式，忽视内容，脱离一定的情景与主题。如在学习了"My Favourite Food"单元后，让学生学习造句："I like fish. It's fresh. It's my favourite.""The potatoes are my favourite, they're tasty and yummy."

（二）句型转换

在教学中可以较注重对学生进行句型转换的训练，让学生们在不改变语言意义的前提

下进行句型转换练习。理解表达同一个意思可以采用不同的句型，以免写作时句型的单调与重复。

（三）小练笔

PEP 小学英语教材为学生们进行创作提供了强有力的保障。它所蕴涵的丰富资源让教师可以用一种全新的理念、个性化的教学来引导学生们学习英语。信息量大、内容丰富、生动活泼、富时代气息、充满童真童趣是这套教材的主要特征。孩子们很喜爱这套书，也乐于学习、模仿。有相当一部分的孩子不仅可以很好地掌握大纲要求的内容，而且可以把课本上的内容加以延伸和扩展。模仿课文的主题，联系实际生活写小练笔，既可以充分发挥这套教材的优点，又可以满足这一部分学生的愿望。

例如，五年级上册第一单元是介绍新老师，老师结合新学期新老师这一现象，鼓励学生们试着向大家介绍自己的新老师。实践证明，这套教材不仅仅是课堂上的教科书，而且还是进行延伸性学习的有力后盾，学生的能力和潜力也有待尽情地开发。此后，学生们模仿课文描写了许多发生在生活中的故事或阐述个人对某件事的看法，不但牢固地掌握了课本的知识，而且扩展了知识。

以下三篇小短文，就是从部分孩子的英语小练笔中，选出的具有代表性的作品，这些作品几乎都可以从 PEP 小学英语的课文中找到影子。

Dear Jack,

My name is Tom. I'm 10 years old. My favourite day is Monday. We have English, music, P. E. Do you like eating hamburgers? I like them very much. Do you have a pet or like pets? I like pets, but I don't have a pet. I like watching TV. I like playing basketball and playing chess. And what about you? Do you like China? Where do you live? I want to visit America. Can I visit you?

Good luck to you!

Your pen pal

Tom

以上这封信是孩子们学习了 PEP 小学英语 5A，Recycle 1"笔友来信"后，用英文给自己的朋友写的信。

John 具有很强的创作欲望和积极性，他综合所学知识，向我们介绍他的家庭情况。

My Family

Hi! I'm John. I am ten years old. I live in Guoxiuyuan Building near the school. I go to school every day. In my family there are three people. My father, my mother and I. My father is a doctor. He is kind and friendly. He has a lot of friends. He likes computer very much. My mother is a business woman. She likes watching TV very much. She does housework every day. I love my family.

Dick 描写一次在乡下的经历，充满好奇、新鲜感，很有意思。

Saturday   May 25th, 2006   Hot

My father, my mother and I went to the countryside by car. My grandma was ill, and we visited her. I played with my cousin. We went to the field to catch butterflies. I saw real pigs for the first time. They ran away when they saw us. Pigs are very lovely, they are fat.

孩子们一篇篇稚嫩的小创作，构成了一簇簇绚丽多彩的万花筒。他们像小精灵一样，向我们描绘了一个个精彩斑斓的、充满童话的世界，令人赞叹不已。

思考与练习：

1. 如何适应素质教育提出的"提高学生综合素质"要求，全面提高小学生的英语水平？

2. 如何提高学生听、说的能力？

第八章 小学英语教学技巧

经过本章的学习,应达到以下目标:(1)做一名有专业发展意识,并能通过反思性教学自觉提升的小学英语教师,做一名有意识地把实践和反思提升到理论研究层面的研究型小学英语教师,(2)教师应该有自己的教学信念,并对其教学决策产生影响;要熟知小学英语课程的性质、地位、目标和基本理念;懂得小学准备活动设计、呈现活动设计、模仿性操练活动设计、巩固性活动设计、拓展性活动设计等教学内容、教学目标、教学方法、教学策略和相关理论基础;熟悉小学英语课堂教学组织形式、课堂教学实施与管理、课堂互动、教学评价等相关策略;能根据课堂各个教学环节的目标要求设计有效的教学活动,创造性地灵活运用各种教学方法,(3)能采用符合小学英语新课程评价理念的评价方式激励学生学习;具备小学英语课堂教学管理和组织能力;学会通过反思性教学发现问题、提出问题、寻找问题的解决方案;课堂上能积极参与体验、反思、探究、交流和实践等学习活动;课外能主动搜索、收集和整理有关学习资源,完成有关学习任务。

第一节 课堂管理

对于每个教师来说,要对学生进行管理,尤其是课堂的管理。能否管理好学生,直接关系教学成绩。那么究竟怎样才能抓好课堂管理呢?

一、教师的仪表风度,影响教师的课堂管理

作为一名教师就是要为人师表,为人师表必须要言传身教。"言传"和"身教"作为教育的两种行之有效的基本手段,历来是相辅相成、紧密联系而不可分割的。"言传"固然重要,但"身教"更重要,它是通过教师的仪表风度来影响、感染和教育学生,包括衣着、发式、举止、姿态以及由此体现出来的风格、态度等内容;它潜移默化地影响着学生的身心健康发展,起着"言传"所不能代替的重要作用。什么样的仪表风度有利于课堂管理呢?应该做到:衣着打扮整洁干净,美观大方(并不一定要新奇漂亮,流行时髦,而是要整洁得体,落落大方,朴实整洁);行为举止文雅礼貌,稳重端庄(谦虚礼貌,不粗野蛮横);待人接物热情洋溢,和蔼可亲;教态自然典雅,从容潇洒等。尤其是第一次和学生接触,教师的仪表风度更为关键,也就是说,我们要给学生留下良好的第一印象。教师给学生留下的第一印象对教师总印象的形成有较大的决定力。如果师生初次见面,教师给学生留下良好的第一影响,即使这个教师在日后的工作中出现某些差错,学生也能谅解,认为是教师的一时疏忽所致。相反,如果一个教师给学生的第一印象不好,即使以后的讲课质量有提高,学生往往也不易改变原来的不好印象。

二、教师自身的素质、能力，影响课堂管理

教师是社会的人，也是一面镜子。从教师的身上不仅可折射出当代社会的知识、科技发展状况，而且能体现出当代人的世界观、道德观、价值观及为人之道。教师有没有威信，在于能否赢得学生发自内心的敬重和信服，而这又取决于教师的人格力量。可见教师的素质尤为重要。这就要求教师要有广博的学识、精湛的业务，使学生折服。俗话说"要教给学生一碗水，教师要有一桶水"，老师自己要时刻保持学习，认真备好每节课，用上好课来吸引学生。

三、采用的方法是否灵活，影响课堂管理

课堂管理效果与教师的管理是否机智灵活有关，它反映了教师根据课堂管理原则，运用自己的智慧，敏捷而恰当地处理课堂上偶发事件的方法和能力。比如教师走进课堂时，可能会遇到黑板未擦的情况，有的教师非常生气，夹书回来；有的大发脾气，查找该谁擦；有的干脆就往字上写。这样做，实际上都影响教师在学生中的威信，甚至有的同学看老师生气觉得很有意思。比较合适的做法是：此时，教师一定要冷静对待。老师可以看看黑板，又看看大家，拿起黑板擦自己擦，擦完以后说："今天老师做一次值日，下次可都要你们做了。"教室里会鸦雀无声，大家都会觉得很不好意思，以后再不会发生这种情况。这样做就能树立起老师在学生中的威信，也有利于今后的管理。

四、管理方法上应做到的几种配合

（一）严格要求与宽宏大量相配合

时代在发展，社会和家庭都有很大的变化，家里孩子少，独生子女比较多。受社会和家庭等各种影响，学生的个性都比较强，尤其是差生，毛病比较多，有时很让教师生气。可往往在教师生气训斥他时，他却满不在乎，没有一点承认错误的意思；有时甚至还要狡辩，表现的是一种不服气的样子；有时竟然与教师对着干，争吵起来，态度蛮横，胡搅蛮缠，闹得不可开交。如果通过班主任、家长或学校解决处理，学生从表面上可能有所收敛，但实际上并没有从根本上解决问题。学生可能在内心深处与教师产生隔阂，对教师今后的教育教学产生抵触情绪，使教师的工作更难做，达不到教育学生的目的。因此，教师在教学中，宽宏大量是相当重要的。这就需要调节好自己的心态，不能依着自己的脾气，不要轻易地就发火。在这里值得一提的是，小学生好动，有时管不住自己，回下头或者说句话，教师不要把它看做什么大的毛病，不要马上就发脾气，批评他，那会显得老师婆婆妈妈的。说的次数多了，学生也会不在乎了，还会增长学生的厌烦情绪。教师可以用其他的方式来调节课堂纪律。学生有了小动作，可以用目光来调节，用目光注视他，提醒他，把要表达的愿望、态度传达给学生，使他知错后改正；也可以语气调节，就是变换语调或声音强弱、节奏快慢让学生感到教师的"弦外之音"是在提醒他；还可以根据讲课的内容来提问，引起学生的注意；还可以停顿调节，那就是突然中止自己的讲话，让学生在静中感觉到自己违纪了。老师在课堂上很多时候要这样做的，这样做也能让学生感觉到老师的宽宏大量而更加尊重老师。必要时，也可以用语言来提醒，那就是当学生重复出现类似毛病时，但也没必要发火，老师可以说："我们每个人都有自尊心，老师是不会轻易伤害

你的自尊心的,希望老师不点名你就能做好。"这样说也管用的。当然这里说老师要宽宏大量并不是说对学生就不严格要求了。通过学习上的严格要求,也能让学生体会出老师在宽宏大量中也有严格。

(二)表扬与批评相结合

在课堂教学中,学生违反纪律的现象经常出现,教师肯定要批评他们。但是值得注意的是,要把批评和表扬结合起来。如果只有批评,没有表扬,学生会对自己失去信心,自暴自弃,破罐子破摔,结果会变得越来越坏。教师要善于发现学生的"闪光点",即使是后进生,也要看到他们的长处,通过表扬他们的长处来让他们改掉自己的短处。表扬与批评相结合,有利于教师的课堂管理。

(三)亲近与远离要适度

这里所说的亲近,就是教师对学生要有热情,要关心学生,爱护学生。在这方面,老师不但要重视学生的课堂学习情况,也要关心学生的生活情况,让学生感到老师严中有爱。对学生热爱关心的同时,也要注意和他们之间的距离,不迁就他们,不过分地亲近他们。无论亲近还是远离都必须适度,这样才有和谐的师生关系,才能有利于课堂管理,提高教学质量。

总之,课堂教学管理在教育教学中起着重要的作用。教师在教学中很难把握自己的尺度,尤其是社会的进步,时代的发展,向教师提出了更高的要求。只有不断地改进课堂管理方法,才能适应社会,适应时代。

第二节 导课的技巧

在刚上课时学生可能还处于课间活动的兴奋状态,注意力往往不能马上集中到英语学习上来。此时,老师精彩的导入可以有效地吸引学生的注意力,使其尽快进入英语学习的状态。同时,巧妙的导入也会使学生对英语学习产生浓厚的兴趣。

一、直观导入法

利用图片、声音和实物等进行直观导入,可以让学生对语言学习有直接和清晰的感受,可以增强教学的直观性,从而降低难度,提高学生的学习兴趣。直观导入法包括以下几种。

(一)视觉导入型

小学生活泼好动,形象思维较强。当老师呈现一些直观的事物及其英语表达时,学生会对这些表达方式产生新奇感,并从中体会英语和母语的异同,充分感受英语学习的乐趣,进而调动学习的内在动力。视觉导入法可以细分为实物导入、绘画导入和肢体导入等方式。

1. 实物导入

实物导入即直接用实物作为导入的媒介。

2. 绘画导入

绘画导入包括简笔画导入和图片导入。

简笔画这一导入过程注重启发、比较和联想。通过与原有知识的对比，学生能直观、清晰地分辨出本新语言点，从而逐步形成归纳所学知识的能力及积极思考的良好习惯。

图片导入即在教学英语故事时引导学生观察故事中的插图，猜测故事的大意，还可以围绕故事内容提出相关问题，让学生思考并自己理解、回答问题，引导学生根据自己从图片中得到的信息进行分析，并得出自己的结论。

3. 肢体导入

肢体导入可以准确地表达实物和图片不易表现的内容，如果恰当会产生很好的效果。如在教学表示动作的单词时就可用肢体导入法。

(二) 听觉导入型

听觉导入型分为歌曲导入法和模拟声音导入法。

1. 歌曲导入法

即利用歌曲或音乐来导入新课，是一种寓教于乐的导入方法，既能让学生做好上英语课的心理准备，又能让学生从呆板、紧张和单调的学习环境解脱出来，有助于学生巩固和记忆所学知识，提高学习效率。

2. 模拟声音导入法

可以模拟或录制自然界的各种声音，以此来刺激学生的听觉，达到导入新课的目的。

二、会话导入

在课堂教学的导入环节，巧妙运用会话能激活学生的思维，调动学生的学习兴趣，为学生掌握新的语言知识创设情景。会话导入的方法如下。

(一) 问题导入

这是小学英语教学中适用范围广、应用普遍且操作简便的一种导入法。既能帮助学生学习和巩固已学知识，又能引导学生探求新知识，寻找解决问题的方法和途径。

(二) 对话导入

在实际教学中，老师经常会根据教学有选择、有计划、有目的地与学生进行问答。例如，I like swimming. I'm going to go swimming this Sunday. What are you going to do this morning? 老师先示范，使学生对所学内容有了初步了解，然后再提出问题，引导学生调动已有的知识进行思考。在此过程中，学生很自然地运用并扩展了所学的语言知识。

三、活动导入法

游戏导入法能使学生在丰富多彩的游戏活动中学习英语，达到玩与学相结合的目的。如猜谜、顺口溜、捉迷藏、小哑剧、找朋友、藏东西等。游戏的设计一定要新颖，并富有科学性和趣味性。

(一) 全身反应法

全身反应法（TPR）是常用的游戏方式，可以有效地检测学生对已学知识的掌握情况，是培养学生的听力和理解能力的有效手段，通常用在课前复习和导入环节中。

（二）猜谜游戏

猜谜游戏要求学生通过思考和分析得出结论，提高了观察能力、分析能力和语言表达能力。一个难度适当且极具趣味性的猜谜游戏，可以引起广泛的参与和深度的思考。

（三）竞赛导入

竞赛导入采用竞赛和评比相结合的形式丰富课堂导入，为新课的学习做好充分准备，并根据教学内容选择和调整竞赛的形式。

四、情景导入法

模拟真实情景，创设接近生活的真实语言环境，有利于学生理解和巩固所学内容，缩短进入语境和在语境中运用所学语言的过程，同时也调动了他们学习英语的兴趣。

故事导入，能有效地吸引学生的注意力，自然地导入新课，启迪学生的心智，培养学生的想象力和欣赏力。不仅可以用于故事教学，在教学新单词时也可创编一个合理的小故事，利用图片、动作和表情帮助学生理解故事内容。

在课堂导入的过程中，老师应注意以下几个问题。

一是课堂导入的时间不宜过长，一般以3~5分钟为宜。课堂导入的目的是帮助学生快速集中注意力，激发他们强烈的求知欲，激活其相关知识，同时创造轻松、愉快的学习氛围。如果导入的时间过长，不仅导入本身会显得冗长，而且会影响整节课的教学进程。

二是切忌生搬硬套。对于不同的教材和教学内容，教师应采用不同的课堂导入方式。即使同一教材、同一教学内容，对不同的班级也要采用不同的课堂导入设计，使用不同的导入方法。这需要教师根据所教班级特点而定。

第三节　授课和示范（案例）

Unit 3　Last Weekend 第一课时教案

［教学目标］

（一）能够听、说、读、写以下动词短语：learned Chinese，sang and danced，took pictures，climbed a mountain，ate good food。

（二）能够询问别人在假期里所做的事情并做答。

［教学重点和难点］

（一）本课时的教学重点是掌握五个动词短语的过去式形式。

（二）本课时的教学难点是以下六个单词的拼读和拼写：took，learned，sang，danced，ate，climbed。教师要多示范，有针对性地反复操练直到学生熟练掌握。

［教学准备］

本课时的动词短语卡片，照相机，食物，一首歌曲，一张照片，本课时的单词卡片。

[教学过程]

（一）Warm-up

1. 教师放五年级下册的歌谣"Let's go on a field trip…"学生边唱歌边跟教师做相应的动作。

2. 教师放 Let's chant 的录音，学生跟着录音说。

（二）Preview

1. "猜一猜"游戏：教师呈现学生小时候的照片问"Who's he/she?"引导学生回答。然后教师拿出自己小时候的照片让学生猜。学生猜出后，教师指着照片说："Yes, it's me. I was… years old then."教师依次拿出几张风景照，问："Guess. What place is it?"引导学生回答。

2. Let's start

教师展示本部分的挂图问："Do you like holidays? What do you usually do on your holiday? Do you go on trip? What do you usually do during your trips?"引导学生根据提示图回答。

（三）Presentation and Practice

Let's learn

1. 教师问一名学生："What's your hobby?"引导学生回答。教师指着自己说："I like taking pictures. I have many beautiful pictures."然后拿出一张风景照说："Look at this picture. I took the picture last week."教师板书 took pictures 和 take pictures，请学生认真观察并说出两个短语的不同之处，然后指导学生拼写。

2. 教师拿出一张自己爬山的照片，说："I went to Xinjiang/…last year. Guess. What did I do there?"请学生猜。如果有学生猜到 climb a mountain，教师就向学生展示照片："Yes, that's right. I climbed a mountain."教师板书 climbed a mountain，带读，引导学生对动词原形和过去式进行比较。教师继续问："Have you ever been to any famous mountains? Where have you been?"引导学生说："I climbed Hua/Yandang/…Mountain."教师可继续提问："When did you climb Yandang Mountain? I climbed Yandang Mountain in spring/April 8th."

3. 教师再次展示爬山的照片，说："I climbed Huang Mountain. Then I was hungry. I went to a restaurant. Guess. What did I do there?"如果学生猜到吃东西，教师就拿出一张美食的照片说："Yes, I ate. I ate good food."板书 ate good food 和 eat good food，带领学生比较不同之处。教师带读，注意强调 ate 的发音。

4. 教师依次出示爬山和美食的照片说："I climbed a mountain. I ate good food, too. What else did I do there? Guess."

5. 教师放课前准备的歌曲录音，放完一遍后，问学生："Do you like it? Would you like to sing along?"教师和学生一起跟着录音哼唱歌曲。教师问学生："What did we do just now?"引导学生回答："We sang a song."教师板书 sang 和 sing，带领学生进行比较。教师带读单词。教师边做动作边说："People in Xinjiang like singing. They like dancing, too."教师板书 sang and danced，带读。

6. 教师出示本部分的教学挂图，介绍说："Mike and John went to Xinjiang together.

Mike likes taking pictures. He took many pictures. What else did he do?"手指 Mike 学中文的图说:"He learned Chinese."板书 learned Chinese,带读。教师再问学生:"What did John do?"引导学生回答:"He climbed a mountain. He ate good food. He sang and danced."

7. 教师放 A Let's learn 部分的录音,学生跟读。

8. 教师带领学生说唱下面的歌谣:

What did you do on your holiday?

What did you do on your holiday?

I took,took pictures.

What did you do on your holiday?

I climbed,climbed a mountain.

What did you do on your holiday?

I learned,learned Chinese.

What did you do on your holiday?

I sang,sang and danced.

9. 快速抢答:全班学生分成四个大组。请一名学生上来抽取两张卡片并依次做相应的动作,四个组的学生根据表演者的动作猜:"He ate good food/… and climbed a mountain/…"哪个小组首先猜出正确答案就得一分,最后总分最高的小组获胜。

10. 学生两人一组,轮流抽取学生卡片编对话。

Let's play

学生两人一组,每人在长纸条上写出运用过去式的句子,然后把句子在单词间空隙处剪开。学生交换剪下来的单词,看谁能最先把同伴的两个句子排列好。

Good to know

1. 教师介绍普通相机一些基本零部件的名称和简单的摄影常识。

2. 教师一边介绍摄影的基本步骤,一边用相机给学生照一张照片。

(四) Consolidation and Extension

1. 完成活动手册的相关内容。

2. 学生课后进一步熟悉照相的基本步骤,教师鼓励有条件的学生拍下几张照片,下节课进行班级交流。

Unit 3 Last Weekend 第二课时教案

[教学目标]

(一) 能够听、说、读、写句型:Where did you go on your holiday? I went to Xinjiang.

(二) 能够听懂 Let's try 部分的录音并完成练习。

(三) 能够理解、说唱歌谣:Where did you go on your holiday?

(四) 会使用英汉词典查新词。

[教学重点难点]

(一) 本课时的教学重点是句型:Where did you go on your holiday? I went to Xinjiang.

（二）本课时的教学难点是在实际情景中正确运用所学进行对话。

[教学准备]

录音机及磁带；Let's learn 部分的单词卡片；调查表格；几张地名卡片；几张照片；英汉字典。

[教学过程]

（一）Warm-up

1. 教师与学生的日常会话。

2. 复习上一课时新课，呈现部分所学的歌谣。

（二）Preview

1. 教师放 A Let's learn 部分的录音，学生跟读并拼读动词短语。

2. "打擂台"游戏

请五名学生到教室前面，教师任意抽取一张短语卡片，让五名学生根据卡片上的内容造句，如 I learned Chinese at school. 不能正确造句的学生即被淘汰出局。然后教师出示另一张卡片，留在台上的学生继续比赛。能最后留在台上的学生成为擂主。

（三）Presentation and Practice

Let's try

1. 学生听 Let's try 部分的录音，完成练习。

2. 教师提问："What do people in Xinjiang like doing?" 引导学生回答："They like singing and dancing."

Let's talk

1. 教师出示一张新疆的风景照说："Look at this picture. This is a picture of Xinjiang. I went to Xinjiang two years ago." 教师再拿出一张公园的照片说："This is a park. I went to the park last weekend." 教师板书：I went to… 指导学生拼写单词 went。

2. 教师出示一张中国地图说："This is a map of China. I went to a city last year. It's in Guangdong province. It's a new city. Guess. Where did I go?" 引导学生用句型 "Did you go to…?" 猜一猜，然后教师说："Yes, I went to…."

3. 教师邀请一名学生到讲台前面来描述自己曾经去过的一个地方，教师问："Where did you go on your holiday?" 引导这名学生回答。再请几名学生轮流上台，台下的学生一起问："Where did you go on your holiday?" 教师指导讲台上的学生回答。

4. 教师再请一名学生上台，随意抽取一张地名卡片举起来，不要让台上的学生看到卡片的内容。台下的学生一起问："Where did you go on your holiday?" 台上的学生用 "I went to…" 回答。猜对地名后，这名学生指定另外一名学生上台继续游戏。教师再拿出上一课时的单词卡片，在学生猜出地点名称后，任意抽取一张动词短语过去式的卡片，带领台下学生问："What did you do there?" 请台上的学生回答。教师注意强调 there 的发音。

5. 听录音，跟读 Let's talk 部分的内容。

6. 学生操练对话，教师引导学生根据本部分插图的提示进行替换练习。

7. 教师出示能拼成重点句型的单词卡片，要求学生在最快的时间内组合成句。

Let's chant

1. 教师问:"Where did you go on your holiday? Did you have a good time?"引导学生回答:"I went to…. Yes, I had a lot of fun."

2. 教师放歌谣录音,全班跟唱。

3. 学生男女生各一组,一组唱问句,一组唱答句,看那组唱得好。

Pronunciation

1. 教师出示英汉词典,问:"What's this? It's a dictionary. Yes. It's an English dictionary. Words in a dictionary are in alphabetical order."教师用中文介绍查英汉词典的方法。

2. 教师指导学生完成练习,然后让学生在词典里查一查练习中的单词,看谁查得最快。

(四) Consolidation and Extension

1. 完成活动手册中的相关内容。

2. 学生课后询问同学或老师曾经去过的地方,完成调查表。

Unit 3　Last Weekend 第三课时教案

[教学目标]

(一) 能够听懂、会读 Let's read 中信的内容并独立完成信后的书写练习。

(二) 能够完成 Let's find out 部分的练习。

(三) 能够听懂、会唱歌曲"A trip to China"。

[教学重点难点]

(一) 本课时的教学重点是能读懂 Let's read 部分的一封信。

(二) 本课时的教学难点是能正确认读下列句子:Every day I had fun with my cousins. On Monday we went to a restaurant. Tomorrow I'll be back home.

[教学准备]

录音机和录音带;A Let's learn 部分的动词短语卡片。

[教学过程]

(一) Warm-up

教师放前一课时学过的歌谣,学生边做动作边说。

(二) Preview

1. 日常口语练习。

T:What day is it today?

S:It's….

T:What are you going to do this weekend?

S:I am going to….

T:Have a good time!

S:Thank you.

T:I will… this weekend.

2. 教师让学生用句型 I am going to… this weekend. 或者 I will… this weekend. 造句。

（三）Presentation and Practice

Let's read

1. 教师问："What did you do last Saturday?" 学生回答："I …." 教师指导学生用单词 last 组词，如 last week，last month，last year 等。

2. 教师请学生说说下列词组的反义词：next week—last week，last Monday—next Monday，last month—next month，next holiday—last holiday，next trip—last trip。

3. 教师描述自己一个星期内的活动："On Monday I played football. On Tuesday I played ping-pong. On Wednesday I …." 然后教师问学生："What did I do on Monday/Tuesday/…" 让学生凭记忆回答。最后教师说："I did a lot of things last week. Everyday I had fun." 板书 had 和 have，指导学生拼写这两个词。

4. 教师放 Let's read 部分的录音，学生跟读。

① John had fun with his parents.

② On Monday, he went to a cinema.

③ He went to a park on Tuesday.

④ He went swimming on Wednesday.

5. 教师指导学生完成短文后面的练习。

Let's find out

1. 教师说："I went to … last month. I went there by …. I climbed a mountain there. When was your last trip?" 引导学生回答："My last trip was to …. I went there by …. I sang and danced there."

2. 学生两人一组调查对方最近一次旅行的相关情况，并在课本的表格里作记录。教师鼓励学生尽可能多地获取信息。

3. 教师请几名学生作汇报：… went to … in …. He …. 师生共同评选出最佳"小记者"奖。

Let's sing

1. 教师放歌曲"A trip to China"的录音，第一遍学生先仔细听，教师简单讲解歌词，注意以下单词和短语的读音：came back, Urumqi, old jade ring, a green silk tile, a colorful cap。

2. 学生跟录音学唱歌曲。

3. 教师介绍我国部分省市的标志性商品。

（四）Consolidation and Extension

1. 完成活动手册中的相关内容。

2. 学生听 Let's sing 部分的歌曲，唱给家长或同伴听。

3. 学生收集我国不同地区的风景名胜等相关知识。

Unit 3　Last Weekend 第四课时教案

[教学目标]

（一）能够听、说、读、写动词词组：bought presents, rowed a boat, saw elephants, went skiing，went ice-skating。

（二）能听、说、认读句子：What did you do on your holiday? I bought presents.

（三）能够听懂、说唱歌谣"Today I went to school"。

（四）能够完成 Task time 中的任务。

［教学重点难点］

（一）本课时的教学重点是掌握五个四会动词词组的一般过去式形式。

（二）本课时的教学难点是掌握四会单词 bought，rowed 和 saw 的读音和拼写。

［教学准备］

录音机和录音带；动词短语卡片，动物单词卡片和文具卡片；几张不同类型的贺卡；几张哈尔滨的雪景照片。

［教学过程］

（一）Warm-up

1. 教师放歌曲"A trip to China"的录音，师生齐唱。

2. 教师放歌谣"Today I went to school"的录音，师生齐唱。

（二）Preview

1. 教师出示 A Let's learn 部分的短语卡片，同桌以"开火车"的形式拼读动词短语。

2. 教师放 Let's read 部分的录音，学生跟读。

3. 日常口语会话。

（三）Presentation and Practice

Let's learn

1. 教师出示哈尔滨雪景照片问："Guess. Where did I go last winter?"学生猜："You went to Harbin."教师继续说："Yes, that's right. I like snow. I can ski."教师板书 ski，然后出示 went skiing 的卡片，问："What did I do in Harbin?"引导学生回答："You went skiing."教师板书：went skiing 带读单词 skiing，学生拼读。

2. 教师出示 went ice-skating 的卡片问："What did … do on her/his holiday? Did she/he go skiing?"引导学生回答："No, she/he went ice-skating."教师板书：went ice-skating，学生拼读。

3. 教师问："When do we go ice-skating? Can we skate in the summer?"引导学生作答。教师继续说："No, we can't. We can row a boat in the summer."教师出示 rowed a boat 的卡片问："What did … do on his/her holiday?"引导学生回答："He/She rowed a boat."教师板书：rowed a boat，指导学生拼写。

4. 教师出示礼物盒问："What's this?"引导学生回答："It's a present."教师板书 present，带读。教师继续说："I bought it yesterday."在 present 前写 bought，领读。请学生比较动词原形和它的过去式，教师指导书写。

5. 教师依次出示几张文具的卡片，提问："What did you buy in the bookstore?"引导学生用"I bought …"回答。

6. 教师出示 saw elephants 的短语卡片说："went to a zoo yesterday. What did … see?"引导学生回答："He/She saw elephants."教师板书 saw elephants，需强调单词 elephants 的拼写和单词 saw 的读音。教师依次出示动物的卡片，提问："What did you see

at the zoo?"引导学生根据卡片的提示问题回答。

7. 教师放 let's learn 部分的录音，学生跟读。

Let's play

1. 教师让学生把九个动词短语分别填入任一个空格内，每个空格填写一个短语。

2. 教师按任意顺序读短语，学生在教师念到的短语上划＊，如果划＊的短语连成了一条直线，学生就大声喊"Bingo!"即获胜。

Task time

1. 教师介绍贺卡的相关知识：贺卡有很多种类，朋友身体不适可以送安慰卡；朋友心情不畅送幽默卡；失败送鼓励卡；成功有庆贺卡；出行的有平安卡。贺卡除了有纸制的，也有电子的。为了节约用纸，现在更提倡使用电子贺卡。

2. 教师带领学生一起阅读本部分贺卡的内容，请学生说一说 Mike 在旅行过程中都做了什么事情。

3. 教师布置一个情景：如果是你出行在外，想向父母和朋友报平安，并简单介绍旅游的情况，该如何设计一张贺卡。

（四）Consolidation and Extension

完成活动手册的相关内容。

Unit 3　Last Weekend 第五课时教案

[教学目标]

（一）能够听、说、读、写句型：How did you go there? I went by train.

（二）能够完成 Let's find out 中的调查活动。

（三）能够完成 Let's try 部分的录音，完成听音、圈图的练习。

（四）了解 Story time 中的故事。

[教学重点难点]

（一）本课时的教学重点是掌握四会句型：How did you go there? I went by train.

（二）本课时的教学难点是在实际情景中正确运用并能书写所学对话。

[教学准备]

录音机和录音带；本单元的动词短语卡片和教学挂图；若干纸片；各种交通工具的单词卡片和城市名称的卡片；调查表。

[教学过程]

（一）Warm-up

1. 教师放歌谣的录音，学生听录音齐唱。

2. 教师出示 B Let's 部分的短语卡片，提问学生："What did you do on your holiday?"学生看图回答问题，然后根据实际情况回答，操练该句型。

3. 教师放课文录音，学生听录音说唱歌谣。

（二）Preview

1. 教师将全班分成 A、B 两组，先由 A 组学生提问，B 组学生回答。A 组的学生可以提与本课的中心话题有关的问题，如"How do you go to the zoo?"也可以提其他问题，如"Where did you go last year?"如果B组学生回答正确则可以加一分，然后由B组学生提问，A组回答。得分高的小组为胜者。

2. 学生展示自己的贺卡。

（三）Presentation and Practice

教师引导学生看情景图，扮演 Zhang Peng 和 John，表演对话。

Let's try

学生听录音，完成练习。

Let's talk

1. 教师问："What's the weather like in Harbin in the winter?"学生回答："It's cold and snowy."教师继续问："How can you go to Harbin?"引导学生回答："I can go there by plane or by train."教师说："That's right. Sarah went to Harbin on her holiday. How did she go there? Let's listen."

2. 教师放本部分的录音，引导学生回答："She went there by train."教师板书：How did you go there? I went by train. 教师再放一遍录音，学生听录音跟读。

3. 请一名学生说一个曾去过的城市，教师放在黑板上。然后教师引导其他学生一起提问："How did you go to …?"帮助该学生回答："I went by …."教师再提问其他学生，依照这种方式带领学生用主句型进行问答。

4. 教师任意抽一张城市名称的卡片，问："Where did you go on your holiday?"全体学生根据卡片内容一起回答："I went to …."教师继续问："How did you go there?"学生继续问答："I went by …."教师再换其他卡片，继续练习。

5. 学生两人一组做替换练习，教师鼓励学生尽可能地丰富对话内容。

6. 教师将全班学生分成四组，各组分别写地点、时间、交通工具、动词短语的过去时形式。写好后，请一名学生分别从四个组的纸条里抽取一张，用动作表演纸条上的内容，其他学生根据其表演猜测四张纸条上的内容。表演的学生一边做动作一边问："Where did you go on your holiday?"其他学生猜："I went to …."如果有人回答正确，表演的学生就依次提问："How did you go there? What did you do there?"其他学生继续猜。

Let's find out

教师请一名学生说出曾经去过的地方和所乘坐的交通工具，然后示范填写表格。学生两人一组进行调查。如果时间允许，教师可请几名学生汇报调查表格。

Story time

教师向学生展示 Story time 部分的挂图，指着图中的人物问："How did Zoom go to the moon? What did Zoom see? Did Zoom take any pictures?"然后教师放该部分的录音，学生看图，听录音。教师再放一遍录音，学生听完后回答教师提出的问题。学生跟录音朗读故事，再分角色朗读。

（四）Consolidation and Extension

1. 完成活动手册的相关内容。

2. 完成 Let's find out 部分的调查任务。

第四节 课堂提问

把握好课堂提问技巧对提高课堂教学效果起着举足轻重的作用。灵活、机动的提问方式可以吸引学生的注意力，使学生产生兴趣和好奇，引导学生积极思考问题，提高学生的学习积极性。通过提问能增进师生之间的情感交流，在交流过程中教师了解到学生学习及生活等许多方面的困难，了解到学生对有关问题的观点、态度；通过提问教师可了解学生的学习情况及自己在教学中存在的不足，以便不断改进自己的教学方法。

那么，课堂提问应运用哪些技巧呢？

一、把握好难度和提问的时机

难易不当的提问是毫无意义的。如果问题过难，学生回答不上来，提问的目的自然没有达到；如果问题过易，学生回答轻而易举，提问的目的同样没有达到。一般来说，提问要由易到难，由浅入深；所提问题要根据课堂上的具体情况而定，不难发现，在一班提问顺利的问题到另一班也许就行不通了。

同样，把握提问的时机也很重要。它需要教师有丰富的经验和较强的驾驭课堂的能力。所以教师应勤于学习，不断提高自身素养。

二、不同问题交叉运用

课堂上，教师通常用提问的方式来检查学生对所学内容的理解程度。我们把这类问题称作检查性问题。这类问题可帮助教师了解学生对某个单词、短语、句子等是否理解，因此，所期待的回答不必冗长。

发挥性问题是指有些问题不希望学生只用一两个词来回答，而是希望学生尽量多进行一些阐述。提出这样的问题时，应注意问题的焦点不要过于集中，或者说，要将问题问得泛一些。这样学生就可有更多的发挥。如 "What do you usually do in the evening?" 就是发挥性问题，而 "Do you usually do your homework in the evening?" 就不是发挥性的。学生对于后者的回答很可能只说 "Yes, I do."。

当学生对于发挥性问题有一些回答后，教师如果还想让学生继续说下去，就可以进一步提示，如教师可用 "What about…?" 来引起某方面的话题。

三、停顿时间要适当

教师在提出问题后，应该给学生一段思考的时间。不难发现，教师和学生对课堂里即使是短暂的或瞬时的沉默也会感到紧张，短短几秒种的时间似乎像几分钟一样长。有些学生需要思考的时间或许要长于其他学生，但是教师往往不能忍受这种思考时的沉默，而往往催促学生回答或自问自答，这样不利于调动学生参与课堂活动的积极性。必要的沉默是应该有的，思考的时间不会白白浪费，停顿时间要视情况而定。

四、要有疑问

在语言教学中，教师要尽可能多地为学生创设运用语言的场景。其中一种办法就是教师在课堂里要尽量用英语与学生交际。比如提一些真实性的问题，而不是为了练习而明知故问。教师要善于抓住课堂上可用于交际的任何时机。如课文中讲到伟大女性的故事，教师可问学生最崇拜的女性是谁；课文中讲到有关冒险的故事，教师可问学生有无冒险的经历等；课文中如有关于学生携带手机利弊的内容，就可让学生谈自己的观点等。

五、提示要适当

学生有时一时回答不出教师的问题，是因为他们对问题本身没有完全理解。因此，教师可以用不同的形式重述问题，或者将问题简单化、具体化。如果学生对于问题里面的某个词不知道或不理解也会影响学生对问题的反应。例如一个教师说"Can you elaborate your answers?"若学生没能反应，教师应迅速改变说法，如"Can you say something about it?"等。毫无疑问，课堂上让那些基础较差的学生回答问题时，教师更应随时给以提示，以调动他们积极参加课堂的积极性。

六、反馈要注意方法

每个问题回答完毕和整个提问结束时，教师应针对学生的回答进行评价、总结。需要提出，教师对所提问题要预先估计到学生的各种回答。对于学生回答完全正确的问题，教师要热情地毫不含糊地给予充分的肯定，使学生充分享受到成就感；对于学生回答不完全正确的问题，教师在指出其错误时应注意不要伤害学生的自尊心。这时，可由教师自己说出正确答案，也可让另外的学生继续回答。总之，评价学生所回答的问题时，教师要充分尊重学生的劳动。

七、提问形式要多样

1. 教师问，全班答，如回答多种多样，再叫单个学生回答

这样做可以使课堂气氛活跃，但此种回答方式有时会影响课堂纪律。过多或不恰当使用此种方式会使课堂秩序混乱。

2. 教师提问后，让学生思考一段时间，然后让一个学生回答

这样做可使全班学生处于高度思考的状态。

3. 教师先叫一个学生，然后再提出问题

这种方式针对性强，但容易使没叫到的学生放松注意力，觉得问题与他无关。

4. 教师提出问题后，学生举手回答

这种方式能鼓励学生回答，但容易使水平高的学生回答问题的机会太多，而水平低的学生的机会太少。

教师可根据以上各种方式的特点，充分考虑所问问题的意图，回答问题的覆盖面，回答次数多少，以及班内的具体情况而灵活提问。

第五节 课堂激励

在英语课堂教学中，在良好的课堂气氛下，找准切入点的激励性评价，能使小学生把内在的全部能量都投入到学习中去。激励性评价的正确运用，能不断地激发学生学习英语

的潜力，对学生的学业和人格形成有积极的作用，能促使每个学生都走向成功。

一、激励性评价在小学英语教学中的运用手段

（一）人性化的评价

小学英语课程改革特别强调英语教学要关注每个学生的情感，激发他们学习英语的兴趣。著名儿童心理学家皮亚杰有句名言：所有智力方面的工作都要依赖于兴趣。小学生对学习带有明显的情绪色彩，容易感情用事，对喜欢的教师、喜欢学的内容，他们会眼睛发亮，手舞足蹈，全身心地投入。在英语教学中，会经常使用评价表，若评价表能吸引学生，让学生爱上它，那么评价本身也会更容易被学生接纳。这一点在教学实践中得到了证实。评价表要想吸引学生，就一定要符合学生孩子性格的特点，制作得形象、直观和充满色彩。若让学生自己设计和制作，效果会更好。评价表有记录个人表现的个人评价表和记录小组合作学习的小组评价表，制作时，教师只需规定尺寸大小和基本评价内容，其余的完全可以让学生自由发挥。个人评价充分体现了学生的个性化，给老师一个了解学生的机会，对日常教学也有帮助；小组评价表的制作是全体组员共同参与的过程，也是小组凝聚力形成的过程，一个小组如果具有强烈的凝聚力，对于英语的学习则具有很大的促进作用。自己喜欢的样式，喜欢的颜色，喜欢的图案，有些评价表上还有自己的组徽和加油打气的激励语句，这样的评价表能不讨人喜欢吗？在这些既可爱又充满个性的评价"格格"带领下，每一个孩子都不会拒绝追求进步的，他们对于每次的获得也会格外珍惜的。他们会接纳并认同评价的结果，体验进步与成功，获得不断的发展。

（二）趣味性的奖励

小学生对身体各部位的活动感兴趣，喜欢动身体、动作夸张的活动，喜欢新鲜。如何让评价对学生产生更持久的影响？这就要求把评价结果直观化和形象化。在英语教学中简单的"Good"或"Wonderful"的评价手段已不能满足学生、吸引学生了。英语教学有自己自身的学科特色，利用这一特点，在英语教学中可结合教学内容、教学活动实施评价。小组合作学习是英语课堂常常采取的教学活动，评价也可以小组形式进行，如在学习动物话题时，针对学生对动物的喜爱，可把评价与此话题结合起来。在竞赛中获胜的小组，成为森林之王，有权赐予动物身份并管理这个森林的动物。组员们把全班的动物头套收集起来，重新赐予动物身份"You're a dog. This is for you.""You're a monkey."……教室转眼间成了动物成群的大森林，森林之王发号施令了："Kangaroos, please jump.""All the bears dance, please."……课堂上充满了欢笑。成为森林之王是每个孩子心中的梦想，还有什么比实现梦想更有吸引力的呢？哪个小孩子不愿意上英语课呢？这样，在欢笑的同时，学生还能结合所学知识自如地运用语言。

另外，小学生喜欢直观、具体的事物，而且对于自己喜欢的物品会有很强的占有欲，采取的行动会非常直接和迅速，行动的过程非常专注。一张有趣的奖状可以吸引学生全身心地投入到教学活动中。奖状的制作也非常简便，而且符合环保要求。教师在教学中，常常会画一些图片或收集相关话题的图案，上完课后，很多时候就把图片堆放一边或随便扔掉，这是资源的浪费。事实上，可以对这些图片加以利用，制作成一张特别的奖状。例如，在学习食物的话题时，课前发动学生自己画或收集一些食物的图片，教学活动结束后，把班上所有的图片集中起来，给每个小组一张雏形奖状，根据本节课表现依次挑选不同数量的动物贴在雏形奖状上形成最后的奖状。当然，最后老师千万别忘了正式签名、盖章，确认奖状的合法性。老师认真对待的态度一定会感染学生珍惜自己的努力成果，正确对待奖状内真正的评价结果。奖状贴在墙上会时刻鞭策、鼓励学生要求进步，努力学习。

（三）有效性的称赞

小学英语课程改革其中一项重要任务是树立学生学习的自信心。称赞是树立自信心的有效途径。孩子对鼓励与称赞的需要，就如同种子需要水一样。德国教育家第斯多惠认为："教学的艺术不在于传授的本领，而在于激励、唤醒和鼓励。"如何让孩子在英语课堂中体验成功，拥有一份自信，在很大程度上在于教师如何在评价中运用鼓励与称赞的艺术进行有效的称赞。

对不同知识水平的学生应把握不同的称赞尺度。同一个班的学生无论是知识水平还是性格特点都存在着差异，若用同一评价标准，对于一部分学生来说，称赞过于频繁而失去因称赞带来的激励意义，而对另外一部分学生来说，会因为称赞标准过高无法实现而失去促进作用。这两种情况都会使称赞毫无效力，变得毫无意义。所以，教师对学生称赞的尺度不是任务的大小，而是为了完成任务所付出努力的大小。一节课内，能力较强的学生能背诵对话应该值得称赞，能力较差的学生能记忆单词也同样值得称赞。因为记单词这个看起来小小的任务，却是某些学生需要付出努力才能完成的结果。在日常教学中可作以下尝试：以小组合作的形式，在一个单元的学习中，给小组内不同的学生定下不同的学习目标，学生只要实现自己的目标就是成功的。小组成员要合作完成以下的任务：背诵单词，朗读课文对话（一人）；表演课文对话（两人）；即兴对话表演（一人，与其他小组一人对话）。小组根据各成员的能力进行人员分配。只要完成任务，都可为本组积累分数。采取这种形式，给学生不同的评价标准，学生按照能力高低，完成难度不同的任务，对于每个学生来说，都是存在挑战但又可实现的目标。这样的称赞才能发挥效力，学生才会不断追求进步。

（四）激励性的分享

分享其实是体会之前获得成功的过程，即体验、回顾成功之处和反思自己不足之处。学生获得成功时，内心是非常渴望与他人分享的，他们渴望分享就如种子渴望养料一样。称赞能给学生带来短时间的成就感和自信心，而分享却能把成就感和自信心延续到 40 分钟以外，甚至更持久。在小学英语教学中进行的分享应该着重于肯定学生获得的成功和建立学习的自信心，也就是进行激励性的分享。

心理学家威廉·詹姆斯有句名言："人性最深刻的原则就是希望别人对自己加以赏识。"所以，当一个学生获得成功时，作为教师千万别忘记与他分享、肯定成功，必要时，让他周围的同学、家长一起分享他的成功，使他处于一种被众人认可的境界，成功感得到尽可能大的满足。这样，学生内心因成功感而产生的学习动机才会持久，克服困难的决心与信心才会因此而增强。尤其是曾经一直处于班中落后的学生，与人分享成功的渴望更为强烈，这需要老师不是进行简单的分享，而是要把积极的鼓励渗透当中；以其点滴成功为支撑点，让他相信自己获得的成功，改变众人对他长期的看法；使他对自己充满信心，众人对他充满希望。总之，从内在和外在彻底改变落后的处境，也就是通过鼓励性的分享，创造一个崭新的开始。

二、激励性评价在小学英语教学中的运用原则

激励性课堂教学评价在小学低段英语课堂教学中的运用要遵循以下原则。

(一) 学生中心原则

激励性评价的主体和对象应是学生。所有评价活动的目的在于激发学生进一步进行有效的学习的欲望，避免没有方向和低质量的评价。比如，是否认真听讲，是否认真学与练，模仿得像不像，小组合作得好不好，表演得是否有创意等。一切评价活动首先要基于学生个人的学习是否有进步而进行。

(二) 全面性原则

激励性评价不能仅仅评价学生的学习情况，而要以学生各个方面的表现为评价内容，如学生的学习态度、学生的学习方法、学习的自觉性、大胆发言的勇气、认真改错的态度、与别人交往的能力等。首先要明确的是，学生是人而不是接受知识的容器。人的一切活动，包括学习活动都要受到其意识的支配，所以教学评价就不能仅仅局限于知识的掌握程度，更要促进其兴趣、爱好、意志等个性品质的形成和发展，为终身学习做好铺垫。

(三) 面向全体原则

评价要关注学生整体、全面的发展，不能仅仅关注个别学生。对学得快的学生要及时肯定，并鼓励其带动其他人；对学得慢的学生要适当调整标准，允许他们因比"昨天"进步而获奖励，允许他们被帮助后进步而获奖励等。教学评价就是要重态度、重参与、重努力程度、重交流能力等。不仅学习成绩好的学生能够获得鼓励，体验到成功的欢乐，而且成绩差的学生的自尊心与自信心也要受到鼓励。

(四) 多元化原则

评价的方式必须是多样化的，既可以由教师观察学生在各种活动如讲故事、说歌谣、唱歌曲、表演对话或短剧中的表现来进行评价，也可以通过学生的自评、互评等多种方式进行；评价的标准要有层次，不能是唯一的，既关注优等生，又能令后进生得到激励；评价的内容更应随教学内容的变化而变化。

三、运用激励性评价必须注意的问题

在运用激励性评价时，必须注意以下几个问题。

(一) 激励性评价具有短暂性、时效性的特点

小学生在学习英语的过程中，由于其自身特点的因素，存在着共性和个性的不同。特别是对于不喜欢英语且学习较困难的学生，要善于发现他们的闪光点进行适时、适度、经常的激励性评价，使之渐渐走上"我要学"的轨道。

(二) 激励性评价运用的时机及场合

时机及场合的合理选择，能使激励性评价收到最大效果。教师经常运用的时机和场合有：新课导入时；唱好一首难度较大的歌曲时；比赛得奖后；对某种需求存在强烈愿望时；学生积极性高涨或低落时等。契机很多，认准后都不可错过。

(三) 激励性评价运用时要找准切入点

在英语课堂教学中，在良好的课堂气氛下，找准切入点的激励性评价，能使小学生把自己的全部能量都投入到学习中去。抓住他们出现的兴趣点、兴奋点、感怀点、疑问点、变化点切入后进行激励性评价，使英语之魂牢牢进驻于他们心间，经久不忘。激励性评价的正确运用，能不断地激发学生学习英语的潜力，对学生的学业和人格形成有积极的作用，使每个学生都走向成功。作为英语教师，不但要加强自身能力的提高，还要加强自身的艺术、文学、品德等修养，努力掌握激励性评价的技巧，有效地为英语教育服务。

总之，激励性课堂教学评价的作用在于促进教学。在小学英语课堂教学中运用激励性教学评价，能通过对学生的学习态度、参与的积极性、努力的程度、交流的能力以及合作的精神等方面肯定学生，以提高和激发学生学习与自我发展的内驱力；同时，通过评价提供的信息使教师和学生了解到教与学存在的优势和问题，促进师生进一步扬优补缺；也可以促使教师不断更新观念，反思、完善和提高自身素质，努力提高课堂教学质量。

第六节 与学生沟通

爱护学生是教师的天职，是教师热爱教育事业的具体表现。为人师者应深切体会这一点，用心接纳每一个孩子。不管他是聪明或驽钝、整洁或邋遢还是乖巧或淘气，他们都是一个个真实的个体，需要被接纳。也唯有老师用心接纳，孩子才能把上课当成一种享受而乐意学习。

一、用爱心接纳每个孩子

有名学生，头脑够用，就是纪律差，上课和周围同学没话找话，周围无人便自言自语，一旦批评他，便一脸的诚恳，保证要改正缺点，但事隔几天，依然固我。面对这样的学生，请不要放弃，而要不厌其烦地跟他促膝谈心：讲述学习的重要，要养成良好的学习习惯必须持之以恒，要有坚强的意志力和毅力。这个学生深有感触，说："老师，看我的表现吧！"他现在确实变了。虽然还时有反复，但他已经知道怎样控制自己了。这个例子说明：对于差生，不要把他们从你身边推出去教育，而应用爱心接纳他们，善于发现他们的优点，抓住教育的时机，有情有理，有力有度。学生特别需要老师那慈祥温和的笑容，文雅亲切的话语，善解人意的目光。

二、缓解学生的心理压力

学生感到最痛苦的莫过于误解，最快乐的莫过于充分的了解。尤其新生的一代，从小在呵护中长大，有意见敢发表，挫折的忍受力却显得偏低；一遇到困难，自我压力感甚大，不知如何自处，有的甚至处于一种比较高的亢奋和紧张状态。这种状态若长时间得不到缓解，容易引起神经的抑制，造成认识和思维的闭合，从而产生厌学情绪。

作为教师，首先应要求学生自我定位，即对自己的身体心理、情绪意志、兴趣爱好、思维创造、发展潜力及行为方式的特点和能力进行感知，并对所作出的反应进行调整，减少内在压力。其次营造比较宽松的氛围，开发其潜力，教给其学习方法，注重其健康心理及健康人格的培养，促使学生全面发展，保证学生具有可持续发展的能力，合理调整期望值，减少外来压力。最后要善于发现其进步，要"打着灯笼找优点"，并分享他们成功的喜悦，多提供让学生体验成功的机会，从而变压力为动力。此外还要培养学生积极开朗的情绪，扫除其内心的阴霾，建立自信心，增进解决问题的能力。学生着手处理问题时，最好在一旁默默关注，等到确实需要帮助时，及时伸出援手。

三、用诚心赞美、鼓励学生

在日常生活中，赞美是人人都希望得到的。若发现孩子有值得赞美的行为时，要把握时机，不管用语言、肢体、眼神、动作、表情，还是用评语，只要是真心诚意的，孩子必然感受深刻。一篇情理交融、鼓励性很强的评语，一段肯定、称颂的赞美之词，如果教师能巧妙地运用这些激励的方法去赞美学生，那么学生都会心情愉悦、精神爽快，这种教育的手段往往会达到事半功倍的效果。一个学生，哪怕是班上学习最差、行为规范最差的学生，身上也一定有他的闪光点。只要细心你就会发现，调皮学生的闪光点是聪明；上课爱说话的学生的闪光点是活泼好动；老实学生的闪光点是能谦让等等。教师应抓住学生的闪光点作为教育的切入点，通过对其赞美进行情感投资，打开其心灵的闸门，教育自然就会得心应手。

作为成长中的个体，学生身上的不良习惯和弱点是难免的。然而对于学生的种种问题，当老师们感到束手无策时，往往会采用批评的方法，结果情况越来越糟。如果适时地采取赞美的方法，以平常心去看待他们的每一个长处，肯定他们的每一次进步，自然而然就会发现每个学生的闪光点；欣赏他们的价值，从而让他们树立起自信心和自豪感；学生的每一个微小的进步都要及时给予称赞，这样会让孩子们认为老师时时刻刻都在关注着自己，他们就会表现得更好。有位老师所任教的某班有个学生，他时常不带学习用具，也时常不完成作业。对待他的缺点，这位老师并没有责骂、惩罚，而是以一种广阔的胸襟给予宽容和鼓励，并为他指出一条改正缺点的途径。记得有一次科技课他作了一条围裙，并且做得很漂亮，这位老师马上当着全班同学称赞他，他很高兴，终于可以抬头自信地面对全班同学。一次小小的进步，就得到了难得的赞美，这成为激励他认真学习的巨大动力。随后，他为了得到老师的赞美，每次都做得很认真，身上的毛病也在慢慢改掉。从心理学的角度来讲，每个人都需要赞美。善意的及时的赞美实际上是一种投入少收益大的感情投资，是一种驱使人奋发向上、锐意进取的动力源泉。学生长期生活在和谐、温暖、相互信任、相互赞美的氛围中，就能养成积极向上的健康心理，就能以积极主动的态度去学习新知识、探索新方法、研究新问题。这样，不仅能使课堂充满生命活力，而且使学生的人生旅途充满着掌声笑声、充满着决心和信心。

教师赞美学生，一定要把握"度"，既不能人为地拔高、掺杂、造假，又不能蜻蜓点水，不着痕迹。教师赞美学生，如果夸大其词、添枝加叶，硬要高拔，不仅起不到激励学生、启发学生学习兴趣之目的，还会引起学生的反感。这就要求不仅要真心诚意，还要因人因事、因时因地而采取不同的方法。只有这样，才能增大赞美的效果。

四、专心倾听

要善于倾听孩子们的每一个问题、每一句话语，善于捕捉每一个孩子身上的思维火花。只有倾听，才能了解学生的个性和真实想法；只有倾听，才能捕捉到来自学生的信息，从而作出正确的判断；只有倾听，才能让学生产生信任感，建立和谐的师生关系，实现心灵的沟通。在教学中，教师是否学会倾听，善于发现学生问答中富有价值和意义的、充满童趣的世界，体验学生的情绪，成为教师能否组织好动态生成中的课堂教学的重要条件。

（一）要倾听学生的发问之音

学生正处于求知的重要阶段，他们对世界充满了好奇，心中有着无数个为什么。因而在教学中，尊重孩子们的求知欲，鼓励孩子发问，并善于倾听他们的问题。面对学生们的问题，教师仔细倾听着，微笑着加以肯定。随着教学的展开，这些问题，有的在教学中给予了解答，有的鼓励孩子们向书本或利用现代化高科技手段来寻求答案，让学生带着问题走出教室，让学习不断地向课外延伸。

（二）要倾听学生的争论之音

"一千个读者就有一千个哈姆雷特。"全班几十个学生各有差异，各具个性，对于一些学习问题，他们都有着自己的思考方法和想法。因而在课堂中，要让孩子们畅所欲言，发表自己的不同见解，甚至鼓励他们"百家争鸣"；而教师则要用心地倾听，听其全部，不管是响亮的还是轻微的，正确的还是错误的，理直气壮的还是胆怯的。孩子们的想法是丰富多彩的，当学生争论时，教师始终认真地倾听着，并及时地捕捉学生富有创意的回答，给予高度的评价；同时要用心地记，及时判断争论的焦点，并帮助学生仔细分辨别人的发言，培养学生思维的清晰性、复杂性、系统性和综合性。而教师的教育智慧也就在这样的过程中不断生成。

（三）要倾听学生的意外之音

在课堂上，经常会遇到孩子们的插嘴，有的会影响教师的教学进度，有的会影响课堂秩序，因而大多数老师会加以呵斥，或不予理睬。其实，很多学生的插嘴正是其创新思想的展示，教师若能注意倾听，善于发现，及时读懂，就会对教学起一定的推动作用。把主动权还给学生，为他们提供更多的思考空间。学生的插嘴说明他正在积极思考着，这是有价值的"插嘴"。教师可以顺着学生的话语让他打开书本自学，并分组讨论，最终形成共同的观点。在这样的教学中，教师要善待和利用好学生的插嘴，并及时把学生好的思想聚集起来，在学生中去集波成浪，师生共同推动课堂前进。

事实上，学生是一本厚厚的书卷，需要心灵的关注，更需要耐心地倾听！

五、潜移默化的作用

其实教师日常的种种行为，学生都看在眼里。教师的一言一行对学生起着潜移默化的作用，会在学生心目中留下深刻的印记。前苏联教育家申比廖夫认为："没有教师对学生直接的人格影响，就不可能有真正的教育工作。"所谓"德高为师，身正为范。"为人师表要注重的是自己的言行。德育过程既是说理、训练的过程，也是情感陶冶和潜移默化的过程。教师自身的形象和教师体现出来的一种精神对学生的影响是巨大的，是直接的，也是最能打动学生的。身教重于言教，教师以自己的行为规范影响学生，利用自身的情感因素给学生树立一个学习的楷模，给学生示范正确的行动导向。要求学生养成文明礼貌的习惯，自己首先要做一个充满爱心的真诚的人。遇上学生问候，教师要微笑或点头应答，对学生的帮助一定说声"Thank you",教学中偶有失误真诚说声"sorry"。要求学生养成做事认真的习惯,自己首先要有忘我的工作态度,在教学中精神振奋,情绪饱满,以严谨治学的态度和行为感染学生。要求学生热爱学习,自己首先抱着终身学习的态度,不断充实自己,给学生做出表率。正如马卡连柯所说:"假如你的工作、学习和成绩都很出色,那么你尽管放心,学生全站在你一边。"因此,建立良好的教师形象,有助于学生的成长和学习。

如果教师和学生沟通无障碍,如果教师和学生共同学习是一件愉快的事,如果教室里充满笑声,如果每一个孩子都被尊重,都有归属感,那么学生上起课来,就有如沐春风的感觉,学生自然会视上学为乐事,且视上课为不得放弃的权利,那么教室必然春意盎然,学生必然春风满面。

第七节 简笔画应用

简笔画英语叫做 Stick Figures 或 Match Pictures,即火柴棍搭成的画。其特点是图形简单、形象鲜明、幽默风趣。利用简笔画教英语,可以使学生的逻辑思维与形象思维结合起来,有利于学生外语思维能力的培养。前苏联教育家霍姆林斯基曾经给予简笔画很高的评价,他认为:"这种在讲课中随手画下来的图画,比起现成的甚至比起彩色的图画来都有很大优点。"通过简笔画这一形象化方式在教学活动中的运用,可以调动学生的形象思维能力,把大脑充分利用起来,发挥潜在因素的作用,这对于帮助学生理解问题,提高教学质量都是很有意义的。

一、简笔画在英语课堂教学中的辅助作用

(一) 为语言教学创设直观情景

简笔画可将抽象的语言材料转化为形象的、易于学生接受的直观情景。如在教学天气 sunny, rainy, cloudy, windy, snowy 等词时,我们可以仿照电视天气预报中的图标画出相应的简笔画,简单几笔就将事物的特征一目了然地显现在黑板上。

(二) 增加英语教学的启发性

简笔画可以边讲边画,随需所画,给学生以想象的空间。教师在引导学生思路,启发学生思维的过程中,使语言与绘画相互配合,更容易实施启发式教学。例如,教学"What's this? It's a fridge."时,教师在黑板上画一条竖线,问学生:"What's this?"学生自然答不出,产生疑点。接着,教师又画等长平行的另一条竖线,再问:"What's this?"学生还是回答不出。然后,教师画上下两条横线连接两条竖线,再问"What's this?"这时学生的思维活跃起来,并按照自己的理解进行推测,如"It's a door/a box/a book."等。之后,教师迅速画出第三条横线,再问:"What's this?"学生暂时又处于困惑状态,产生第二个疑点。这时,教师可迅速画完最后两笔,并因势利导向学生发问:"Is this a door? No, it's a fridge."

在上例中,学生随着教师所作的简笔画不断开动脑筋,思考,尝试,再思考,再尝试,在教师的启发和引导下说出各种可能的答案,从而增加了开口的机会。

（三）增强英语教学的艺术性

简笔画夸张、活跃、幽默，更容易激活人的想象，刺激人的交流愿望，因情生趣，因趣而交流。画一个哭泣的小女孩在一个破碎的风筝边，令学生情不自禁地问："What's wrong with the girl? Her kite is broken."可以说，简笔画在激发学生兴趣，吸引学生注意力，辅助学生理解所学语言方面有更大的优势。

二、简笔画辅助英语教学的具体应用

简笔画可以辅助语音、词汇、句型和语法等语言知识的教学。

（一）简笔画辅助语音教学

主要用于展示发音要领。英语中有些音素，发音部位很难指示，发音方法也很难示范。如果采用简笔画，就很容易使学生掌握发音要领，并看出明显的区分。

（二）简笔画辅助词汇教学

简笔画是词汇释义的最有效手段之一，具体可以用于名词、动词、形容词、介词、副词等词类的学习，分别举例如下。

名词：画一只鸟 bird，画一只猫 cat。

动词：go upstairs/go downstairs。

形容词：full/empty。

介词：in/on/at。

（三）简笔画辅助语法句型教学

利用简笔画进行形容词和副词比较级别的教学非常简便。如画三个依次增大的苹果表示 big, bigger, biggest，画三棵依次增高的树表示 tall, taller, tallest，画上学途中前后三个小孩表示 early, earlier, earliest。还可以用上述简笔画组织学生进行句型操练。如 Lucy goes to school early. Lily goes to school earlier. Han Mei goes to school earliest.

（四）简笔画在课文教学中的运用

课文教学是一个单元语言教学的中心，英语教材中所选课文涉及的题材比较广泛，体裁也多样化。一篇课文往往内容多，信息奔涌，头绪纷繁，以致学生在阅读或聆听时，不易抓住主要信息，难以理解课文的整体结构。用一幅或几幅配有主要短语解释的简笔画，既可以反映全文，也可以反映主要说明对象或记叙线索；不仅可以帮助学生理解、掌握课文内容，还可以促进他们的记忆力和想象力；同时活跃了教学气氛，强化了教学效果。

比如学"Happy Birthday"这一课，讲的是同学为 Ann 过生日，在黑板正中央，画一个大蛋糕，插上几支蜡烛，再画几个茶杯、水果之类的东西，就构成了一幅生日画面。教师可以根据这些插图，结合课文内的知识，复述课文内容，边复述，Ann 的同学便一个个出场。这样的复述至少三遍，学生们基本掌握了课文的大意，就可以单独地叫几个同学复述，最终达到完全掌握，做到了图文并茂。

（五）简笔画评价作业，激励引导学生

《小学英语新课程标准》提出，作业评价的方式应该是多样化的。给学生作业写的英语评价，小学生很难理解，但运用简笔画加上简短的英语评价，既改变了传统的单一等第评价方式，又能帮助学生理解。当学生的作业整洁、准确无误时，教师可以在等第旁边画上卡通人物的笑脸，或是翘起的大拇指"Very good!"当学生的作业有错误时，就在一旁画下沉思的人物头像"Think it over!"当学生作业潦草马虎时，就画下悲伤的头像"Work hard!"……也可把其中的人物头像变为卡通动物、水果等。每次下发作业，学生会迫不及待地打开作业本，欣赏老师对自己的评价。加简笔画评价学生作业，更能激励学生认真完成作业，或引导学生严格要求自己的作业，提高作业的质量。

总之，简笔画在英语教学中有着不可估量的作用，不过教师在使用简笔画中还应注意一些问题。首先要适度，还要注意精心准备，科学使用。上课前教师应把简笔画练熟，使自己能在几秒内画好，这样才能做到随用随画，干净利落，不添枝加叶、画蛇添足，才能避免画得过繁以至浪费时间或学生误解教学意图等问题。其次要注重信息反馈，及时检查效果。最后要注重与其他教学手段的有机结合，这样可以提高简笔画的使用效率，扩大简笔画的使用范围。

(六) 利用简笔画设计有效的课堂活动

兴趣是最好的老师，利用简笔画可以激活课堂，培养学生浓厚的学习兴趣。有些学生对语言学习这种抽象的东西可能兴趣不高，但绝大多数学生对形象、直观的画面都非常感兴趣，许多学生还喜欢自己画画。所以，把简笔画与语言教学结合起来，利用简笔画设计各种各样的课堂活动，往往能收到良好的教学效果。一幅优美的简笔画能吸引学生的眼球，令他们心动，令他们毫不犹豫地动口。

那么，怎样利用简笔画设计课堂活动呢？

1. 猜一猜

设置悬念，在黑板上画一半，问："What's this?"然后，再用英语猜一猜：最终将出现什么？黑板上的东西究竟是什么？它会变成一个什么东西？这样一下子就唤醒了学生的好奇心，学生的积极性一下子就被调动了起来。这时，教师应抓住机会有意识地引导学生进行多方面的猜测练习。这个活动有效地活跃了课堂的气氛，激发了学生的学习兴趣，提高了学习效率。

2. 添一添

让学生在某个特定的画面上添一添，给学生少量的画面信息，留给学生广阔的思维空间，让学生自由去想象，任意去发挥。这种方法不仅能复习单词、练习句型，还能培养学生的创造性思维能力。例如，在复习单词时，出示一个简单的圆，让学生自由发挥想象。结果学生的作品真是姿态万千！在回答："What's this?"时，大家都争先恐后地把自己的作品拿出来回答："It's a football. It's a basketball. It's a panda."等。

3. 听听说说画画

在复习巩固动物单词时，老师可先在黑板上勾画出一个动物园的轮廓，再用简笔画快速地画上学过的动物，然后采取听听说说画画的形式，让学生听完录音后，自己一边画动物，一边说"It's a monkey. It's a panda. It's a…"这样，就使枯燥无味的复习课变得生动有效。

简笔画简洁、快速、生动、逼真，且不需要高深复杂的技巧，易掌握。所以，我们不要遗忘这种简单有效的好方法，因为有时候，一幅画可以胜过千言万语！就让我们用一双巧手，将孩子们引入知识的乐园！让老师教的有趣，学生学的愉快！让课堂教学真正焕发出生命的活力!

第八节 童谣与歌曲教学

一、英语儿歌的特点和学习英语儿歌的重要性

(一) 英语儿歌的特点

英语儿歌的主要特点是语言浅显易懂、形象具体可感、音韵自然和谐、适于进行表演。

1. 语言浅显易懂

儿童时期是学习语言的关键期,此时的孩子掌握的英语语句简单、语法结构单纯、语汇相对贫乏。因此,语言浅显的英语儿歌把正确的语法、语汇与儿童的口语结合起来,形成优美的、规范的少儿英语口语,适应了儿童语言发展的水平,能被孩子们理解和接受。英语儿歌中使用的词汇主要是名词(动物、植物、食物、日常用品、交通工具等)、动词(走、跑、跳、爬等基本动作)、形容词(颜色、形状、大小等)。这些词反映的事物及其属性比较具体,契合了儿童的思维特点。同时,英语儿歌中大量使用的简单句,容易为他们所接受和掌握。

2. 形象具体可感

英语儿歌作品的语言特别强调形象性,着力于对人和事物的具体描绘,突出其形态感、色彩感和动作感。所描绘的人和物,使幼儿念起来感到如临其境、如见其人、如闻其声、如触其物。英语儿歌中的摹声和拟人表现手法的运用,增强了儿歌的形象性。

3. 音韵自然和谐

儿歌与音乐密切联系,儿歌中特有的悦耳和谐的音韵和鲜明的节奏能使儿童产生愉悦感。有些儿歌在内容上没有多大意义,但其和谐的韵律从听觉上给人以愉悦。因而儿歌的语言不仅要求浅显、口语化,而且须有严格的韵律、明朗的节奏,或形成有规律的反复。节奏可以帮助推动情节的发展,同时带给作品内在的乐感;反复的表现手法使同样的语言根据情节多次反复,给儿童以深刻的印象。

4. 适于进行表演

小学阶段的少年儿童主要是以具体形象性思维为主,用动作辅助儿歌教学既符合他们的思维方式,又顺应了他们表现欲强的心理特点。在英语儿歌作品中,富于动感的语言能有效地唤起儿童的注意,加以动作表演更能增强他们对内容的理解,更能刺激他们的表现欲,从而增强自信心。

正因为英语儿歌具有这些特点,所以在英语教学中提倡重视英语儿歌的教学,以此来陶冶学生的性情,开启他们的心智,从而促进他们英语听说能力的发展。

(二) 学习儿歌的重要性

1. 英语儿歌是英语教学中的调料

学习英语儿歌是提高学生学习兴趣的有效手段。从心理学角度来看,学习兴趣是学习者的一种学习愿望和学习意向,这种愿望和意向是驱使个体进行学习的根本动力,它是构

成学习动机中内推力的一个重要组成部分。学习动机是激发个体进行学习活动、维持已引起的学习活动，并使个体的学习活动朝向一定的学习目标的一种内部启动机制。学习动机一旦形成，就会自始至终贯穿于某一学习活动的全过程。对于少儿学习者来说，学好英语无疑是"愉快、有趣"。英语儿歌由于内容丰富、生动，语言浅显，节奏明快，而成为活在孩子们口头上的英语文学。它很容易激发少儿的学习兴趣，保持少儿的学习动力，是非常适合孩子门学习的一种形式。

2. 英语儿歌是学生学习英语的拐杖

学习儿歌是语言学习入门阶段必要而有效的一种学习方式。学习儿歌既能帮助儿童巩固所学的句型、单词，又能丰富他们的知识；还能由此激发他们的学习兴趣和创造性思维，并拓展了学生的思维。儿歌是少儿口头传唱的歌谣，它在任何一种语言中都是语言的启迪，是孩子们最有效的学习工具。

3. 英语儿歌是英语学习初级阶段的必修课

学习儿歌符合时代特点，是新课标中的一项重要内容。"能唱简单的英文歌曲，说简单的英文歌谣。""能根据所学内容表演对话或歌谣。"这两句分别选自《英语新课程标准》中一级和二级的目标总体描述。可见英语儿歌的教学不再是教师的个体行为，已成为英语课堂教学中必不可少的重要组成部分。

二、课堂教学中如何进行儿歌的教学

（一）创设情景，以学生喜闻乐见的形式呈现儿歌内容

学生喜欢说儿歌，也喜欢听故事、做游戏等活动。如果把儿歌教学与其他学生喜闻乐见的活动结合起来就会起到事半功倍的效果。

1. 以故事形式呈现儿歌内容

很多英语儿歌都具有一定的情节，把这些情节串起来就构成了一个小故事。在课堂教学中，以故事的形式将儿歌呈现出来，既能帮学生理解儿歌的含义，把握儿歌的层次，又能提高学生的学习兴趣。如先锋英语一年级上第五单元的儿歌，就是一个具有故事情节的小儿歌：A little insect, jump, jump, jump. Jump over the ice cream. Jump over the jacket. Jump into a jeep to have a good sleep. 在进行这首儿歌的教学时，教师首先出示昆虫的图片，引导学生学习生词 an insect，并用问题 "What can an insect do?" 启发学生想象，一旦学生回答出 "An insect can jump." 教师就开始讲故事："A little insect jump, jump, jump."（little 一词的含义已在前一课时以游戏的方式渗透过）教师边讲故事边做动作，引导学生模仿。学生熟悉了这个句子后，用问题 "What can he see?" 将故事情节向前推进，出示图片并学习生词 an ice cream，借助前面学过的儿歌 "An apple for you. An apple for me. An apple for them up in the tree. No, no, no." 将情景设计为 "An ice cream for the insect" 引发学生思考 "Yes or no?" 此时教师用图片演示 "Jump over the ice cream." 告诉学生："An ice cream for the insect. No, no, no." 然后以同样的方式处理 jacket 和 jeep 两个生词和儿歌的最后三行。就这样让学生边听故事，边学生词，边把儿歌的语言和含义呈现给学生，学生接受得顺利，兴趣也就调动起来了，为后面操练儿歌打下了很好的基础。

2. 以游戏方式呈现儿歌内容

有些儿歌中有很多重复的语言，这些重复使用的语言一旦掌握了，背诵儿歌也就不成

问题了。为了让学生能尽快地掌握这些重复使用的语言，教师可以在儿歌教学前安排一些小游戏帮学生操练。如在进行先锋英语一年级上册第四单元的儿歌（Is it a gift? Is it blue? Is it for the girl? No, it's for you. …）教学时可以先组织学生运用"Is it a gift? Is it blue?"做猜物品的名字和颜色的游戏，并边学生词边引导学生把生词带入游戏语言。词汇学完后学生也基本上掌握了儿歌的语言，在此基础上学习儿歌岂不是水到渠成？

3. 以问题设置情景呈现儿歌内容

有些儿歌也有一定的情节，但又不适合用来讲故事，那么就可以用问题把这些情节串联起来，以回答问题的形式呈现儿歌内容。如根据先锋英语一年级上册第六单元的儿歌（It's after school. Let's go to the zoo. Put on your hat and take your kite. Lock the door and take the key. Buy some lollipops for you and me.）就可以设计以下问题：放学后你想去哪呀？你出去玩会带些什么呀？出门之前要做什么？你想买些什么吃的吗？由于这些问题是为情节服务的，教师提问和学生回答时都可用汉英两种语言进行，引导学生逐一回答问题，将答案连起来就构成了儿歌的内容。

三、注重体验，促使学生调动多种感官感受儿歌内容

心理学实验证明，学习过程的活动形式越多样，学习者参与到学习中的感官越多，学习的效果也就越好，对于活泼好动的小学生来说更是如此。因此在教学中要尽可能地调动学生将多种感官参与到学习过程中，儿歌教学也不例外。

（一）视听结合

视听结合特别适用于儿歌学习的输入阶段。为了不让孩子产生视觉疲劳，教师应尽可能多地提供视觉信号的刺激。如在一首儿歌的教学中，教师可让学生边听儿歌，边看图片演示；也可边听儿歌边看课件演示；或者教师边说边做动作。为了提高听的效果，除了以上说的几种方法，还应注意化整为零、化难为易的原则，也就是说先部分呈现儿歌内容，最后再完整呈现。

（二）说做结合

说做结合一般运用在儿歌学习的输出阶段。在儿歌教学中，教师可以根据儿歌的内容加入一些形象的动作，可别小看这几个简单的动作，它对儿童学习语言起到了不可估量的作用。从发展心理学的角度来看，小孩学习语言一般先用身体反应，而后再学会用语言进行反应。对于形象思维为主的儿童，在教儿歌的同时加入适当的动作，可以使孩子们更好地理解儿歌的含义，从而加深对儿歌内容的记忆。

（三）角色扮演

对于那些有故事情节的儿歌，我们不妨让孩子们来个角色扮演。如前面提到的先锋英语一年级上第五单元的儿歌：A little insect, jump, jump, jump. Jump over the ice cream. Jump over the jacket. Jump into a jeep to have a good sleep. 教师在学生完全理解儿歌的语言后就可以安排角色扮演，让孩子们戴上昆虫的头饰，从冰激凌和夹克衫的图片上依次跳过去，再跳到吉普车形状的图片里，最后做一个睡觉的动作。整个过程下来，学生对儿歌的含义更加明了，学习的兴趣也更高涨了。

四、培养语感，引导学生用多种形式表现儿歌的节奏

华生的刺激-反应学说认为，学习的过程就是形成习惯的过程，即刺激与反应间牢固联结的过程。在儿歌的学习过程中，学生要养成听到儿歌就能产生相应的律动，这也许就是刺激与反应联结的一种方式。由于儿歌的语言节奏鲜明，动感十足，所以儿歌与音乐密不可分，完全可以用表现音乐的形式来表现儿歌。

（一）以形象的律动表现儿歌

前面提到了教师可根据儿歌的内容加入一些简单的动作，但是在完成这些动作时要注意体现出儿歌的节奏感。教师在编排动作时应考虑到以下两点。

（1）动作不宜太复杂。过于复杂的动作不但不能帮助孩子学好儿歌，反而会使孩子手忙脚乱，也不利于表现儿歌的韵律。

（2）儿歌每一句中加入的动作数量应基本相同。由于儿歌的韵律存在于每一句中，每一句的韵律又都是相同的，因此，每一句中加入同样数量的动作可以辅助学生掌握这种韵律，使动作对儿歌起到形神兼顾的辅助作用。

（二）以鲜明的节奏表现儿歌

有些儿歌可能不是很好用动作来表现，或者大一点的学生可能不太喜欢做那些幼稚的动作，那么教师就可以抛开动作单纯地用节奏来表现。不同儿歌的节奏可以用不同的方式来表现。

（1）根据每一句中轻重音的数量和位置编排节奏。

（2）运用击掌、跺脚、拍打桌面等不同形式表现节奏。

（3）可个人完成也可集体完成。

（三）以个性化的方式表现儿歌

当学生有一定的实践经验后，可以鼓励学生自己编动作，打节奏，用他们喜欢的形式表现儿歌的内容和节奏。可不要小看孩子们的创造力，他们可有不少的"鬼点子"呢！

第九节 游戏教学

目前在小学英语课堂上使用的游戏可分为词汇游戏、句型游戏、听说游戏、表演游戏等几类。

一、词汇游戏

词汇游戏易于组织，操作简便，灵活机动，适合在各种课中应用，较普遍的如下。

（一）Word match（单词接龙）

由老师给出一单词，学生接上另一单词，要求该词词首的字母与老师所给单词的词尾相同。这个游戏虽然简单，却十分有效，可迅速调动课堂气氛，使学生的思维活跃起来，还可复习到大量不常见的单词。例如 morning- good- dear- reason- …

（二）Crossword puzzle（纵横字谜）

在方格中给出年的部分字母，由学生填上其他字母，使之纵横皆成单词，例如

MARCNOGOUNDERLSDROVe。该游戏可训练学生的发散思维、归纳思维等能力，可熟悉固定单词，且有一定难度，具有挑战性，对高年级学生较有吸引力。

（三）Flash cards（卡片闪动）

教师准备好单词卡片，卡片上写上单词，或画上单词的图片，在学生面前闪动，让学生一起说出该单词。教师先以较慢的速度依次展示，然后随机快速闪动。这个游戏可以用于新授课中，让学生迅速熟悉所学的生词，也可用于新课开始前复习上一课所学单词。在复习的课堂中也可以使用，不过要注意时间的把握，要快速闪过，幅度不要太大。

（四）Magic eyes（魔力眼）

在黑板上贴上所教生词的图片，老师站在旁边，往黑板上瞟一眼，然后让学生猜老师刚才看了哪个图片，随即对其答案进行评价。老师应迅速、大量地点学生起来说。该游戏没有难度，可使学生大量参加，节奏要快。可与"Flash cards"交替使用，效果等同。

（五）谜语

英语中有大量有趣的谜语，可挑选一些简单的，适合小学生水平的，或自己编一些，在课堂中以一种即兴、随机的方式出现，吸引学生的注意力，每次一两个即可。此游戏可以活跃气氛。

（六）high and low voice（大小声和吹气球）

此游戏运用于新授单词的操练，老师大声时学生小声，老师小声时学生就大声。吹气球也是同一类游戏，读单词由小声到大声，然后再由大声到小声，老师加上动作，最大时气球爆炸了，最少时气球飞走了，这很能激起学生的兴趣。

（七）Gloden fingers（金手指）

在操练所有新单词之后，叫两个学生上来竞赛。老师站在旁边，说出单词，看谁最快、最先找出单词，并用手在黑板上指出来。这个游戏要注意控堂，因为是针对个别学生的操练，因此要保证其他学生也能安静地配合。

二、句型游戏

连锁反应

一种让学生单独操练句型的方法。如老师问一名学生："What's the time?"学生回答后再以同样的问题问旁边的同学，可以纵排、横排、斜排依次传下去，也可以随意点人回答。就这样反复操练不同的句型，既可使所有的学生都集中注意力，熟悉所学句型的用法，又可以听出学生对语音的掌握情况。

思考与练习：

1. 如何将自身专业知识和教学技能很好结合起来？作为小学老师在自身专业发展和提高教学技能方面还应做哪些努力？
2. 编写一份教案。（要求教学方法里含简笔画教学、歌谣教学、游戏教学中任意两种。）

第九章 新课标下的学习方法与教法

通过本章学习，需要达成如下目标：(1) 合作学习的内涵，(2) 合作学习在小学英语课堂中的实施，(3) 探究性学习的定义，(4) 探究性学习在小学英语课堂的运用，(5) 自主性学习的含义，(6) 如何将自主性学习运用于小学英语课堂，(7) 任务型教学的课堂实施。

第一节 新课标下的新型学习方式

一、传统课堂教学方式的特点及弊端

传统课堂教学方式主要以教师的讲授和学生的被动接受、呼应为主要特征。教师注重的是语言知识的传授，以教师的语言讲述为主。在教学中是教师占主导地位，而学生的主体地位不明显，很多情况下甚至被忽视，其具体特点表现如下。

（一）课堂教学以教师为中心

在传统的课堂教学中教师是教学活动的中心，是教学活动的主体，以教师的传授、学生的接受为主要方式。在课堂教学过程中学生配合老师的教授完成教学任务。这种教学方式过分地强调以教师为中心，教师往往把教学过程看成学生配合教师完成教案的过程。这在一定程度上忽视了学生作为学习主体的存在，课堂气氛沉闷，很难看到富有活力的课堂表现。

（二）教学内容以课本为根本，教法单一

老师以课本教材内容为根本，教材上怎么写，上课就怎么讲。教师只关注如何将已有的知识传递给学生，因而教学目标的完成就是完成预定的教案，没有自己的创新与灵活性。

（三）学生的学法单一

传统的课堂教学只是把学生看做一个纯粹的认知性存在，课堂教学方式是学生按照教师的主张按部就班，基本上是"讲授—接受"。教师怎么教，就学生怎么学，课堂上基本上是单项活动，很少有交流与互动。学生缺少自主探索、合作交流、独立获取知识的机会，也很少有机会表达自己的理解和意见，致使课堂气氛沉闷、封闭。

（四）教学目标单一

传统课堂教学方式以传授知识为本位。它把课堂教学目标局限于发展学生的认知能力，把系统知识的传授和认知能力的发展视为课堂教学的主要任务甚至唯一任务，因而忽视了情感、态度和价值观的培养，忽视了对学生完满精神世界的建构。

二、新课标下的教学要求

以传授知识、培养和发展学生的认知能力为核心的传统课堂教学方式，在开发人的认识潜能、帮助人们发现客观世界的规律、推动科学技术进步以及生产力发展等方面发挥了重要作用。但是，英语教育的现状尚不能适应我国经济建设和社会发展的需要，与时代发展的要求还存在差距。《小学英语新课程标准》的颁发，对英语教学提出了新的要求。教育方式要改变英语课程过分重视语法和词汇知识的讲解与传授、忽视对学生实际语言运用能力的培养的倾向，强调课程从学生的学习兴趣、生活经验和认知水平出发，倡导体验、实践、参与、合作与交流的学习方式和任务型的教学途径，发展学生的综合语言运用能力，使语言学习的过程成为学生形成积极的情感态度、主动思维和大胆实践、提高跨文化意识和形成自主学习能力的过程。

第二节　合作学习

随着基础教育改革的深入推进，合作学习作为一种重要的学习方式被教师普遍采纳，并尝试着运用于课堂教学之中。

一、合作学习的定义

合作学习（Cooperative Learning）是20世纪70年代初兴起于美国，并在70年代中期至80年代中期取得实质性进展的一种富有创意和实效的教学理论与策略。它是指学生为了完成共同的任务，有明确的责任分工的互助性学习。它要求学生们在一些由2～6人组成的异质性小组中一起从事学习活动，共同完成教师分配的学习任务。小组成员在共同努力完成目标的过程中互相依赖、互相帮助和激励互动，从而完成一定的学习任务。

二、合作学习的基本要素

关于合作学习的基本要素，美国学者认为主要有以下五点。

（一）积极的相互依赖（Positive Interdependence）

在合作学习的情景中，小组成员之间是一种积极的相互关系。学生们要认识到他们不仅要为自己的学习负责，而且还要为小组的其他成员的学习负责。小组个体要与其他组员协调起来完成任务，共同成功。

（二）面对面促进性互动（Face-to-Face Promotive Interaction）

这是学生们相互鼓励和彼此支持，为取得良好成绩、完成任务、得到结论等而开展的一种学习方式。这种方式强调的是合作学习的互动性，主要功能是引导、启发学生之间开展相互激励、帮助、支持和合作。

（三）个体和小组责任（Individual and Group Accountability）

这里指的是无论是学生个体还是小组群体，都必须明确承担的学习任务，但个体责任是使所有的小组成员通过合作学习取得进步的关键。这里强调的是合作学习的个体责任性。

（四）人际和小组技能（Interpersonal and Small Group Skills）

这里强调教师必须要教会学生社交的技能，以进行高质量的合作。学生之间要进行无缝隙交流，学会彼此认可、相互信任、准确交流、求同存异、共同进步，使一些问题能得到合理解决。这里强调的是合作学习小组成员的交际性。

（五）小组自评（Group Processing）

通过定期地组织开展小组自评，从而进行查缺补漏，明确小组成员的优缺点，增强和提升小组成员的自我纠错功能，使小组成员保持良好的工作关系，便于合作学习的进行。这里强调的是合作学习的自我诊断性。

三、合作学习中教师与学生的角色

（一）教师的角色

（1）合作学习任务的设计者。
（2）学习情景的创设者。
（3）学生教学过程的指导者、合作者。
（4）合作学习评价的组织者、管理者。
（5）合作学习中教师不再是一个信息点的发现者、知识点的裁判者，而是一个学习资源的提供者。在教学中教师既是学生的指导者，又是与他们的合作与分享学习成果的好伙伴。

（二）学生的角色

在合作学习中学生不再是知识的被动接受者和被灌输对象，而是学习信息的主体。在合作学习中，学生的积极性高涨，合作小组中每一个成员主动参与，在"我为人人，人人为我"的合作共同体中，按照合作的学习行为和任务要求，平等参与最常用于为小组成员确定的角色和责任。学生可以扮演很多可能的角色，如组织者、记录者、观察者、计时员、提问者等。

四、合作学习的特征与基本方法

（一）合作学习的特征

合作学习的特征尽管形式各种各样，但它们都有一些共同的特征。

1. 小组目标（Group Goal）

任何合作学习的小组都具有小组的学习目标。

2. 个人责任（Individual Accountability）

在合作学习的小组中，每个学生都承担小组中的一件独立任务。

3. 成功的均等机会（Equal Opportunities for Success）

在合作学习中，确保所有学生都有均等的机会对小组做出贡献。

4. 小组竞争（Team Competition）

小组竞争是指合作学习小组内成员之间相互分工协作，而各个学习小组之间存在学习竞争。

5. 任务专门化（Task Specialization）

任务专门化是指合作学习的小组成员接受独立的子任务。

6. 适应个人需要（Adaptation to individual Needs）

适应个人需要是指教师要制定适应学生个人需要的教学方法。

(二) 合作学习的基本方法

合作学习的基本方法各有不同，概括起来，目前被广泛开展应用的小组合作学习方法有以下四种。

1. 学生小组成绩分工

学生按照4～6人分成一组，由教师先进行授课辅导，然后学生小组进行合作学习。在所有成员掌握所教内容的基础上，所有小组成员再参加个人测验，并评定出分数。

2. 小组—游戏—竞赛

按照小组—游戏—竞赛的方式，将学生按4～6人分成一组，由教师事先将授课内容转换为游戏模式，使学生在游戏中掌握学习内容。在让学生在合作学习中体味到学习兴趣基础上，以每周组织一次的竞赛代替测验，评定分数。

3. 小组辅助个人

按照智力、性格、兴趣和成绩的差异进行分组，充分发挥学生4人能力混合小组互补性，对成绩优异者采取即时表扬，真正把合作学习和个性化教学融合在一起，提高学生的学习动力。

4. 小组调查

学生们在小组中运用合作学习、小组讨论开展学习活动。把全班组成2～6个小组，从全班都学习的单元中选出一个子课题，各小组又分配个人任务，各组员围绕子课题开展研讨。子课题研讨成果由小组汇总后，在全班交流经验，分享合作学习成果。

五、目前合作学习在国内外普遍应用的五种具体形式

(一) 问题式合作学习

问题式合作学习是指教师和学生互相提问、互为解答、互做教师、既答疑解难又能激发学生学习兴趣的一种合作学习形式。这种合作学习模式又可分为学生问学生答、学生问老师答、老师问学生答、抢答式知识竞赛等形式。在实施教学时，应根据学生的学习心理特征设置问题。

(二) 表演式合作学习

表演式合作学习是指通过表演的形式激发学生的学习兴趣，培养学生自主探究的学习品质，或作为课堂的小结形式，检验学生对所学知识的理解。

(三) 讨论式合作学习

讨论式合作学习是指让学生对某一内容进行讨论，在讨论的过程中实施自我教育，以达到完成教学任务的目的。

(四) 论文式合作学习

论文式合作学习是指教师带领学生开展社会调查实践，并指导学生以论文的形式汇报社会实践的结果。此类活动一般每学期举行2～3次，重点放在寒暑假。

(五) 学科式合作学习

学科式合作学习是指将几门学科联合起来开展合作学习。如语文学了与春天有关的文

章，可让各学习小组围绕春天去画春天、唱春天、颂春天、找与春天相关的各种数据、观察与春天相关的各种事物等，最后写成活动总结。

六、如何进行科学分组

进行科学分组是小组合作学习的前提。有效进行学生分组才能更好地完成教学任务。合作学习能否取得成效在很大程度上取决于合作小组的组成情况。因此，要对学生进行充分了解的基础上，按需要进行具体的小组合作学习。

常见的分组方式有两种：一种是采用异质分组的原则，也就是将全班学生按照学业水平、能力倾向、个性特征、性别乃至社会家庭背景等方面的差异进行合理搭配，优化组合；另一种是采用强弱搭配的原则，把学生按照学习程度分成优良、中等、学习困难这些等级开展小组学习，这种分组方式常在分层教学时进行。

当然，小组划分方式可以灵活多样，可以依据活动的主题、学生的兴趣，或者根据学生座位的就近原则进行合理搭配。分组方式的变化能够调节合作学习的学习气氛。但无论哪种分组方式，一般情况下应坚持五项原则：要尊重学生的兴趣和知识背景；要尊重学生彼此之间的良好关系；要多采用组间同质量、组内异质的分组方式；要尽量拉近组员间的空间距离，有效调动小组之间开展好各项活动；要以学生为中心，尊重学生主观意愿。

七、合作学习的课堂教学模式解析

小组活动为课堂教学提供了简便、有效的实践模式，在具体活动中应注重穿插应用以下四个环节。

（一）在"新课导入阶段"环节应用

新课导入阶段是为了巩固、复习上一节所学内容以及为呈现新内容作准备。为使学生能以一种积极的心理状态进入到本堂课的学习，教师巧设问答练习或者小组表演对话。例如：Listen and do（听听做做）；Follow me（跟我学）；Do as I say, not as I do（照我说的做，别照我做的做）。以五年级《新起点》第二册"My Favourite Season"为例，在进行第二课时，教师可以先带领学生练习一些短语的表达，如 running、swimming、flying kites 等。教师一边做动作，一边带读单词，也可以让学生看动作说单词。在进行小组对话时，教师设计问题 T："What season do you like best?" S："I like summer best." T："Why?" S："Because I can swim. …" 教师可以要求学生做动作。小组同学可以配合练习对话。

（二）在"呈现新课"环节应用

在新知识的呈现阶段，教师主要是把本堂课的教学内容展示出来，目的是让学生熟悉课本新知识。以控制式的机械性练习为主教师可以出示一些图片、幻灯、实物、提示词等"指挥"学生进行练习，这时最好穿插 Pairwork（内容简单的话不必让学生先准备，反之，事先作些准备），直接以快频率的方式让学生一对一对地以小组（pair by pair）问答的形式进行下去。学生可以通过视觉、听觉、口头表达，很快地掌握新的语言项目。这样做的特点是节奏快、密度大、频率高，使学生在紧张、热烈的气氛中兴趣浓厚，人人参与，差生也跟得上。

（三）在"练习（Practice）"环节应用

这一阶段的目的是帮助学生加深对新的语言项目的理解，巩固新的语言习惯。教师主要是针对重难点，有步骤、有目标地引导学生进行小组合作学习。学习交往理论认为，多项交往的组织形式，有利于形成积极的课堂气氛，有利于学生之间互帮互学，有利于发展学生的思维。因此，适时引用小组合作学习模式，师生、学生之间相互补充、相互启发、相互评议，以达到训练语言能力，培养学生运用语言、进行交际的目的。如用几分钟时间让学生看图、看物问答，模仿对话，表演课文对话等。教师对有困难的"队"或"组"进行一些必要的指导。以"This My Day"一课为例，学习句型"What do you do on weekends?"教师通过多媒体或图片等，向学生展示 go to the zoo、go to see my grandparents、go to the library 等图片，然后小组 4 人共同练习对话讨论，填写调查表。练习结束后一定要抽查几对或几组当堂表演，以了解练习情况，并对表演出色的组进行适当的表扬，以鼓励学生的积极性。这种分组练习并评议的方式既可以调动学生的积极性，也可以培养学生集中注意力、不开小差的好习惯。

（四）在"巩固（Consolidation）"环节应用

这个阶段的目的是使学生在多种模拟日常生活的背景中，运用所学的语言解决实际问题来体现语言的各种功能。这是"合作互动"教学模式的重要环节。教师应让学生来做主人，通过分组活动、讨论、评价激励和互为师生等方式使学生在"互动"中巩固知识，教师只作适当的点拨、指导。学生根据课本内容进行角色扮演、会谈、讨论解难、模拟采访等。在小组表演时课堂气氛热烈、活跃，每个学生都有发挥、表现自己的机会。通过课堂语言实践训练，学生获得了充分的语言运用的机会，为获得"为交际运用英语的能力"打下了扎实的基础。

八、合作学习在小学英语教学中的运用

（一）合作学习单词

小学生学习英语一般从三年级开始，教材中的词汇量比较大，在一节课内从初步接触到熟练掌握，是需要一个渐进的过程的。而通过 4～6 人的小组合作学习单词，相互学习，相互帮助，能达到加速共同巩固的效果。如 Book 1 Unit 4 We love animals 中学习动物单词（pig, squirrel, mouse, bear, bird, elephant），课前让学生 6 人一组准备好这些动物头饰。在讲授新单词时，教师通过出示图片与词卡，让全体学生听清教师发音，然后教师领读，学生跟读，再检查个别学生，从优等生、中等生到后进生逐步纠正其发音。在这个基础上，教师再头戴老鼠头饰，边说"Hunt like a mouse"边表演如老鼠般寻找食物的样子。再采取分层教学的原则，让优等生、中等生跟着教师边学会发令边做动作，而让后进生能听懂理解并跟着做就可以了。接着让优等生或中等生上台发令，其他学生做动作。再接着全班学生分成 6 人一小组分别戴上其中的动物头饰，让优等生等会发令的学生轮流当小组长发令，其他成员做动物动作，如 Climb like a bear, Jump like a squirrel … 成员间相互帮助，指点和提醒那些记不住或说不好指令的学生，这种学习气氛和谐浓厚，让学生体验到共同学习的愉悦感。在以小组为单位的展示比赛中，以发令的语音语调准确、动作整齐的为优胜组，受到教师的表扬和鼓励，集体获得一朵大红花，组员各获得一分学分并记录在册，这更使他们强烈地体验到小组合作学习的成就感。

（二）合作学练对话

英语的对话学习，教师可根据对话的长短和角色的需要而设置2人、3人或4人小组为学习单位。为更好地落实提高口头熟练率，在起始阶段教师通常让优等生与后进生或中等生搭配组成2人小组（pairwork），轮换角色着重操练对话中的重点和难点。等到比较上口后，再组成3人或4人小组（groupwork）串联前几组对话，综合表演新的对话群。例如在学习 Book 1 Unit 5 B Let's talk（1）A：Have some juice! B：No, thanks. I like Coke.（2）A：Can I have some chicken？C：Sure. Here you are.（3）A：Thank you. C：You're welcome 部分时，教师先复习 Have some … Thank you. 再引出 You're welcome. 让学生两人一组练熟后，再引出 A：Have some juice! B：No, thanks. I like Coke. … 让学生上口后，再引出如何向别人要食物或饮料的对话，让学生套用其他食物或饮料操练 A：Can I have some chicken? C：Sure. Here you are. 最后再组织学生3人一组表演在室外野餐时相互交流食物或饮料的情景对话。让3人小组合作备好"食物或饮料"，相互轮流招待另外两位并向他们讨自己想要的食物或饮料并致谢。对话期间出现小错误等问题时，小组成员都会热心地提醒帮助解决。不容置疑，在小组长的示范和带动下，通过组员的帮教和共同努力，进行角色综合表演是容易组织和进行的。而且后进生在同学的激励和帮助下，也能很好地参与和积极地学习。在民主、平等、合作的氛围下，更轻松地实现自主学习的积极性，既可以增进学生间情感的交流，又可以培养学生虚心向同学学习的良好素质。最后在以语音、语调及语言的流利程度为标准的评判中，评出的最优对话小组及对话中表现进步的学生，都受到教师的表扬，同时教师还鼓励他们下次能取得更大的进步。小组兼个人的激励性评价更促进了学生合作学习和编演英语对话的热情。

（三）合作完成游戏

在英语学习中，以小组为单位的比赛性游戏，能大大激发学生的求胜心理和集体荣誉感，能进一步激发学生参与的积极性。小组成员为了共同目标个个都会积极努力，争取达到优胜。例如，在学习 shapes 这一内容时，教师先教授形状的单词 circle、square、triangle 等。在练习环节，将班上同学分为6人一组共8组，小组中6名同学一起用这些图形拼成一幅图画，组内同学用英语将所画的图描述。教师将学生画好的图展示在黑板上，小组选一名同学代表发言，用英语描述图画。教师引导全班比一比哪幅画得好，然后教师进行问答"what shape is it?"答对的同学即获得一个形状的图片，最后看看哪一组得到形状最多则获胜。游戏的方式是学生们很喜欢的，通过合作完成了学习任务，既巩固了语言知识又培养了团队的合作精神。

（四）合作共享智慧

合作学习还可以在课外进行。教师根据教学要求布置学生一些任务，如兴趣小组成员去合编一份手抄报或制作贺卡等小制作。制作贺卡时，一般是先让学生讨论贺卡的主题和款式，然后再分别收集资料各自设计，最后以小组为单位展示集体成果。优胜组集体受到表扬并且个人均获得一颗五角星；另外再评出最佳贺卡，其作者则获得两颗五角星，并收入年级档案袋内。而学生编报，则安排4~5个学生为一组。首先让小组成员集体讨论版名、版头、版块的布置以及主题和内容，然后要求学生分头查找资料，既可从师生现有的

《小学生英语周报》、《小学生英语天地》等处查找，也可从网上搜索、下载得到资料，再通过小组讨论合理取舍已收集的资料，最后全体成员统一策划、敲定版名、版面、合理排版。接下来根据个人的特长进行分工，让擅长排版者划分区块勾勒线条；让书法漂亮者负责抄写文本类资料；让擅长画画者负责绘画；让其余的成员做帮手完成涂色或给报上的生词查字典作注解等。大家各司其职，分工合作，完成了一份份精美的小报。通过成果展示评比，评出最佳英语报，如《英语 ABC》、《英语天地》、《英语快报》等，同时评出最佳绘画能手、最佳书法作品和最佳版面设计。这既让学生发挥了特长，又增强了他们的自信；既共享了集体的智慧，又体验了劳动的成果；既分享了学习乐趣，又提高了协作能力，让学生在学习中感受到快乐。

（五）合作进行口试

一般来说，教师都是以组织 3～4 人的合作小组形式来进行期末口语测试。建组的原则基本采取同质组合，让学生根据自己的意愿和兴趣爱好，自由组合考试小组。尤其是让基础较好的学生去辅导基础较弱的学生，并给辅导者适当加分，提高他们辅导学习的主动性。考试的内容均以本学期学过的英语会话为基础，小组成员自选对话，然后创设情景，分配角色（小组长分配组员角色），落实具体角色所对应的对话，协调搭配各对话群中的上下句。优等生往往承担对话较难、较长的角色，而让后进生表演较易、较短的对话，如 Unit1 Book 2 对话之一：A：Look! I have a new kite. B：Oh, it's beautiful! A：Let's fly it! B：Ok! A：How many kites can you see? B：I can see 12. A：No, 11. The black one is a bird. B：Oh! 优等生主动承担角色 A，而让后进生承担角色 B，同组学生要相互尊重和宽容。这种以完成任务为目标的小组合作学习，创设了开放性的学习环境，可以满足学生的个性和能力的差异需要，符合因材施教的原则。

第三节 探究性学习

一、探究性学习的理论依据

探究性学习的理论依据主要是认知心理学中的建构主义学习理论。建构主义的核心理论可以概括为：以学生为中心，强调学生对知识的主动探索、主动发现和对所学知识意义的主动建构。夸美纽斯的直观性教学原则认为，要使学生掌握真正的、确实的知识，应多从实际中去获得。孩子们必须学会了解并考察事物本身，而不是别人对事物所作的观察。

建构主义学者顾黄初、张悦群认为，认知灵活性理论反对传统教学机械地对知识作预先限制，让学生被动地接受；但是同时它也反对极端建构主义只强调学习中非结构的一面，即反对忽视概念的积极性。它主张，一方面要提供建构理解所需要有基础，另一方面又要给学生广阔的建构的空间，让他们针对具体情景采用适当的策略。

二、探究性学习的含义

美国国家科学教育标准中对探究的定义是："探究是多层面的活动，包括观察；提出问题；通过浏览书籍和其他信息资源发现什么是已经知道的结论，制订调查研究计划；根据实验证据对已有的结论作出评价；用工具收集、分析、解释数据；提出解答、解释和预测；以及交流结果。探究要求确定假设，进行批判的和逻辑的思考，并且考虑其他可以替代的解释。"

相对于学生而言，探究作为一种学习方式，是指学生在学习情景中观察、阅读，发现问题，收集数据，形成解释，获得答案，并进行交流，研究学习。

三、探究性学习应处理的四种关系

探究性学习等同于"探究学习"（Inquiry Learning）。作为一种学习方式，课堂中的探究，即探究学习与探究教学，具有开放性、探究性、实践性的特点，体现了以下四种关系。

（一）参与和探索的关系

探究学习要求所有学生都参与学习过程，把学生视为"小科学家"，让他们通过一系列的探索去发现结论，而不是将现成的结论直接告诉学生，这是培养学生钻研精神和实践能力的有效途径。

（二）平等和合作的关系

探究学习中，每个学生都有机会取得成功，学习的成果是学生合作的结果；教师与学生的关系是平等的，教师是学生的朋友、伙伴。因此探究学习是一个合作的过程，而不是竞争和对立的过程。

（三）鼓励和创新的关系

在探究学习中，教师鼓励学生自由想象，提出各种假设和预见，充分尊重他们的思想观点，使学生敢想敢干，富有创新精神。

（四）自主和能动的关系

探究学习的另一重要特点是自主性。在整个学习活动中，学生自选课题、自定工作方案，整个过程教师不能直接干预，虽然最后评鉴是经教师提议进行的，但怎么做还是由学生自己来决定的。

四、探究性学习应把握的三个环节

探究性学习的基本过程包括确定问题、形成探究思路、实施探究和结果反馈三个环节。

（一）确定问题

探究过程的第一步就是要确定问题，分析问题的属性，根据问题的属性，进而可以确定采用哪一种程度的探究活动，有没有必要展开深入的研究，是进行完全的探究还是不完全的探究，还是以调查及资料的收集、整理和评价为主。在解决问题之前，不仅要将问题界定清楚，还需要确定问题所处的情景，也就是描述清楚问题空间。

（二）形成探究思路

研究问题以后，需要在经验的基础上，形成解决问题的研究思路。有些时候，教师可以考虑与学生一起讨论决定问题，这样，问题对学生来说是"自己的"，也更能促使学生将自己的知识经验调动起来,分析问题,收集信息材料,形成解决的思路和策略。另外,问题的属性不同,与采取的解决策略也有很大差别。

(三) 实施探究和结果反馈

开展探究是整个活动的核心过程,探究的过程是学生根据所确定的探究思路,进行调查、实验、资料收集、访问、考察等各种探究活动,最终将问题予以解决,并得出探究结果的过程。经过一系列探究活动以后,将形成不同形式的探究结果,可以是实验报告、访谈结果、调查报告、作品等。探究结果的展示与交流,实际上也是探究过程的一种活动方式,可以将其看做探究过程的结束活动。

五、探究性学习应设定的五种课堂教学模式

(一) 情景引导式

探究式模式的教学总是围绕课程中的某个知识点而展开。与基于问题式学习不同的是,这个知识点并非选自社会生活中的现实问题,也不是由学生自由选择而产生的,而是由教师根据教学目标的要求和教学的进度来确定。一旦确定了这个教学出发点或者说学习对象后,教师就要通过问题、任务等多种形式,使用适宜的教学手段来创设与此学习对象相关的学习情景,引导学生进入目标知识点的学习。

(二) 启迪切入式

学习对象确定后,为了使探究式学习切实取得成效,需要在探究之前由教师向全班学生提出若干富有启发性、能引起学生深入思考、并与当前学习对象密切相关的问题,以便全班学生带着这些问题切入思考。这一环节至关重要,所提出的问题是否具有启发性、是否能引起学生的深入思考,这是探究性学习是否能取得效果乃至成功的关键。

(三) 自主探究式

在教学过程中要特别强调学生的自主学习和自主探究,以及在此基础上实施的小组合作学习活动。一节课的教学目标主要靠学生个人的自主探究加上学习小组的合作学习活动来完成,因此,本环节成为探究性教学模式中的关键教学环节。在实施过程中要处理好教师、学生、信息技术几者之间的关系。教师起到引导、支持的作用,学生要充分发挥学习的主动性与积极性,通过网络、广播、电视、报刊等载体,促进学生自主探究的目的。

(四) 交流协作式

本环节是与前面的自主探究环节紧密相连的。学生只有在经过了认真的自主探究、积极思考后,才可能进入高质量的协作交流阶段。也就是说,协作交流一定要建立在自主探究的基础之上,才能为学生提供思路交流、观点碰撞、成果分享的平台。教师在此过程中要起到组织、协调、引导的作用。

(五) 总结归纳式

教师引导学生对问题进行回答与总结,对学习成果进行分析、归纳,并可联系实际,对当前知识点进行深化、迁移与提高。

六、探究性学习方法在小学英语课堂教学中的运用

(一) 教具辅助式

在小学低年级的英语教学中,针对学生年龄较小、主动获取知识的能力较弱等特点,教师应为这类学生提供探究工具,如图片、投影、多媒体等辅助工具,帮助学生获取知识。如 What's the weather like? 单元,教师课前将表示风、雨、雪等自然天气现象的声音用多媒体录制,在学生基本掌握了天气的英文表达方式后,教师把录制的声音给学生听,学生在听到声音的同时,根据生活经验,说出相关的英文表达,从而使学生进一步感知了天气的英文表达方式。在教学的巩固阶段,教师可以为学生提供雨伞、纱巾、墨镜等道具,启发学生根据自己的生活实际,利用道具来表示某一种天气,教师播放天气的声音,学生可以借教具并加上自己的表情,用英语表达出这种天气,这种方式激发学生创造思维能力和英文的表达能力。教师还可以为学生设计一个关于天气的主题,让学生根据教师所给定天气图片,来讨论在各种天气时学生的穿着打扮等。

(二) 游戏活动式

在小学英语课堂教学中,活动式探究学习方式是指教师在创设情景下,设计多种语言实践活动,让学生在活动中通过感知、体验、实践、参与和合作探究等学习方式,完成学习任务和实现学习目标。以学生学习"穿"、"脱"服装的英文表达方式为例,教师可以请学生为模特(纸人)穿衣服,在活动过程中学生会为模特(纸人)穿上裙子、短裤、夹克衫等很多衣服。这时教师及时提出问题:怎样穿更合适、更合理?这样一个看似简单的为人物穿衣服的课堂教学活动,却要求学生在用英语表达前要考虑自己为模特穿的服装是否搭配、是否给人以美感等。这些不但要用到美学知识,更要求学生在不断的实践中发现问题进而解决问题。为模特穿上合适的服装这一活动并没有统一的答案,学生根据自己的理解完成学习任务即可。这样,不仅培养了学生的探究意识,而且也培养学生的创新精神和审美情趣。

(三) 问题解决式

从认知心理学的角度来看,探究性学习实际上是解决问题的学习。在英语课堂教学中,教师应根据学生所学内容和生活实际,为学生学习运用语言设置较为接近生活实际的任务,学生在完成任务、解决问题的过程中,发展了创造思维能力。例如,在学习天气和活动的英文表达方式时,教师可以利用表示天气的大图画板,要求学生以组为单位,根据不同的天气来选择可以做的事情,并把相应的表示活动的图画卡片贴在大图画板上,然后用英文描述。学生在完成这一任务的时候,必须根据图板上的天气和自己的生活经历来考虑选择合适的活动图片。这一活动在发展学生思维能力的同时也培养了学生的创造力,提高了学生综合语言运用能力。又如,在学习各种房间的英文名称时,教师为每个学生提供了各种房屋的户型图,请学生进行辨认并用英文表达出来。这样,学生首先要结合实际生活经验,分辨这些都是什么房间,经过讨论后,再用英文表达出各种房间的名称。

(四) 持续探究式

持续性探究学习是指延续不断的探究学习。从一个探究活动持续的时间来看,有的探

究可能用不了一节课的时间；有的则可能需要几周（如观察月相的变化，寻找出规律）；有的甚至要持续大半学期甚至一年（观测记录一年中某地天气的变化）。从微观的学科角度来说，设置英语学科的最终目的并不是记住几个单词，会说几句英语，更重要的是通过英语的学习掌握学习外语的方法和策略，逐步形成英语学习的能力，为今后更漫长的终身学习奠定基础。因此，持续性探究学习不能以一节课为单位，下课铃响时即是探究性学习的结束。教师要抓住每节课学习内容的特点，鼓励学生进行更多的探究。比如，学生在学习了五种有关天气的英文表达方式后，学习活动并没有到此结束，教师可以让学生在课后继续寻找生活中表示天气状况的符号和英文表达方式，并要求学生在下节课上课时告诉大家。这种学习方式将课内的学习延伸到了课外，使学生感知要获取更多的知识，还有很多途径，同时又培养了学生进行科学探究的意识，为今后的学习奠定了基础。

（五）自主选择式

探究性学习的另一重要特点是自主性。自主选择式探究学习是指在整个学习活动中，学生自选课题、自订工作方案，老师没有干预。在实施的过程中，老师更没有插手。最后的评鉴是经老师提议进行的，但怎么做也是学生自己决定。自主性是实现探究性学习的目标所必需的，只有这样才能实现探究性学习的目的。不论是探究的能力，主动积极、科学严密、不折不挠的态度，还是问题意识和创新精神，都是只有通过亲自实践才能逐步形成的。就算是知识，也必须通过学生的主动建构生成，而靠传授式的教学是难以获得的。

下面是一则教师在英语短剧《小蝌蚪找妈妈》教学时实施自由选择的案例。

（一）目标

教师对短剧中语言知识点教授，学生基本掌握其中的表达方式。

（二）过程

1. 教师创设主题，提问：小蝌蚪都错把谁当做自己的妈妈了？他们的对话是什么？谁是小蝌蚪的妈妈，她长的是什么样子？教师指导学生重新编排一部《小蝌蚪找妈妈》的英语短剧。

2. 学生准备：学生可以在课后查找资料，编排对话，小组练习。

3. 教师指导：在学生小组活动时，教师在学生中间活动，与所有学生保持联系，和他们进行交流、谈话、提问、提建议。

4. 短剧表演：以小组为单位向大家汇报自己的学习成果。

教师考虑到几乎每个学生都了解这个故事的内容，如果再给学生讲这个故事，肯定不能引发学生的学习兴趣。因此，一上课教师就告诉学生今天由他们自己自由组合学习伙伴，根据教师提出的问题，可以自由组合，用英语将所学的内容表演出来。学生的学习积极性一下被调动了起来。用英文讲这个故事对三年级学生来说还是有一定难度的，所以这时教师一定要给予指导。学生经过努力，能够将对话表达完整，故事情节设计得当，对小蝌蚪找妈妈的内心表现到位。

总之，运用探究式教学有助于学生的社会发展和智力发展，既可以在教学过程中充分调动学生积极主动参与教学过程，又能克服传统教学中以灌输式为主的教学弊端，最大限度满足学生的求知愿望，让学生始终有饱满的热情进行探究学习。

七、探究性学习案例

(一) 学习内容

PEP 版小学英语课本四年级下册 Unit 3 Is This Your Shirt?

(二) 学习目标

1. 知识目标：学习夹克、衬衫、毛衣、裙子、T恤衫等五种衣服在英语中的音、形、义。

2. 能力目标：发展、提高学生的英语听、说、读、写能力。

3. 情感目标：在整个学习过程中，通过听"Who is wearing … today?"的音乐学单词，并与实际生活相联系，增进学生的理性认知，加深学生的感性记忆，激发学生的学习兴趣，使学生养成良好的学习习惯。

(三) 学习的重点、难点

重点：理解、拼读、识记 jacket，shirt，sweater，skirt，T-shirt 五个衣服单词。

难点：学会探究学习单词的方法。

(四) 学习过程

● 探究性学习准备

1. 心理准备

T："同学们，你们喜欢看动画片吗？今天老师给你们看一段关于 Zoom 和 Zip 的动画片，你们想看吗？想知道这次他们又遇见了什么吗？走，我们一起去看看吧。"（播放动画）

2. 新知学习准备

(1) 放动画片的一个段落，让学生热身，进入角色。（伴音为"Who is wearing … today?"）Who is wearing T-shirt today? T-shirt today? T-shirt today?

(2) 继续播放动画，学生仔细看，仔细听，准备回答老师的问题。

T：这段动画片中 Zoom 和 Zip 怎么啦？

Ss：生病啦。

T：为什么他们会生病？

Ss：他们穿少了衣服。

T：他们穿了什么衣服，有哪位同学听清楚啦？

Ss：T恤衫（T-shirt。）

T："T恤衫"这个单词怎么拼？

Ss：T-shirt，T-s-h-i-r-t，T-shirt。

老师对学生的回答进行评价。

(3) 出示 shirt 的卡片。

T：谁能告诉我，这是什么？

Ss：衬衫（shirt）。

T：你们能用这个词改唱刚才的歌曲吗？学生改唱歌曲，将 shirt 替换 T-shirt。

(4) 出示 skirt 的卡片，重复（3）的步骤。

(5) 将全班同学分为 3 组，跟随伴奏音乐哼唱歌曲。

● 探究性学习的展开

让学生再听录音，辨别什么季节该穿什么衣服，学习新单词。

1. 探究问题一

T：请同学们再次仔细聆听音乐，听听他们穿了什么衣服。

学生听后讨论汇报：

Ss：有"呼呼"的风声，应该是冬季吧。

Ss：冬天要穿毛衣。

Ss：毛衣读作 sweater。

T：你们可以根据"sweater"这个发音拼出单词吗？

学生小组合作，根据教师所给的字母拼成单词，然后展示，师生点评，认读 sweater 这个新单词。

小结：歌词中包含了所要学习的新单词，通过听音读单词拓展到认识单词的音、形、义。

2. 探究问题二

T：认真聆听下面这段音乐，你还能找出音乐中所包含的衣服吗？

Ss：夹克。

T：这种衣服如何拼读？（出示单词卡，学生认读）

Ss：jacket，j-a-c-k-e-t，jacket。

T：将 jacket 和 sweater 这两个词放到歌里去套唱练习。

小结：通过歌曲"Who is wearing … today?"帮助学生认识了 jacket，shirt，sweater，skirt，T-shirt 五个衣服单词的音、形、义。

最后，请学生分成 5 个小组比赛拼读单词、跟随音乐唱歌、巩固记忆五个单词。

● 探究练习训练

"chant"式练习：Boys：Shirt, shirt, shirt, Whose is it?

Girls：Oh, oh, 0h, It's Zhang Peng's shirt.

如操练 jacket 时，学生打拍子，由轻到重，由重到轻。然后用 CAI 出示综合图片，让学生认读；再快速出示图片、单词，比一比谁的反应快；最后，通过听录音，要求学生在课本上圈出所学的单词，进一步检验和巩固单词效果。

在这篇教案中，教师设计了探究性学习方式。探究过程层层递进。教师在课文导入环节播放一段关于 Zoom 和 Zip 的动画片，吸引了学生的注意力，使他们对接下来的内容充满了好奇心。接下来讲授新知。然后探究环节的展开是：提出了两个问题—学生解决问题—探究练习。在问题解决的探究过程中，进一步巩固服装店表达方式，并学习在具体的生活中如何使用这些单词。所有过程是以学生为主体，老师是探究的引导者和组织者。学生通过探究更好地学习了新的语言知识。

第四节 自主性学习

一、自主性学习的含义

自主性学习（Self-Regulated Learning，SRL）是相对于"被动性学习"、"机械性学习"和"他主性学习"而言的，指有明确的目标意识，能自觉地确定学习目标，自主选择学习内容，积极主动地调整自己的学习策略和努力程度，自主性地学习知识、技能和能力等的行为。

二、自主性学习的特点

（一）主动性

自主性学习中学生由传统的教学方式中的"要我学"变成了"我要学"。学生的自主性来源于两个方面。一方面是学习兴趣。兴趣是学习的动力，可以让学习不再是一种负担，而是一种快乐的体验和享受过程的乐趣。另一方面是责任心。学生自主参与其中，自觉地担负起学习的责任，对自己负责，积极主动地从事和管理自己的学习活动，在学习过程中自觉作出选择和控制，享有充分的自主权。

（二）独立性

在传统教学中，教师低估了学生的学习能力，压制了他们的学习独立性，导致学生自主能力下降，其实学生是具有潜在的和显在的独立学习能力的。在自主学习中，教师应充分尊重学生的独立性，鼓励学生发挥自己的独立性，培养学生的独立学习能力。在基础教育阶段，对待学生的独立性和独立学习，还要有个动态的发展观点。在教学过程中，教师的作用要不断转化为学生的独立学习能力，同时逐步减弱教师的作用，使学生的独立学习能力逐渐增强，并最终摆脱对教师的依赖，进行独立自主的学习，体现出教育的终身性。

三、正确指导小学生自主性学习的基本方法

（一）创设情景，营造良好的课堂气氛

在教学中教师要创设自主合作的学习情景，使学生在合作的环境下，培养他们独立思考、自主学习的能力，激发学生的学习兴趣，让学生成为学习的主人，营造浓厚的课堂氛围。

（二）自主质疑，调动学生的参与意识

"学起于思，思源于疑"。教学的根本在于引导学生主动思考，而思考的起点却是疑问。"疑"使学生在认知上感到困惑，产生认知冲突，引起深究性反射，产生思维活动。

（三）给足时间，创造自主的思索空间

要把学习的主动权交给学生，多采用启发、引导的方法激发学生的学习欲望，提高学生的自主学习兴趣。实践中，要给学生充足的时间去操作、去思考、去交流，真正把教师的教学活动转化为学生的主动求知，从而培养学生自主学习意识。

（四）体验成功，师生共同分享成果

自主学习过程中，学生通过自己的努力体验获得的知识，教师应给予评价，多鼓励，

少批评，共同来分享学生的成功。这样不仅可以加深学生对了解掌握知识的印象，而且还可以激发学生学习的积极性，真正使学生愿学、善学、乐学。

四、自主性学习的教学模式

下面是以《In a nature park》一课为例，教师从英语教学环境、教学内容、教学方法及教学评价等四个方面来构建小学英语自主性学习教学模式的一些做法。

（一）创设促进自主学习的教学环境

创设语言环境，激发学习动机。首先将教室布置成学生感兴趣的快餐店、动物园、商店、街道、客厅或卧室，让他们在接近自然的语言环境中，高效率地学习、运用英语。

（二）确定促进自主学习的教学内容

教师灵活地对教学内容进行补充、拓展、开发和创新。教学内容与教材紧密结合，并与学生的生活相联系，与社会生活相联系，为学生营造广阔的自主学习空间，培养学生灵活使用语言的能力。

（三）制定促进自主学习的教学方法

首先，营造民主氛围，促进学生自主性学习。建立平等的师生关系，教态自然亲切。

其次，采用多种教学手段，使用电视机、影碟机、录音机、电脑课件及直观教具，引导学生自主性学习。

（四）运用促进自主学习的评价手段

在评价形式上，改变单一的教师对学生个体评价方式，增加小组互评、个人自评和家长评价。在评价过程中，坚持形成性评价和终结性评价相结合，全面评价学生的学习态度、学习习惯和学习效果。同时，及时、准确地评价反馈，让学生拥有一份成就感，巩固学习兴趣。

In a nature park 教学案例

（一）创设教学环境

教师根据教学内容，把教室布置成学生感兴趣的自然公园，并在黑板上画出带有本课单词的自然公园图案。

（二）确定教学内容

本节课学生能听、说、认读单词：grass, sky, cloud, forest, river, lake, mountain, path；并能灵活运用"There is … in the nature park."句型及学过的单词来描述自然公园中的景物。同时，扩展"There are …"句型的使用。

（三）制定教学方法

1. 课前做 clap your hands 的热身活动，活跃气氛，创设温馨的英语学习氛围。

2. 运用游戏，学习单词。

首先运用猜谜游戏，引出前三个单词，教师以 I have some riddles for you. Guess what's green/blue/white? 猜谜活动，引导学生猜出 grass, sky, cloud 等词，并指导学生

借助词典共同学习，每个小组学一个单词，再由小组间交流互相学习其他单词，全班共学，最后由教师小结，用 chant 来操练：The grass is green. The sky is blue. The cloud is white. 再运用 What's missing? 的游戏，巩固 grass，sky，cloud 这三个单词。然后，播放课件，学习另外五个单词，屏幕上出现单词的课件。如出现 river（小河）的图像及单词的部分字母读音，让学生尝试拼出这个单词 r/i/v/e/r/，请学生认读。用同样的方法学习 forest，lake，path，moutain 几个单词。

3. 运用课件，巩固单词。

运用拼图游戏，通过课件屏幕的 5 个数字，猜出每个数字后的单词，巩固新知，引出句型。

4. 运用活动，学习句型。

屏幕上出现了一张 a nature park 的图片，教师引导学生正确使用"There is…"句型，对图片进行描述，当说到 grass 这个词时，教师及时解决教学难点。

5. 小组比赛，巩固句型。

教师请学生完成 a nature park 的拼图后，运用"There is… in the nature park."句型描述黑板上的自然公园。可以扩展"There are…"句型。小组比赛，看哪一小组将自然公园描述得最好。

6. 知识延伸，文化拓展。

教师在课堂中展示美国黄石公园图片，学生用所学单词、句型进行描述，然后小组合作，自由谈论图片中的中国自然公园。

7. 课外延伸，能力培养。

最后作业：收集长春的公园图片，向他人用英语介绍公园概况。

第五节　任务型教学法

一、什么是任务型教学法

任务型教学法是从 20 世纪 80 年代逐渐发展起来，广为应用语言学家和外语教学实践者认可和接受的一种外语教学方法，也是教育部制定的中学英语课程标准所推荐和提倡的英语教学法。任务型教学（Task-Based Learning，TBL），从广义上讲就是把语言应用的基本理念转化为具有实践意义的课堂教学模式；从狭义上讲，就是由教师围绕特定的交际和语言项目，设计出明确的、具体的、可操作的任务，然后由学生通过表达、询问、沟通、交涉、协商等多种语言活动形式来完成任务，达到学习和掌握语言的目的。

二、任务型教学法的基本原则

（一）真实性原则

在任务设计中使用的输入材料、履行任务的情景和具体活动应来源于真实生活，并尽量贴近真实生活。当然，"真实"只是一个相对概念，任务设计的真实性原则也不完全反对非真实语言材料出现在课堂任务中，但要尽量创造真实或接近真实的环境。让学生尽可能多地接触和加工真实的语言信息，使他们在课堂上使用的语言和技能在实际生活中同样能得到有效的运用。

（二）形式/功能原则

脱离语境是传统语言练习的瓶颈，形式/功能原则就是在真实性原则的基础上，将语言形式和功能的关系明确化，让学生在任务履行中充分感受语言形式和功能的关系，以及语言与语境的关系，增强学生对语言得体性的理解。

（三）连贯性原则

怎样使设计的任务在实施过程中达到教学上和逻辑上的连贯与流畅？必须正确处理任务与任务之间的关系，以及任务在课堂上的实施步骤和程序。实施教学中既要穿插一两个活动达到教学目标，也要通过一组或一系列的任务来完成，真正将一堂课的若干任务或一个任务的若干子任务相互关联、相互衔接，做到教学目标指向统一，内容相互衔接。

（四）可操作性原则

在任务设计中，不仅要为学生提供任务履行或操作的模式，而且还要考虑到它在课堂环境中的可操作性问题。尽量避免那些环节过多、程序过于复杂的课堂任务。

（五）实用性原则

课堂任务的每一环节总是服务于教学的，既要注重活动形式，更要考虑实际效果。因此，在任务设计中，要避免为任务而设计任务。应尽可能利用有限的时间和空间，为学生的个体活动创造条件，最大限度地为学生提供互动和交流的平台，达到预期的教学目的。

（六）趣味性原则

实践证明，有趣的课堂交际活动能有效地激发学生的学习热情，使他们主动参与学习。因此，在任务设计中，很重要的一点便是考虑任务的趣味性，避免一些机械的、枯燥的、单调的课堂任务重复出现。要尽量使任务的形式多样化，例如多人的参与、多向的交流和互动，任务履行中的人际交往、情感交流，解决问题或完成任务后的兴奋感、成就感等。

三、任务型教学法的课堂实施

"任务教学法"的目的是通过设定任务，使教学双方都明确自己所要解决的目标是什么，经过多次重复交流和磨合，使双方的目标一致而完成自己的学习任务。其具体实施过程是：设定好任务→破解完成任务的瓶颈制约→获得多次相互交流的机会（或冲突）→达成共识→任务的完成。任务型教学三个阶段的框架值得参考。

（一）Pre-task

呈现和学习完成任务所需的语言知识，介绍任务的要求和实施任务的步骤。

（二）While-task

设计数个微型任务，构成任务链，学生以个人或小组形式完成各项任务。

（三）Post-task

各小组向全班展示任务结果（学生自评，小组互评，教师总评）。

四、任务型教学法典型案例

案例1 《新标准英语》第二册 3B module 4 what do you do at the weekend?

Step 1：课堂启动

（1）Sing a song：

（2）用 TPR 活动复习 football，basketball，table tennis 等。

Step 2：任务呈现

出示一张海报，海报内容是我校的周末俱乐部对学生开放了，活动内容有足球、篮球、乒乓球、跳绳、游泳等，要参加的同学赶快来报名。告诉学生，这节课我们要学习有关周末活动的内容，然后一起去报名参加。

Step 3：课文呈现

（1）播放课文的动画片，让学生边听边猜测课文的意思。

（2）再次呈现课文，学生边听边指图。

Step 4：操练与指导

（1）出示课题：What do you do at the weekend? 告诉学生可以用这句话询问对方周末活动，并带读→小组读→个人读。

（2）教师边做动作边教词组。(watch TV/ play football，play basketball，play table-tennis，go swimming，go cycling)

（3）教师和一名学生做示范：T：What do you do at the weekend? S：I go swimming. 填入表格。让其他学生4人一组，轮流调查小组内同学们周末做什么，并填表。

（4）教师拿一份调查表去向学生展示某同学的周末活动，引出 "What does ××do at the weekend? He (she) goes swimming……"。

（5）小组间交换调查表，操练（4）步句型。

（6）活动：猜一猜。老师询问一学生：What do you do at the weekend? 该生悄悄告诉老师，其他学生猜猜这个学生的周末活动，给予猜对的同学小贴片作为奖励。

Step 5：复习总结

看课文动画或听录音跟读课文两遍。

Step 6：完成动作任务

周末俱乐部活动报名工作开始了，学生们互相询问，互相谈论周末活动，然后把自己的名字贴在要参加的活动的标志牌上，最后根据名字的数目评选出本班同学最喜爱的周末活动。

Step 7：Homework

（1）调查自己父母的周末活动。

（2）指导学生做一个时间轴，然后让同学将本周一天的活动标在时间轴上对应的时间下面，下次上课时，展示自己的时间轴，并参照它说明自己在周日所做事情。Eg：I get up at 7:00. I go swimming at 8:30. ……

教学实践证明，任务型教学给英语课堂教学带来了全新的活力，它强调了学生语言运用能力的培养，注重发展学生的学习策略，促进学生创新精神和实践能力的提高，充分体现了以教师为指导、以学生为主体的素质教育理念，在课堂教学中越来越显示出其优越性。因此，需要教师在教学中不断研究、设计出适合具体教学内容的教学任务，要为学生创造有利于完成任务的环境，并在教学实践中不断总结和探索，使任务型教学模式在小学英语教学中日臻完善。

案例 2　Favorite food

Ⅰ. Teaching aims and demands：

1. Knowledge：the world's favorite food
2. Function：Talking about the people's favorite food
3. Vocabulary：Italian \ Italy \ Indian \ pizza \ workplace \ seem \ even \ chocolate
4. Ability：to practice students' reading skill and use the language in the real activity

Ⅱ. Teaching aids：radio and multi-media

Ⅲ. teaching class period：1

Ⅳ. teaching procedure

Step 1：Warming up

1. Puzzle

1) What tables are often found in the fields?
2) What dog that does not bark is often found in the fast food?
3) What plant do hens like best?
4) What meet begins with the letter B and ends with the letter F.
5) Why should one never do or say secret things in a garden where potatoes and corn are planted?

教学意图：通过猜谜语来复习有关食品的名词；vegetables, hot dogs, cabbages … 为了完成猜的任务，学生会开发自己脑子中所有的食物名词。

2. Look at the form：

names＼number	Yao Ming	Liu Xiang	Zhou Jielun
1	Chicken	tomatoes	grapes
2	pork	dumplings	cabbages
3	beef	carrots	hot dogs

告诉学生：Yao Ming likes beef a little, but he likes pork better, he likes chicken best.
Ask and answer like these：

1) How about Liu Xiang and Zhou Jielun?
2) Which does Liu Xiang like better, tomatoes or carrots?
3) Which does Liu Xiang like best, tomatoes, dumplings or carrots?

4) What's Zhou Jielun's favorite food?

5) What's your favorite food?

教学意图：进一步复习有关食物的名词，练习句型"He likes to eat …"为后面的学习作铺垫。

Step 2：Presentation

1. 看多媒体：呈现出日本的画面问 Where is it? 再呈现出日本人吃饭的画面问 What do Japanese like to eat?（fish，and they don't often cook it）

2. 利用多媒体教学：In Italy Italians like to eat pizza. In India Indians like to eat hot food. In England the people like to eat fish and chips. In America Americans like to eat fast food.

教学意图：通过多媒体来教学本课的新词汇，并介绍本文的内容，为后面的阅读扫清障碍。

Step 3：Pre-reading

Talk about the following questions in small groups.

1. What is the most popular food in China?

2. What is the most popular food in the world ?

3. Do you like fast food ? Why or why not?

教学意图：引出下面的课文阅读，同时给学生一个说英语和运用新知的练习任务。

Step 4：Reading

Read the text silently and find out the answers the questions：

1. Where do the English buy fish and chips ?

2. Where do they eat fish and chips?

3. What's the world's favorite food? How do you know?

4. What do you think of Chinese food ?

5. Why do the people enjoy Chinese food?

教学意图：通过带着问题来阅读，培养学生动脑的能力，加深对课文的理解，同时也培养学生的阅读能力以及运用英语来思考的能力。

Step 5：Listening

Listen to the tape and find out which sentences are true：

1. Indians like to eat pizza.

2. The English only eat fish and chips at home .

3. You can find people eating American fast food in Paris.

4. You can find Chinese restaurants in the world .

5. Chinese food has different tastes.

教学意图：通过听的训练来加深对课文的理解

Step 6：Consolidation

1. Ask some questions about the text and answer in pairs.

2. Retell the text all by themselves.

教学意图：通过提问和复述课文这些任务来巩固对课文的理解，从而达到运用英语的能力。

Step 7：Make a survey

随机采访三位同学，调查他们昨天三餐所吃食物，然后进行对比，最后要求他们写一小文章，就个人的意见来谈谈谁的饮食最合理，并告诉他们多吃蔬菜和水果类。

	Student 1	Comments
Breakfast		
Lunch		
Supper		
	Student 2	Comments
Breakfast		
Lunch		
Supper		
	Student 3	Comments
Breakfast		
Lunch		
Supper		

教学意图：作为教学反馈，让学生在真实情景中来运用英语，也为下一步作铺垫。

Step 8：Practice

Ask and answer like these：

Do you think Japanese's favorite food is bread？

Yes，I think so. /No，I don't think so.

Chocolate is good for your health，Do you agree？

Yes，I agree. /No，I don't really agree.

教学意图：进一步巩固新知，学生容易掌握同意和不同意这些句型。

思考与练习：

1. 传统教学方式有何弊端？举例说明新课标的合作、自主、探究的意义。

2. 以下是 PEP 教材第三册 Unit 5 Part A Let's talk，主题是 Food，请你设计一个任务型的活动方案。教材内容适合小学五年级的学生，他们具备一定的基本知识和技能，对基本的课堂用语、教师的指令已经基本掌握，知道中西方一些常见的食物名称，能熟练地表达自己所喜欢的食物，并能交流相互的食物爱好。

设计方向：根据学生的年龄特点和认知能力，从学生的学习兴趣、生活经验和认知水平出发，倡导体验、实践、参与、合作与交流的学习方式和任务型的教学途径，发展学生的综合语言运用能力，使语言学习的过程成为学生形成积极的情感态度、主动思维、大胆实践和形成自主学习能力的过程。

主题：Talking about meals.

语言知识：What would you like for breakfast/lunch/dinner? I'd like some …

词汇：breakfast，lunch，dinner，hamburger，beef，soup，vegetable…

第十章　小学英语课程评价与测试

通过本章学习，需要达成如下目标：(1) 课程评价的含义，(2) 了解形成性评价、总结性评价、诊断性评价及课程评价，并能够运用于课堂实践，(3) 了解课堂教学评价。

第一节　课程与评价概述

课程评价是对课堂教学活动过程与结果做出的一系列的判断行为。评价作为英语课程中的一个重要组成部分，在英语课程发展中起着十分重要的作用和影响。

一、课程评价的含义

课程评价是指依据一定的评价标准，通过系统地收集有关信息，采用各种定性、定量的方法，对课程的计划、实施、结果等有关问题作出价值判断并寻求改进途径的一种活动。它包含两个方面，一是对教育过程的计划与组织的判断，二是对学生成绩（学生的学习成果）的判断。按评价的功能可以划分为形成性评价、终结性评价和诊断性评价三种。

二、课程与教学评价的意义

评价作为英语课程中的一个重要组成部分，在英语课程发展中起着十分重要的作用和影响。科学的评价体系是实现课程目标的重要保障。

(1) 它具有激发学生的内在需要和动机，让学生在课堂中体验成功的喜悦，发现学习英语的奥妙和乐趣的作用。通过评价，使学生在英语课程的学习过程中不断体验进步与成功，认识自我，建立自信，促进学生综合语言运用能力的全面发展。

(2) 使教师获取英语教学的反馈信息，对自己的教学方法及时进行反思和改进，促进教师的教育教学水平不断提高。

(3) 使学校及时了解课程标准的执行情况，对教学质量与学习质量进行有效监督，改进教学管理，促进英语课程的不断发展和完善。

三、课程评价的原则

（一）指导思想上要坚持适合一切学生的教育

要立足于促进学生的学习和充分发展，突出评价的发展性功能和激励性功能，扎实做好对学生学习潜能的评价，为"适合一切学生的教育"创造有利的支撑环境。

（二）评价主体要坚持"五位一体"

要建立由学生、家长、社会、学校和教师等"五位一体"共同参与的评价机制，切实改变评价主体的单一性，实现评价主体的多元化，进一步调动学生主动参与评价的积极性。

（三）在评价方法上要坚持多措并举

一是要实行多次评价、随时性评价和"档案袋"式评价等方式，在评价过程中实现由终结性评价向形成性评价发展。二是要关注学生的分数、学习的动机、行为习惯、意志品质等因素，实现由定量评价发展到定量和定性相结合的评价。三是由相对评价发展到个人内差异评价。相对评价是通过个体的成绩与同一团体的平均成绩相比较，从而确定其成绩的适当等级的表示方法，也被称作"常模参照评价"。这种评价缺乏对于个人努力状况和进步程度的适当评价，不利于肯定学生个体的成绩。个人内差异评价是对学生个体同一学科内的不同方面或不同学科之间成绩与能力差异的横向比较和评价，以及对个体两个或多个时刻内的成就表现出的前后纵向评价。这种评价可以为教师全面了解学生提供准确和动态的依据，也可以使学生更清晰地掌握自己的实际情况，有利于他们激发学习动力、挖掘学习潜能、改进学习策略等。四是要对不同的学生采用不同的评价标准和方法，避免绝对性评价过于重视统一性而忽视了评价的差异性和层次性，使学生在"最近发展区"上获得充分的发展，实现由绝对性评价发展到差异性评价的转变。

四、课程评价的主体对象

传统考试方法的教学评价的主体是教师，学生则是被评价者，是评价的客体，在评价中处于被动地位。新课标需要的教学评价要求评价主体是多元的，它应当包括教师、学生以及与课程相关的人。

（一）教师

教师要对学生进行评价，而且要对自己的教学行为进行评价，教师之间应当不断地进行合作评价。

（二）学生

学生应当自己评价自己，也应当进行合作评价，还可以对教师教学行为作出评价。

（三）家长及社会

与课程相关的人也可以参与评价。如社会、家长等。把学校评价、社会评价和家长评价结合起来。

其中，评价活动的重点环节应该是学生自评。在新课标所需要的教学评价中，学生应该是主动的自我评价者——通过主动参与评价活动，随时对照教学目标，发现和认识自己的进步和不足。评价应当成为学生自我教育和促进自我发展的有效方式。

第二节 形成性评价

一、什么是形成性评价

形成性评价是指在学习活动实施的过程中，对计划、方案执行的情况和结果进行的评价。它侧重过程的指导和对学习中存在的问题与不足的揭示，能及时调整学习过程中存在的问题，提出改进措施。形成性评价是教学的重要组成部分和推动因素。形成性评价的内容包括学习行为、学习心理、情感态度、学习策略、参与情况、合作意识等各个方面。其目的是激励学生学习，帮助学生及时而有效地调控自己的学习过程，使学生获得成就感，增强信心，培养合作精神。形成性评价有利于学生从被动接受评价转变成为评价的主体和积极的参与者。

二、形成性评价的特点

形成性评价重视对学生学习过程的评估和评判，它通过多种渠道，综合、分析学生日常学习的信息，了解学生的知识、能力、兴趣和需求，着眼于学生潜力的发掘。它不仅注重对学生认识能力的评价，而且也重视对学生情感及行为能力的评价。形成性评价为学生提供了一个不断自我完善和提高的机会。它强调学生的自我评价与相互评价，让学生在自我评价中不断地反思，并取得学习上的进步。正因为如此，形成性评价给予了学生极大的发展空间，它有利于培养学生学习的兴趣，增强其学习的动机和学习的自信心。形成性评价具有以下五个方面的特征。

（一）学生主体性

形成性评价不是简单地将评价对象——学生，作为一个知识的容器和技能的载体，完全按同一个尺度来测量这个容器里装了多少东西，这个载体承载了多少重量。相反，它本着通过评价促进全体学生全面发展的指导思想，充分考虑学生的个性特征、学习习惯、学习态度、兴趣爱好、学习成绩、学习策略，以及知识能力水平。承认他们存在着个体差异，对他们的知识、智力和情感因素等进行全方位的考察，横向、纵向相联系。在教师评价的同时，教会学生自我评价，帮助学生形成确定有效的符合个性特点的学习方式，使他们真正成为学习的主人，这也正符合了素质教育以人为本的思想。

（二）过程持续性

一方面，形成性评价是一种过程性评价，贯穿于学习过程的始终。其目的是通过教师和学生共同反思与调节教学的全过程，使它保持一个健康的、可持续发展的方向和一定的发展速度。另一方面，完成一个评估任务的过程往往也就是一个学生学习与锻炼的过程。例如，有一个评估任务要求学生用学过的语言结构编一个短剧并表演，学生可以有几个星期的准备时间。学生起草剧本、修改剧本、分配角色、排练剧本的过程必然要对所学的内容进行回忆、练习，对语言与情景的关系必须要有清晰的认识，并且要相互配合，才能将短剧演好。这个过程实际上是一个学生复习和深化所学内容，相互加深了解与合作的过程，是一个学生学习成长的过程。

（三）内容多样性

在评价内容上，它不仅评价学生掌握基础知识和学习内容的水平，还评价个体的兴趣、态度、策略等在学习过程中的发展和改进；在评价主体上，它变单一的教师评价为教师评价、学生自我评价和学生相互评价相结合，体现学生在学习过程中的自主性，反映学生的个性；在评价的标准上，它既有以课程目标为参照的统一标准，又有以学生的纵向发展水平为参照的个人标准，二者相互结合、相互补充，共同对学生的学习状况进行评价。

（四）开放民主性

形成性评价的目的是促进学生的发展。为此，它摆脱封闭、僵化的传统考试形式，以有利于学生的进步为原则，不拘一格地选用评价的方式和手段。教师要逐步转变角色，从"考官"的角色逐渐转变为与学生合作来共同完成评价的"合作者"的角色。形成性评价要让学生有自主选择权，评价内容和评价形式可以让学生自己决定，不必总是由教师统一规定。这样有利于发挥学生的想象力和创造力。为评价而进行的一系列活动都是在自然的状态和开放的环境中进行的。教师努力创设宽松友好的氛围，降低学生的紧张程度，使他们的兴趣和创造性得到激发，自信心得到增强。为促使学生自我激励和进步，在一些知识、技能的测试上可以给学生两次评价的机会。评价活动的结果或产品不要求整齐划一，而应具有多种可能性。

（五）激励发展性

促进学生的发展是形成性评价的本质特征和根本目的。形成性评价中完成任务的过程就是学生获取语言知识和形成语言技能的过程。形成性评价是对学生的学习成绩进行记录和反思，它反映学生的进步情况，能使学生在学习的过程中得到激励，产生自信心、成就感，以及继续向上发展的内驱力；学生参与评价可增强学习的责任感；学生通过对自己学习的适当监控和反思，掌握并调整适合自己的学习策略，增强学习能力；对兴趣、态度、情感、沟通能力、合作精神等的评价能为学生的性格成长提供帮助和指导。

三、形成性评价的内容

形成性评价是教与学的双向评价，在对学生进行全面评价的同时，也能促使教师全面、深入和细致地总结课程。它主要评价学生在学习过程中知识、技能、态度、情感等方面的情况，让教师及时了解学生的学习情况，通过信息反馈调整教法，让师生在教与学的过程中不断得到反思。尤其在英语学习方面，形成性评价覆盖的内容是多方面的，因此它有助于学生听、说、读、写各项技能的平衡发展。其评价内容具体如下。

（一）学习兴趣

通过观察、提问、座谈、问卷等方式了解学生对课程学习的兴趣情况，原来有兴趣的学生是否保持甚至加强了学习兴趣，原来兴趣不高的是否有改进。学生是否有浓厚的学习兴趣在很大程度上影响学习效果，特别是在基础英语学习阶段，提高并保持学生的学习兴趣是极其重要的。学生学习兴趣变化的另外一个重要原因就是教材内容和教师的教学，因此，学生学习兴趣情况也可以用来作为评价教师的间接信息。

（二）情感、策略发展状况

在学生课堂听讲、回答问题以及学生对话表演、小组讨论、排演英语小品等活动中观察、了解学生的主动学习态度和合作学习情况；同时了解学生是否能够根据不同的学习任务调整学习策略。

（三）相应学段所学语言知识和技能的掌握情况

通过课堂提问、独立作业、阶段小测验等方式检验教学效果。根据检验结果判断学生教学重点掌握情况，并及时采取相应补救措施。

（四）综合语言技能运用能力

通过观察在学生课堂听讲、回答问题以及学生对话表演、小组讨论、排演英语小品等活动中的表现，了解学生综合运用所学语言知识的情况。

四、形成性评价的实施原则

在对学生进行形成性评价时应遵循以下原则。

（一）导向性原则

导向性原则是指充分利用评价目标，在评价中充分发挥教师的"导评"作用，让学生在自我认识的"参评"中，清除学生在发展中的心理障碍，使学生发展自我优势，克服自身弱点，让学生得到全面的生动活泼的和谐发展。

（二）以学生为本的原则

以学生为本的原则是指允许学生作出不同的选择，并为学生的选择创造条件，信任学生具有构建、同化知识的能力，尊重学生智力潜能的差异，理解学生的情感、态度和体验，关注学生学习的自主性。

（三）多元化原则

多元化原则是指形成性评价不仅有教师对学生的评价，还有学生的自我评价和合作评价等。在学习过程中，教师要逐步转变角色，从"考官"角色逐渐转变为与学生合作来共同完成评价的"合作者"的角色。要让学生有选择权，评价内容和评价形式可以让学生自己决定，不必总是由教师统一规定。

（四）发展性原则

发展性原则是指作为发展的人，学生还是一个不成熟的人，是一个正在成长的人。在实践中，人们往往忽视了学生正在成长的特点，而要求学生十全十美，并因此对学生求全责备。而形成性评价是对学生做了什么和能做什么的记录和反思，它反映学生的进步情况，能使学生在学习过程中得到激励，产生自信心和成就感；学生通过对自己学习的适当监控和反思，掌握并调整适合自己的学习策略，增强学习能力；对兴趣、态度、情感、沟通能力、合作精神等的评价能为学生的性格成长提供帮助和指导。

五、形成性评价的具体实施

根据小学生的年龄特点和英语水平，综合教学实践中使用的形成性评价的手段，在小学英语教学中可以用以下形式对学生进行形成性评价。

（一）阶段性小结

1. 问卷调查

教师制作调查表对学生进行问卷调查。对学生在校期间的思想品德、英语能力、身体素质等全面素质作综合评估，诊断学生的优势与不足。通过问卷调查，了解现实生活中邻居、同学和家长对该生英语学习的评价与建议，记录档案中。这不仅是对学生的促进和鼓励，也能引起教师的思考与改进。问卷调查可操作性强，根据不同年龄段的学生可采用不同的调查表。以下是一个对学生学习态度的调查表。

项 目		同 意	不同意
1	我认为英语学习能促进其他科目的学习。		
2	我认为花时间学英语很值得。		
3	英语很重要。		
4	我觉得英语非常有趣。		
5	我觉得学习英语比学习其他课程轻松些。		
6	我认为每天都应该有英语课。		

通过问卷，了解学生对于英语学习的态度是否积极，而这对于学生本人的学习进步则是更重要的。类似这样的表格，可在学期初时作一次调查，学期结束前再作一次调查，看看是否有了变化。

2. 成长记录袋

成长记录袋是形成性评价的重要内容。它是指收集、记录学生自己、教师或同伴作出评价的有关材料，学生的作品、反思，还有其他相关的证据与材料等，以此来评价学生学习和进步的状况。成长记录袋可以说是记录学生在某一时期一系列的成长"故事"，是评价学生进步过程、努力程度、反省能力及其最终发展水平的理想方式。

成长记录袋的主要意义有两点。首先，学生通过自己的全程参与，学会了反思和判断自己的进步与努力。成长记录袋可以让学生观察到：只要他们对个人或者团体作出常规的投入，那么他们的努力就会产生越来越多的回报。在成长记录袋评价中，很多学生更加努力地学习，因为这些成长记录袋表现了学生的所有权和个人选择，并与学生的兴趣和能力相关联。当学生察觉他们努力的目的是有意义的，他们就会更加努力地学习。当他们的学习超越了课堂环境，并且和他们的现实世界相联系的时候，学生通常会认为观点和概念更有意义、更有价值。其次，成长记录袋为教师最大程度地提供了有关学生学习与发展的重要信息，既有助于教师形成对学生的准确预期，方便教师检查学生学习的过程和结果，又是将评价与教育、教学融合在一起，与课程和学生的发展保持一致，提高了评价的效度。

成长记录袋突出评价的过程性并关注个体差异，内容丰富多样，既可包含学生认为满意的作业作品、星星集、平时书面测验的试卷、家长的评语、教师的评语或课堂轶事，又可让学生记录自己的一些学习心得或学习上遇到的困难等。学生本人是建立和充实学习档案的主要参与者，教师提出要求并给予适当指导。也可由教师系统地设计一本学习档案本，让学生分阶段、分内容填写。当然，学生也可自行充实档案的内容。例如，以下设计的从多角度反映学生学习情况的学习档案本，让学生有方向性地填写，对自己学习的知识、技能和学习动态有较清楚的理解。

学习档案包含的栏目如下。

（1）本学期的学习目标（包括课堂上、课后、课外活动、成绩）。心理学研究表明，在一定限度内，一个人的成绩与他的目标抱负成正比。目标就如人的一个内驱器，驱使人为达成目标而作出相应程度的努力。因此，学生通过自定目标，为自己努力方向提供索引。

（2）不同学习阶段中，自己、同学、老师、家长对"我"的评价（包括学习态度、学习能力、学习习惯的评价）。形成性评价的主体变单纯的教师评价为多主体参与评价，从多角度反映学习过程的情况。

（3）"我"的成绩表以及进步、退步原因（包括平时测验及口语成绩要达到的目标、实际成绩，以及找出进步、退步原因）。通过成绩对比，方便进行师生教与学的反思。

（4）"我"的星星集。通过动态坐标的形式，反映学生不同时期的学习收效。

（5）"爸爸，妈妈"，听"我"说（唱）英语。把学习到的信息向家长反馈，把表现英语由课堂延伸到课外，让家长了解到孩子们学到什么。

（6）"我"的采蜜集（把身边有趣的英语记录或剪辑下来）。培养学生多留意身边的英语，有利于学习兴趣的培养。

（7）"我"的优秀作品展。让学生把自己认为满意的作业作品剪贴下来，展示出来。让学生看到自己的学习成果，体验成功的喜悦。

（8）"我"的成功"小秘笈"。通过写出学习成功的经验，让学生互相分享，互相学习，取长补短。

（9）"老师，我想对您说……"向老师提议或说出心里话，通过真情的表白，架起师生之间的桥梁，拉近师生心灵的距离。

（二）英语课堂中的评价

1. 小组任务活动的评价

在形成性评价中，小组任务活动是一个很重要的形式。《小学英语新课程标准》提出"发展学生自主学习和合作精神"。小组任务活动则是培养学生合作精神的良机，也是让学生通过用英语去完成一些现实生活中真实的、非语言性的任务来发展其英语运用能力，可分为课堂上活动和课后活动。教师通过收集学生的小组活动报告，了解学生学习的掌握程度。如在玩"board game"后，让学生填写下表：

name ： stars I get（把你获得的星星数量用红笔涂上颜色）
What I don't know（你在哪一格错了？请把你不懂的记录下来）
☆☆☆☆☆☆☆
☆☆☆☆☆☆☆
☆☆☆☆☆☆☆
☆☆☆☆☆☆☆

又如为巩固图形的单词，培养学生的观察力，设计以下表格：

shapes	What things do you have like this? How many?
circle	
triangle	
rectangle	
square	
oval	

2. 口语评价

口语评价可以考查学生运用语言进行实际交际的能力，可以看出学生语言的熟练程度。口语的重点应落在语言的标准、语调的自然、语速的流利及语言的运用、语言的即兴反应上。口语可分为听、做、说、读、唱、玩几个模块。教师一般可采取这样的形式评价学生的口语。

（1）听、做：① 听听做做：如 stand up, point to…, Polly says "Close your eye." 等；② 听音模仿：听录音，根据录音说出正确的句子。

（2）说：① 日常用语，如 What's your name? How old are you? How are you? Where are you from? ② 看图说话：如 Where is the …? How many … can you see? What color is it? 等。③ 看图说话：看图作简单描述或作出评论，适合高段。④ 会话 a. 根据所给题目即兴会话，如 talk about your family（适合高段，稍难，但如果平时上课就有即兴扩展性会话，学生就能行）。b. 根据所给情景即兴编演对话，如 borrowing things, making a telephone call 等。

（3）读：① 读字母；② 读单词；③ 读句子；④ 读课文；⑤ 读课外段落。

（4）唱：① 唱儿歌；② 唱歌谣。

（5）演：① 可以是课文对话的表演，自编对话的表演；② 可以是儿童剧、课本剧的表演，如 PEP 中的 story time，如 BOOK 4 的 the cock and the fox 等。

3. 课外自评与互评相结合

自评和互评在形成性评价中占有很重要的地位，它不仅能培养学生的自尊心和正确评价自我的能力，而且有助于保护学生的自尊心和提高其自信心。课堂教学中每学完一个单元就评价一次。评价标准是 ABC 三等。A 等：课前预习，课后复习，上课积极举手发言且说话流利，口齿清晰，语音、语调较好，既有个人活动，又有小组活动，作业按时完成，质量高。B 等：有预习或有复习，能回答老师问题，有时主动，口齿基本清晰，基本上能完成作业，质量一般。C 等：课前预习和课后复习都少，上课很少发言或只是被动发言，口齿不清晰，语言词不达意，较难让人明白，不能及时完成作业，质量不高。学生通过自评和互评可以发现英语学习过程中所取得的成绩和不足，调整每阶段的学习计划和步骤，不断完善学习过程，也起到了自我督促和相互督促的作用。

六、形成性评价实施应注意的问题

英语教学过程中应以形成性评价为主，注重培养和激发学生学习的积极性和自信心，促进学生自主学习能力的发展。因此,在小学英语教学中实施评价时应该注意以下问题。

(一) 以奖为主,增加自信

学生在学习活动中不断取得成就并受到奖励,有利于培养其乐观、进取和勤奋的人格;反之,则容易形成自卑。因此,形成性评价要注意以鼓励、表扬等积极评价为主,要采用激励性的评语,尽量从正面加以引导。在评价时要尊重学生的个体差异,促进学生的健康发展。

(二) 方法多样,保持兴趣

形成性评价要综合采用多种评价方式,考试仅是其中的方式之一。还可以鼓励学生、同伴、教师、家长共同参与评价,并采用多种方式,如课堂学习活动评价、课外实践活动评价、学习效果评价、学习档案、问卷调查、访谈、家长对学生情况的反馈与评价等。如此形式多样,让学生乐于评价,快乐接受,保持兴趣。

老师在评价学生时经常用到的一种方法:给学生贴星星,即用不同形式代表不同等级,可有代换式,如依次向上的顺序为:奖励一次得一颗星星,得两颗星星换一颗红星,得五颗红星换一面红旗,得五面红旗换一朵红花或笑脸;也可每表现好一次,得五角星中的一角,直到得满五角,奖励其一颗纸星星。星星评价法较为实用,一则是因为操作简单,二则是因为它的独特之处:全面性和全程性。它为每一个学生提供了获得成功的机会。无论是谁,都希望肯定;无论是谁,身上都有闪光点。星星评价法能促进学生积极学习,且能使他们真切地感受到自己的进步以及对鼓励的期待。

(三) 尊重学生,培养素质

对学生综合素质的考查,不仅要求学生成绩的提高,而且要注重学生创新精神和实践能力的发展,注重学生个体发展独特性的认可;发挥学生多方面的潜能,帮助学生悦纳自己、拥有自信;不仅考查知识、技能等学习认知层面,同时应关注对学生学习过程中所反映的情感态度、学习策略等方面作出评价。考查的目的是激励学生学习,帮助学生有效调控自己的学习过程,使学生获得成就感,增强自信心。

七、形成性评价的实践案例

案例 1

评价案例:3~6年级英语二级听力形成性评价方案

1. 评价目的

二级听力评价以激发学生听英语的兴趣,养成良好的听的习惯为目的,帮助学生发展良好的听力技能,以具备能够在听的过程中成功理解真实性语言材料的能力。教师通过评价,可以了解学生听的能力的发展状况,了解学生对语言的掌握程度,发现问题,从而针对不同的学生制定相应的补救措施来帮助学生克服听力理解中的障碍,最终达到激励学生采取有效的策略,继续努力学习的目的。

2. 评价内容

评价活动	评价方法	评价标准
听听写写	听录音或听教师、学生读，按要求完成相应的练习，如： ① 听音写数字； ② 听音画勾或打叉； ③ 听音选图； ④ 听音标号或排序等。	优：听1～2遍，能熟练，准确地完成全部内容。 良：听2～3遍，能在规定时间内比较准确地完成全部内容。 中：听2～3遍，能完成部分内容。
听听猜猜	① 一边听一边猜：教师选出学生甲蒙住眼睛，再选出学生乙用英语介绍自己的特点，但不能说出自己的名字。学生乙还可以改变声音来改变难度，学生甲根据听到的信息猜测出乙的姓名。 ② 听描述猜谜语：教师或学生用英文描述一则谜语，请某一位或某一组学生猜答案。	优：听1～2遍即能准确猜出。 良：听1～2遍即能比较准确猜出。 中：听3遍以上能根据提示猜出。
听听做做	根据听到的语言材料，按要求作出相应的反应，如动作、手势、表情等（组织形式可以是全班，也可以在小组内或同桌之间进行）。	优：能听懂并迅速作出正确反应，参与意识强，积极性高。 良：能根据所听语言材料独立作出正确反应，参与意识强。 中：经过努力或帮助，能听懂语言材料，并作出正确反应。
听听画画	根据听到的语言材料，按要求画出相应的内容。如人物、动物、植物、生活用品、路线等，或在指定的位置涂出正确的颜色（组织形式可以是个人，也可以在小组内或同桌之间进行）。	优：能正确理解所听语言材料并迅速按要求画出内容，形象准确或涂色正确。 良：根据听到的语言材料，能较好地完成要求。 中：认真聆听语言材料，能在教师或同学的帮助下完成要求。

注：听力的语言材料可以是录音材料，也可以是教师或学生的口令或指令。

案例 2

学生档案袋

1. 设计学生日常的每周听磁带的反馈表格，要求学生每天都对自己的行为作出评价，老师每周检查一次，并给予贴纸作为奖励。表格设计如下：

Week（周次）　　MON　TUE　WED　THU　FRI　SAT　SUN　家长签字　　sticker

2. 另外，教师设计了每月的评价表格。每月的评价表格的标题就是"＿＿＿月我又进步了！"首先在标题上就给学生们传达了一个这样的信息：老师在时刻关注你的成长。我的月评价的内容为：自评：学生针对自己在这个月内的学校学习、家庭学习各方面的表现进行一次总结，最多给自己打5个星星。表格设计如下：

	课堂表现	课堂练习	家庭作业	听磁带
How many stickers?				
我能得几颗星星				

3. 组评价表：合作学习是新型学习方式倡导的一种方式。每个班的学生在日常教学时要形成相对固定的合作学习小组。合作小组成员之间的评价可以起到相互督促、相互学习的作用，有利于激发学生你追我赶的上进心。每个月，小组成员之间将进行一次相互的评价。

姓名：	Yes	No
他/她上课认真听讲吗？		
他/她能正确又响亮地回答老师的问题吗？		
他/她能积极读完所要求读的课吗？		
他/她的作业认真吗？		
他/她在小组活动中积极参与吗？		

4. 教师评价表：教师对学生一个月来的学习情况给出评价，以星星的多少而表现出等第的差别，从而让学生感受到来自老师方面的关注、鼓励。

学习态度	
课堂听讲	
课堂发言	
活动参与	
课堂练习	
家庭作业	

5. 奖章直接贴在英语书、课堂活动用书前面。教师事先设计三个奖章，并将各个奖章的含义告诉学生：

星星印章：作业按时认真完成。

月亮印章：课前准备到位，上课认真，积极举手发言。

太阳印章：积极参加课前报告或小品表演；参加学校举办的各项英语活动；给校刊英语版投稿；出色完成教师布置的开放式作业。

第三节 总结性评价

一、什么是总结性评价

总结性评价也称"事后评价"，一般是在教学活动告一段落后，为了解教学活动的最终效果而进行的评价。学期末或学年末进行的各科考试、考核都属于这种评价,其目的是检验学生的学业是否最终达到了各科教学目标的要求。总结性评价重视的是结果,借以对被评价者作出全面鉴定,区分出等级,并对整个教学活动的效果作出评定。

二、总结性评价的作用

(一) 评定学生的学习成绩

总结性评价最常见的作用是评定学生的学习成绩,教师对学生的进步水平和达到教学目标的程度予以确定并打出分数,评出等第或写出评语。这类评价由于要确定学生在学生序列中的名次排列,因而常常采用"常模参照测验",并常常使用概括的评定,在成绩排列上常力求呈现"正态分布"。

(二) 预言学生在后继教学过程中成功的可能性

总结性评价的结果也常被用来预言学生在随后一门课程或一段教学过程的学习中是否可能取得成功。一般来说,在某门学科的总结性考试中得高分的学生,大多数在其他学科或该学科的其他部分的学习中也会获得高分。

(三) 确定学生在后继教学过程中的学习起点

在这一点上,总结性评价的作用与形成性评价和诊断性评价的作用基本相同。某个年级结束时的总结性评价结果,既可作为确定学生在下一个年级的教学中从何起步的依据,也可以反映学生在认知、情感和技能方面的学习准备程度。

不过,要使总结性评价的结果可以用来确定学生在后继教学过程中的学习起点,有一点是至关重要的。即总结性评价不能只用分数或单一的综合等第来表示,而应伴随比较详细、具体的评语,最好是编制一份关于该学生学习成绩的"明细规格表",用内容—行为这两个维度来表明学生已经掌握了哪些知识和技能,具备了哪些能力或进一步学习的先决条件。否则,单一的分数不可能给后继教学过程的教师提供有助于其确定学生学习起点的有用信息。

(四) 证明学生掌握知识、技能的程度和能力水平

总结性评价的结果也可用来证明学生是否已掌握了某些必备的知识和技能(至少在当时)并具备了某些特殊的能力。此外,在这类评价中,人们往往假设了一个"最低分数线"来表示"最低能力水平",如同汽车司机驾驶执照考试一样,达到或超过这个水平,学生就能胜任进一步的学习任务或担当某种工作。

(五) 对学生的学习提供反馈

总结性评价大多数在阶段教学任务完成时或在期末进行。如果它测试的是学生在教学过程某一阶段上的学习结果,并且,如果测试题能反映学生对各个单元学习任务的掌握程度,那么,合理编制的总结性考试(考查)也可为学生提供有关其前一阶段学习情况的信息,从而起到反馈作用。要么鼓励学生,要么使学生纠正前段学习中的错误或改进自己的学习方法。即使是期末进行的总结性考试,如果编制巧妙,评分得当,学生仍然可以从评价结果中获得有用的信息,了解自己对这门课程的掌握程度、存在的问题和难点,了解自己的成功之处。这些信息将有助于学生明确下一阶段或下一学期自己的努力方向,并建立

自己的学习目标。

要使总结性评价对学生的学习起积极的推动作用，关键的一点是，在综合的单一评分中必须包括各个试题的分项得分，必要时还须给出评语和指导语。

三、总结性评价设计原则

设计总结性评价任务应遵循以下原则。

（一）总结性原则

总结性评价原则是指作为一个单元、一个学期或一门课程的最终质量测量手段，总结性评价应该具有总括性。一是内容的总括，即评价应该涉及主要内容。二是能力的总括，评价应该包括主要能力，体现能力的综合性。三是评价方式的综合，总结性评价不能等同于测试（否则就不应该存在"总结性评价"这个概念），需要多种评价手段，使评价全面、公正、公平，保证评价的信度。

（二）建构性原则

总结性评价不能依赖于标准化测试，解释性的练习也不能成为评价的主要活动，评价应该体现建构性。作为课程或学期的总结，能力要求不能停留在学习初期的水平，必须突出语言、情感、策略、文化等方面的综合输出，而不是简单地再认。

（三）指导性原则

由于表现性任务评分开放，在实施对这种任务的评价之前，必须明示各种任务要求和评分标准，同时为学生提供必须的样本参照，使学生清楚自己应该达到的目标。

（四）适应性原则

评价活动的设计必须适应教学目标，必须能够表现内容；评价标准必须适应所评价的知识与技能。听力评价与口语评价和写作评价不同，一年级的阅读评价与三年级的阅读评价也存在差异。这些差异不仅表现在所使用的手段上，同时还表现在所采用的评分方式上。如果评价手段、内容与方式等不相适应，就难以保证评价的效度和信度。

四、总结性评价工具

总结性评价工具不等同于传统的测试，它具有更加宽泛的含义，除了传统的测验、考试之外，还有多种行之有效的方式，例如采用建构性或表现性任务、作文、研究报告、分数制、绘画成长记录袋、等级制等可采用表现性工具。

五、总结性评价的方式

根据《英语新课程标准》对语言技能的分级目标的要求，小学英语的终结性评价也应当分为一级水平和二级水平。一级水平的终结性评价包括口试和听力；二级水平的终结性评价包括口试、听力和笔试。这样的评价从学生的实际认知水平出发，有利于科学、合理地评价学生的学习结果，也有利于评价出学生的整体语言能力，有利于教学目标的实现。

在小学英语总结性评价的具体实施中可以采用如下方法。

（一）测试

传统的试卷考试，以其方便、统一、便于区别等优势长期存在。因此，在每学期期末,教师用传统的试卷考试,考察学生对一些基本知识点的掌握。但在试题设计上要注重考察学生的英语能力,而不是单纯的英语知识;考试内容要注意尽量贴近学生的生活经验,符合学生的心理特点。比如,四年级英语下学期终结性评价测试卷中有一题:

"听力部分"

1. 根据你所听到的单词圈出正确的图画。
2. 听一听,画一画。

试题考查学生对五官词汇及形容词的掌握。要求学生听到录音后将一个圆脸画在试卷上。"He is a boy. He has a round face. He has a long nose, a small mouth, two big eyes and two big ears."学生根据录音,画出了形态各异的圆脸,非常有意思。试题将英语知识运用到实践中,注重语言能力的培养。

(二)英语对话表演

学生们可以在整本书里,选择自己最喜欢的一段对话或情景,在课本语言的基础上重新编排对话,编排时可以加入自己的语言,最后以小组形式表演出来。小学阶段的孩子的年龄特点就是喜欢表演,他们愿意利用自己的语言将想象世界表达出来,表演也是将课本知识灵活运用。

(三)唱歌、说小诗

唱歌、说小诗是学习英语的内容,更是学习的一种方式。它不仅可以帮助学生通过美妙的音乐、明快的节奏记住所学内容,还能够陶冶情操,提高学生的艺术修养,这个过程也是一种美的体验。

(四)读单词

英语认读能力,对小学生英语学习能力是非常重要的。低年级可以采用认读单词,高年级采用认读单词表。认读能力越早掌握的学生,其英语学习能力就越强,英语学习自信也就越高,英语兴趣的持续时间也会越长。如通过大屏幕展示、教师巡视学生指读、教学新词时训练认读、教师板书的呈现、自然拼读法的渗透等,都是为了帮助学生能够更好、更快地掌握英语认读能力。

第四节 诊断性评价

一、什么是诊断性评价

诊断性评价也称"教学性评价",一般是指在教学活动开始前,对评价对象的学习准备程度作出鉴定,以便在某项教学活动开始之前对学生的知识、技能以及情感等状况进行预测,并采取相应措施使教学计划顺利、有效实施而进行的测定性评价。

诊断性评价可以了解学生的知识基础和准备状况,以判断他们是否具备实现当前教学目标所要求的条件,为实现因材施教提供依据。一般在课程、学期、学年开始或教学过程中需要的时候实施诊断性评价。例如,入学准备程度的诊断一般包括对下列因素的确定:家庭背景;前一阶段教育中知识的储备和质量;注意力的稳定性和广度;语言发展水平;认知风格;对本学科的态度;对学校学习生活的态度;身体状况等。教师可以通过研究学生履历，分析学业成绩表，以及实施各种诊断性测试，就上述各个方面或几个方面进行诊断。诊断出学生在入学准备程度上的缺陷或特点后，教师就可据此确定每个学生的教学起点并采取某些补救性措施，选择差异性的教学策略或给学生以情感方面的关心和支持。诊断性评价的作用主要体现以下两个方面：一是确定学生的学习准备程度；二是可以适当安置学生。例如，同一年级的学生肯定在知识储备、能力和能力倾向、学习风格、志向抱负及性格等方面互有差别。学生的这种多样性必然也要求教学条件和环境具有多样性。因此，了解学生在上述方面的差别和差别程度，为学生提供适合其特点的学习环境，或者说，根据学生的个别差异对学生分班、分组，是教师组织教学活动的前提，也是使每个学生能充分发展的必要条件。

二、形成性评价、总结性评价与诊断性评价对照表

在教学过程设计中，诊断性评价的结果用于课程教学设计中的"学生特性分析"和课堂教学设计中教学策略的选择；形成性评价用于每一节课后或某知识单元后的及时反馈；总结性评价用于期末或单元教学结束后的学生学习结果的评价和反馈。诊断性评价、形成性评价和总结性评价的比较如下图所示。

种　类	诊断性评价	形成性评价	总结性评价
作用	查明学习准备和不利因素	确定学习效果	评定学业成绩
主要目的	合理安置学生，考虑区别对待，采取补救措施	改进学习过程，调整教学方案	证明学生已达到的水平，预言在后继教学过程中成功的可能性
评价重点	素质、过程	过程	结果
手段	特殊编制的测验、学籍档案和观察记录分析	形成性测验、作业、日常观察	考试
测试内容	必要的预备性知识、技能的特定样本，与学生行为有关的生理、心理、环境的样本	课题和单元目标样本	课程总教学目标样本
试题难度	较低	依据教学任务而定	中等
分数解释	常模参照、目标参照	目标参照	常模参照
实施时间	课程或学期、学年开始时，教学过程中需要时	每节课或单元教学结束后，经常进行	课程或一段教学过程结束后，一般每学期一两次
主要特点	"诊断性"	"前瞻式"	"回顾式"

第五节　课堂教学评价

一、课堂教学评价的含义

课堂教学评价专指对在课堂教学实施过程中出现的客体对象所进行的评价活动，其评价范围包括教与学两个方面。课堂教学评价的价值在于，它是促进学生成长、教师专业发

展和提高课堂教学质量的重要手段。因此,如何科学、有效地进行课堂教学评价也成为现代教学的基本组成部分。它不仅是成功教学的基础,而且是进行各种教育决策的基础。

二、课堂教学评价的内容

对课堂教学的评价通常从三方面进行。

1. 对教学过程的评价

这种评价主要是对教学过程的构成要素,如教师、学生、教学方法和教学环境等进行评价。

2. 对学生活动的评价

这种评价主要以学生的心理发展为评价中心,要求对学生在课堂教学中是否得到了认知、情感、动作技能等的发展和进步进行评价。这一评价的基础建立在学生在课堂上的行为表现上。

3. 对教学效果的评价

这种评价往往是在教学结束之后对学生的进步开展的评价。它与对学生活动的评价区别在于:学生活动评价主要是通过学生在课堂上的行为表现来推测其可能的收获;而教学效果的评价往往是在课堂教学之后通过考试等测量手段来进行的。

三、课堂教学评价的指标体系

课堂教学评价常常采用等级量表制定的评价指标体系,一般包括教学内容、教学目标、教学方法与手段、教学过程、教师基本功和教学效果等方面。每个项目又可以分为若干二级指标,这种评价指标适合于对教师的教学能力所作的综合评价。日常教学中的课堂教学评价应该是专项评价,即选择教学的一个侧面作为观察评价的焦点,以有效增强评价的针对性。

四、课程教学评价的方法

课程评价常用的方法有量表评价法、随堂听课评价法、现场观察评价法、监视监听评价法和录像评价法。

五、课堂教学评价的意义

课堂教学评价不仅仅是对教师的课堂教学进行评价,而且还具有激励教师不断学习、改进方法、提高自我的功能。

(一) 课堂教学评价具有导向功能,有利于促进课堂教学改革

课堂教学评价体系的建立和实施,可以充分发挥评价的导向作用,促进教师尽快转变教育思想,在课堂教学中更好地发挥教育创新意识,达到改进课堂教学的目的。这一评价体系的建立,意味着对课堂教学中与教和学相关的各种因素的选择和侧重点不一样,这些不一样的地方将促使教师在今后的课堂教学中,更加注重评价所侧重的各种相关因素,并将其作为课堂教学中展示和发挥的重点,发挥评价的导向功能。

(二) 课堂教学评价具有激励功能,有利于促进教师之间相互交流

课堂教学评价能够有效地评析教师课堂教学的状况和优缺点,只有让教师了解了自己

在课堂教学实践中的优点、亮点、特点和弱点，他们才能找到今后努力发展的基点和方向。课堂教学评价正是教师了解自己教学情况的一条关键途径。同时，课堂教学评价还可以使教师在相互之间的听课、评课活动中增进了解，互相学习，在听课、评课的交流中激发内在的需要和动力。

（三）课堂教学评价具有辐射功能，有利于促进教师专业健康发展

对于教师而言，课堂教学水平和能力是教师立足的基点，如何有效提高教师的教学水平和能力是教师教育最重要的课题之一。正确实施课堂教学评价可以为广大的教师提供一个科学了解自身教学状况的窗口，使他们明了自己教学中存在的不足和今后努力的方向，为他们的专业发展提供一个很好的平台。特别是在新课程改革实施过程中，教师能否适应新课改很重要。课堂教学评价正是保证新课标顺利实施、促进教师朝专业健康发展的重要途径。

（四）课堂教学评价具有辐射功能，有利于促进学校管理系统科学

课堂教学评价是教师工作评价的重要组成部分，也是学校评价体系的核心内容。通过开展科学有效的课堂教学评价，能够有效地鉴定教师的教学态度、教学质量、工作能力、业务水平等，使学校的管理工作更加系统化、决策更加科学化。

六、课堂教学评价的基本原则

课堂教学评价的原则主要体现在以下几个方面。

（一）发展性原则

发展性原则主要包括两个方面的内容。一是要有利于学生的发展。课堂教学评价的基本目标之一就是通过切实的评价与诊断，帮助教师积极自主地构建和应用新的教学策略，不断调整教学的组织方法与过程，从而促进学生在认知、情感等方面的全面发展。二是要有利于教师的专业发展。课堂教学评价的重点是关注教师的课堂教学过程，而这个过程的效率和师生间的互动交流直接关系着教学目标的完成。因此，评价时需要考虑的是如何通过评价来进一步提高课堂教学的效率，找到课堂教学中还应该改进的地方，而不仅仅是评判教师的教学过程现状。同时，教师作为课堂教学评价的主体之一，要清楚认识到课堂教学评价本身也应该是教师对课堂教学过程与行为的批判性反思，是教师与同行、专家交流与分享的过程。因此，通过课堂教学评价能有效促进教师的专业发展。

（二）主体性原则

主体性原则是指在课堂教学评价中评价的对象和评价的内容要体现的一个原则。在评价的对象上，主体性原则是指被评价对象对评价活动和过程的参与，包括评价指标的建立、评价方法的采用、评价过程的实施等都要有教师的参与。在评价的内容上，主体性原则是指评价中要体现互动和学生的发展，即评价的一个重要内容就是学生是否积极参与师生间的互动。课堂教学中的互动通常表现在：(1) 学生在学习过程中有情感投入，学习成了一种内在的动力和需要，学生在课堂学习中获得成长的体验；(2) 学会合作，通过各种形式的教学活动，学会接纳、赞赏、争辩、互助。

(三) 效益性原则

效益性原则是指在单位时间内所取得的教学成果与所付出的物质代价和精神代价的比率。这往往是评价课堂教学中教学活动适宜性的一个重要标准。课堂教学活动本身是为了完成相应的课堂教学目标，每一个教学环节和相应的教学活动都是为了达到这个教学目标而存在的。不同的教学处理，其效果和效率是不一样的。因此，某些教学活动和教学环节是否恰当，效益性原则就成为一个非常重要的判断标准。这既是教师创造性发挥的体现，也是通过课堂教学评价提高教学效率的重要方法，它的实现才能真正达到发展性评价的目的。

(四) 艺术性原则

教学是一门技术，更是一门艺术，这是一句公认的名言，但教学艺术本身也是课堂教学评价最难以把握的一个内容。应该说教学艺术体现出了教学的生命力之所在，它是教师素质的综合体现，不仅体现在教师的各种能力之中，也体现在课堂教学的各个环节之中。其中，教师的语言表达能力及体态语的表现力尤为重要。语言表达不仅要准确、清晰、简练，还要具有感染力。就课堂教学的环节而言，教学艺术包括导入艺术、介绍艺术、提问艺术等，每个环节的组织都能体现教师的教学功底。而评价过程中对教学艺术性的评价也主要体现在对教师素质和教学过程的评价上。

(五) 过程性原则

过程性原则包括两个方面。一方面，评价针对的是课堂教学的过程，即课堂教学评价本身直接针对的是课堂教学活动及其历程，在这个过程中，结合课堂教学的目标来评价课堂教学的效率。由此可见，在主流的课堂教学评价中，往往以课堂教学的几个基本结构和环节来进行评价。另一方面，它是与发展性原则相生相伴的一个原则。评价既要体现教师教学经验的发展过程，又要体现学生学习经验的发展过程，它不是用某一事件评定某一结果，而是要体现个体发展的连续性。为了真正发挥评价的教学作用，应把教师和学生的个体成长与进步都放在同等重要的位置，教师要不断对自己的教学思想、教学态度和教学行为进行分析和反思，对评价资料进行细心收集、整理与分析。因此，应注重评价对教与学的反馈与激励作用，建立校长、教师、学生、家长共同参与的评价制度，给予教师恰当的帮助和指导，鼓励教师与时俱进，教学相长，不断更新知识，提高教学与教育科研能力，提高教学实效。

(六) 多元性原则

课堂教学评价的多元性原则主要指两个方面。一是参与评价者的多元性。传统的课堂教学评价通常是由教育管理者来完成的，主要是通过观察教师的课堂教学过程并对事先制定好的评价表作出勾画，被评价对象——教师往往处于评价活动之外。而现代课堂教学评价中教师将作为评价活动的重要参与者和受益者，不仅有教育管理者的评价，还有教师的自我评价、学生的评价，乃至与教育活动有关的家长、社会的评价等，从而构成评价主体的多元化。二是指评价角度的多元性。在进行评价时，不仅要对教学的基本环节和过程进行评价，还要对教师在教学过程中所体现的基本教学能力要素进行评价，对教学效果、教学思想和理念等进行评价，对照课堂教学的实际状况，逐项给出相应的等级评定。

[附] 表：

表1 小学英语课堂教学评价表

执教人_____　　　　　执教内容

评价项目	评价内容	评价权重	
教师素质	教态自然亲切，师生关系和谐融洽。	10	
	具有丰厚的学科知识，能够运用英语组织教学，语音准确，语调规范，语流顺畅。		
	教学组织能力和应变能力强，基本功扎实。（如：唱歌、表演、简笔画、板书等。）		
教学目标	体现课标要求，三维目标明确具体，切实可行。	10	
	符合教材要求和学生实际。		
教学内容	思想性、科学性与趣味性统一。	10	
	以语言功能为主，能兼顾语言结构。		
	教材处理得当，重点突出，难点突破且分布合理。		
教学过程	关注学生情感，营造宽松、民主、和谐的教学氛围。	30	
	教学思路清晰，结构严谨合理，层次分明，过度自然。		
	操练巩固有效充分，循序渐进，并能在具体的语境中进行语言运用能力的培养。		
	教学活动贴近学生的生活，形式多样，可操作性强，具有一定的真实性。		
	师生、生生互动有效，每个学生都有参与实践的机会。		
	以激励性评价为主，教师评价、生生互评与学生自我评价相结合，体现评价主体多元化。		
	能根据教学内容、学生特点和现有条件合理有效地利用现代化教育技术，促进学生课堂学习。		
教学方法	教学方法多样有效，教学手段运用得当，利于学生学习英语知识，发展综合语言技能。	20	
	能为学生提供自主学习和相互交流的机会，促进学科间的融合。		
教学效果	教学信息量适中，教学目标达成度高，各层次学生均学有所得，语言实践成功率高。	12	
	课堂上英语气氛浓厚，学生活动踊跃，能形成积极的情感态度。		
教学特点	教学设计有特色，在教学的某一方面有独到之处。	8	

总评得分_____　　　　　评定等级_____

优 90 分以上（含 90 分）　　　良 80 分以上（含 80 分）

合格 60 分以上（含 60 分）　　不合格 60 分以下

表 2 学生对教师的课堂教学评价表

学校名称_____ 评价人班级_____ 姓名_____ 评价时间_____

教师姓名		担任课程					
评价项目	评价要点	评价结果					
		优	良	中	合格	差	
教态	1. 仪表端庄，言传身教，具有爱心，师德高尚； 2. 教风严谨，严于律己，尽心尽职，循循善诱。	10	8.5	7	6	<6	
教学效果 技能水平	1. 备课认真，讲课熟练，教态自然，语言准确，条理清楚，层次分明，重点突出，娓娓动听； 2. 重视启发，思维活跃，方法多样，手段直观，效果优良； 3. 板书工整，准确规范，布局合理，有助于笔记、记忆和复习； 4. 教学技能熟练、全面。	60	51	42	36	<36	
课堂管理	1. 师生关系民主、平等、和谐、合作； 2. 课堂学习气氛热烈活跃，学生学习积极性高； 3. 课堂管理严格，责任心强，纪律良好。	10	8.5	7	6	<6	
教学辅导	1. 教学辅导，一视同人，顾及全体，照顾个别； 2. 辅导耐心、细致。	10	8.5	7	6	<6	
作业批改	1. 作业布置，题量适中，难易适当； 2. 批改、讲评及时，评语、评讲认真。	10	8.5	7	6	<6	
	总评	优	良	中	合格	差	总评得分
	等级	100～88	87～75	74～65	64～55	≤54	
总评	评语：						

注：① 教师总评得分应等于每个学生对该教师教学评价的总评得分的算术平均值；
② 教师总评等级应等于该教师总评得分（算术平均值）对应的等级。

表 3 中小学课堂教学评价指标和评价标准

	一级指标	二级指标	评价结果		
			A	B	C
基本要求	1. 教学目标	（1）科学性			
		（2）适切性			
	2. 教学过程	（3）张弛有度			
		（4）学生参与			
		（5）有效有序			
		（6）关注差异			
	3. 教学氛围	（7）师生关系			
		（8）课堂气氛			
	4. 教学效果	（9）知识技能达到要求			
		（10）探究问题积极			
		（11）问题解决有效			
教学特色（发展性）					

第六节 英语测试与评价

英语测试是检测学生综合语言运用能力发展程度的重要途径，也是反映教学效果及学校办学质量的重要指标之一。它必须以考查学生语言综合运用能力为目标，确保学生在经过一段时间的学习后所具有的语言水平能得到更好的检验。

一、英语测试与评价的主要作用

（一）语言程度更加清楚

主要是了解学生现有语言水平，发现和诊断语言学习中的问题，英语中称为"diagnostic test"，例如新生入学后的"摸底考试"。教师可根据测试的成绩和信息，修订或调整教学计划，或根据学生的水平进行分班。

（二）学习方法更加灵活

主要是检查和评价学生在某一阶段或某一课程学习中对所学内容的掌握情况，英语中称为"achievement test"，例如期中考试、期末考试。考试内容应是学什么、考什么。教师可根据学生的成绩，发现问题，制定相应的补救措施，改进教学。

（三）考试内容更加科学

主要是测量学生英语语言知识和综合运用英语的总体水平，英语中称为"proficiency test"。考试内容不针对任何教材和课程，主要用来筛选和选拔人才，试题难易有跨度，以利于区分考生的优劣程度。

（四）选拔人才更加精准

主要是预测学生是否具有学习外语的天赋或潜在能力，英语中称为"aptitude test"。考试不太关注学生已掌握了多少东西，主要关注考生识别、理解、模仿、记忆、归纳和学习一门新的语言的能力。这种考试主要用来帮助选拔人才或选择专业。

（五）激励学生更加努力

前四项作用和功能是四种主要的测试类型。从教师的角度来看测试。还可以再列出一种功能，就是激励学生学习。如果期望学生在英语学习的某一方面有所进展，老师可以"just test it"。因为要考试，学生会努力学习，这种考试要做到考试形式容易、有趣，语言素材真实、实用。

（六）教研评价更加合理

作为教师，除了教学工作外，还会经常作一些教学研究。例如探讨教学方法或教材，研究学生学习的个体差异。要客观地回答自己的研究课题，或验证自己的假设，需要根据考试的结果进行分析和判断。

以上的讨论是从语言测试和评价整个学科的角度归纳的。具体到中小学英语教学，特别是小学阶段的教学，测试和评价工作要重视发挥测试的激励和改进功能，淡化和弱化测试的筛选和选拔功能。

二、英语测试与评价的基本要求

《小学英语新课程标准》指出，测试与评价的三个主要目的是："使学生在英语课程的学习过程中不断体验进步与成功，认识自我，建立自信，促进学生语言综合运用能力的全面发展；使教师获取英语教学的反馈信息，对自己的教学行为进行反思和适当的调整，促进教师不断提高教育教学水平；使学校及时了解课程标准的执行情况，改进教学管理，促进英语课程的不断发展和完善。"《小学英语新课程标准》（实验稿）主张建立能激励学生学习兴趣和自主学习能力发展的评价体系，评价体系应由形成性评价（Formative Assessment）和终结性评价（Summative Assessment）构成。

思考与练习：

1. 请分析以下两个案例，说说自己的观点，提出你的建议。

【课堂实录1】小学三年级的一节词汇课上，一位男生看着教师的单词图片说："ruler!"声音响亮，发音准确。教师马上向他竖起两个大拇指，并向全班学生说："Good, Good, very good!"课堂上马上响起了整齐又响亮的拍掌声。这样的评价在课堂上出现了十几次。

【课堂实录2】在五年级的课堂上，同桌之间按教师的要求进行 pair work，然后教师请一对学生表演，学生表演后，教师向全班学生说："Great, great, excellent!"全班对两个学生说："Great, great, excellent!"声音不太响亮，也不太整齐。

2. 案例分析：

在课堂上，教师手中拿着奖励学生的小红花，只要学生举手发言，其所在的小组就能得到一朵小红花；教师在黑板上设计了小组得奖的统计表，学生每发言一次，教师就匆忙赶回黑板前贴一个标志。整堂课中，教师异常忙碌，学生也心急火燎，因为他们要得到一次发言的机会，就必须等教师给"获奖者"贴完标志。也有教师或许是感到自己贴标志太麻烦，但又不想舍弃这种评价方式，于是指定一位学生站在黑板旁，专门负责给各组贴小红花。这样，教师的负担确实减轻了，学生发言的机会也多了，似乎是两全其美，但这位专门负责贴小红花的同学在这节课上忙碌无比，却学无所得。

请你说说这位教师在课堂教学中使用的评价方式如何？

3. 形成性评价与总结性评价有何不同？

第十一章　英语课外活动

通过本章学习，需要达成如下目标：（1）开展英语课外活动的意义，（2）如何开展英语课外活动？

英语课外活动是英语教学的重要组成部分，是英语课堂教学中必不可少的辅助形式，开展好课外活动可使学生储存一些学好英语的潜在能量，对英语课堂教学也会起到很大的促进作用。英语课外活动能够扩展学生语言实践的深度和广度，培养学生学习能力和综合语言运用能力。

第一节　开展英语课外活动的意义与原则

一、开展英语课外活动的意义

英语课外活动与课堂教学的目的、要求是一致的，与英语课堂教学相辅相成，辩证统一。

（一）课堂与课外相结合，进一步巩固课堂知识

课外活动是课堂教学的拓展和延续，如果没有在课堂吸收语言知识，所学的语言知识就难以巩固。但由于学生在课堂的有限时间内练习英语的机会并不多，所以在课外活动中，教师要多创造英语环境，开展丰富的形式，让学生有更多的语言实践机会，进一步提高他们的听、说、读、写的能力。

（二）被动与主动相结合，进一步培养学生兴趣

托尔斯泰认为："成功的教学，所需要的不是强制，而是激发学生学习的兴趣。"课堂教学虽然是一个重要方面，但只有课堂教学是远远不够的。既要通过课堂活动让学生被动接受知识，又要通过丰富多彩的课外活动增强学生学习英语的兴趣，给学生更多的运用英语进行交际的机会，把枯燥的语言知识的灌输转换为喜闻乐见的言语实践活动，使学生对英语学习产生浓厚的兴趣，进一步调动他们学习英语的积极性。

（三）实践与创新相结合，进一步拓宽学生视野

与课堂教学相比，英语课外活动的实践性较强。从事课外活动，往往既要用脑劳动，又要用手劳动，如英语趣味墙报、英语学习园地以及英语表演等，都需要把动手和动脑结合起来。在动手中遇到难题，需要学生动脑反复思索，寻求解决问题的方法。这样，就把脑力劳动和体力劳动很好地结合起来，培养了学生手脑并用的实践能力。

课外活动固然需要有老师的指导，但主要是靠学生自己努力学习、实践，自己动脑筋

克服困难，处理问题，解决问题。早期活动中阅读、观察、收集资料、记录、设计、制作、表演等都是由学生独立完成的。这就能够使学生在实际锻炼中，培养独立性，增强独立工作的能力。课外活动搞得好，还可以使学生发挥创造性，培养学生积极探索、勇于创造的精神。学生在英语猜谜、抢答等富有探索性的活动中，常常表现出突破"接受学习"的水平，他们自己认识新事物、新现象，大胆地提出和解决新问题，勇敢地创造新作品，做到有所发现，有所创造。

可见，课外活动在英语教学中发挥着重要的作用。

二、开展英语课外活动的原则

为了使课外活动发挥其应有的作用，应重视活动过程的优化。根据小学生的年龄特点和生理、心理发展规律，在活动的实际操作中努力遵循以下原则。

（一）目标性原则

在设计英语课外活动时，应从整体考虑，既要注意其教育性，要寓教于乐，不是为了活动而活动，又要注意知识性，结合学生的原有知识进行深层次、广范围的拓展。要注意能力的培养，情感的陶冶，还要注意内容的安排，从本班的实际条件出发，从趣味性原则出发，注意引发学生好奇、好学之心。例如，有位教师在课堂中用"击鼓传花"的游戏进行游戏操练，这本身是一种很好的形式，但她让学生敲鼓，自己提问，结果到游戏结束只有少数几位学生得到了操练。如果采用老师击鼓，学生问学生答的形式，其效果绝对比她的要好。

（二）主体性原则

课外活动是学生的自主性活动。因此要充分依靠和发挥学生的自主性、积极性和主动性，确立学生在活动中的主体地位，把调动学生参与活动的积极性贯穿于活动的始终，重视培养学生的独立性。在活动中以学生为中心，把学生当做充满活力、富于想象和情感、具有独立人格的人。要让学生以自主的姿态来组织、参加活动。在引导学生进行讨论、交流的同时，激励学生思考，鼓励学生大胆发表自己的看法和意见。教给方法，使之能学；传输动力，使之想学。使他们从中学会自治、自理和培养独立思考、独立工作的能力。教师不宜发号施令、包办代替，而应尽可能满足不同学生的学习需求，培养能力，使之会学。当然这并不意味着忽视教师，甚至取消教师在活动中的作用。教师处在辅助的地位，给予引导、启发、指点、帮助，为学生参加活动提供条件，帮助学生把握活动的方向，制订活动计划，在活动的关键所在给予必要的提示，在遇到困难时给予及时的指点和帮助，在学生有创见的地方给予肯定和表扬，鼓励他们进一步探索。至于具体的活动过程，应由学生独立自主地进行，特别应注意发挥学生集体和团体组织的作用，让学生自己的组织来主持一些有关的课外活动，让学生通过集体的讨论来决定活动的计划、步骤和解决活动中的各种问题。有些讲座和带有训练性质的课外活动，需要以教师讲解和示范为主，但也要以学生的愿望为基础并发挥学生的积极主动性。比如在学生自编对话的活动中，教师就应不失时机地主动参与学生的讨论和角色的扮演。这样，在活动的过程中，教师与学生互相影响、互相补充、互相促进，不但实现了师生之间、生生之间双向或多向的互动式信息交流，而且还可以提升活动水平，增加活动的信息量，并让学生在活动的过程中体验到理解、尊重、信任、宽容与关爱，同时还受到激励、感化、指导与建议。

（三）渗透性原则

课外活动与课堂教学有着密切的联系，两者都是实现教育目的的途径，因此应当互相配合，互相促进。通过课堂教学，学生掌握了一定系统的文化科学知识、技能和思想理论，发展了智力和体力。通过课外活动，可以使学生加深理解和运用课堂上学到的知识，可以扩大视野，丰富知识，提高认识，并能大大提高实践能力。学生在课外活动中获得的感性知识和直接经验，有时也可以作为课堂教学时掌握理论知识的准备。进行课堂教学时，教师要注意运用学生课外活动所获的经验，促进课堂学习的进行。在学生课外活动中要注意把课堂上学到的知识加以运用和转化为技能技巧。在指导学生选择和确定活动项目时，要注意以课堂讲授的知识为基础，使学生得到运用和加深知识的机会，补充课堂教学的不足。

课外活动和课堂教学是各自独立的途径。不能把课外活动用作为学生补课，或者让学生做作业，使课外活动成为变相的课堂教学，变成"课外课"。这是要绝对禁止的。

（四）可行性原则

课外活动是进行因材施教的好阵地，切不可像课堂教学那样用同一个要求、同一个标准，去要求不同的学生，那样做就失去了课外活动的优越性。在制定活动目标时，一方面要以新课标和教学内容为依据，注意挖掘语言活动中的教育功能，将活动的着力点放在提高学生的语言素质上，对活动的素材进行深层次的开发。另一方面还要考虑学生已有的知识、经验水准和适应能力。不同年龄的学生，由于积累的知识与经验多少不同，他们的兴趣与需要也不同。因此，活动的目标要与学生的语言知识和语言素质的发展水平相适应，与活动的重点相适应。任何过高、过难或过低、过易的目标都于活动的开展无益，因为过高、过难的活动目标会因无法实现而挫伤学生的自信心和参与活动的积极性，而过低、过易的目标则会使活动因难以发挥作用而失去其自身的意义。一般来说，小学低年级学生的课外活动，学习和模仿的因素应占主要地位，随着年龄的增长，就可以逐渐增加创造的因素。到了高年级，设计实验、比较复杂的技术操作、文学创作等就可以成为课外活动的内容了。同一年龄段的学生，其个性特点、发展水平不同，他们有各自的兴趣特长。所以，即使同一年级还要承认差别，考虑学生的个别特点，尽可能适应不同发展水平和具有多种不同兴趣爱好的学生的个别需要。这也是课外活动能否有吸引力，能否取得成效的关键之一。

（五）实践性原则

我国幅员广大，各地情况千差万别。发达地区和边远地区、城市和农村、重点学校与一般学校，在经济文化背景、学校物质条件和师资水平等方面相差很大。不过，任何学校都有自己的特点、自己的优势。因此，开展课外活动要因地制宜、因校制宜。条件较好的城市中学可开展一些先进科学技术的活动项目，例如"三模一电（航模、船模、车模、无线电）"等，又如，大城市学校可以利用当地的图书馆、博物馆、文化馆、动物园、植物园等文化场所，开展课外活动。农村处在自然环境之中，有山有水，有农田、林场、苗圃、菜圃、养鸡场等场所，学校也可利用农村的特点，建立小植物种植园、小动物饲养园、小果树园、小苗圃、小花园、小气象园等实验园地，开展各种农业科技实验活动。各学校在具体选择课外活动的项目内容时，还应根据各校教师的特长、设备来确定，这样才能扬长避短，人尽其才，各具特色。

总之，要充分体现"以人为本"，以学生为学习主体的教学理念，多样化的语言活动使学生在课堂内外自始至终参与教学实践，处于动态的学习与交流之中。只有这样，课外活动才为我们的英语课堂教学带来生机与活力。

第二节　课外活动的形式

《小学英语新课程标准》在实施建议中明确指出："根据学生的年龄特点和兴趣爱好，积极开展各种课外活动。"教师可根据实际情况开展形式丰富多样的小学英语课外活动，下面介绍几种常见的形式。

一、创设情景，巩固英语语言技能

（一）英语角

教师可设立符合学生学习、生活内容的主题，创设一定的场景，大家互相交流，共同提高。这种活动形式对提高学生的口语能力有很大帮助，只要能坚持下去，就会收到很好的效果。比如，在教完清华大学版《小学英语》教材 2B 第三单元 "Jobs" 时，教师将 topic 定为："What job do you want to do?" 如学了 2B 第四单元 "Seasons" 时，就将 topic 定为："What's your favorite season?" 这些内容既来源于课本又来源于生活，容易引导学生兴趣。当然，如果是低年级同学，由于所学的英语词汇量和学到的短语、句子较少，交流有一定的困难，那么可以让他们在英语角中大声背诵或演唱课堂、课外所学到的小诗、英语歌曲或绕口令，在培养语感的同时，更重要地是培养了勇气。

（二）英语联欢会

利用周末、节假日前举办英语联欢会，由学生表演节目，如唱英文歌曲、分角色表演对话、演短剧等。不仅能够锻炼学生的实践能力，也能够发挥他们的表演才能。单元 "In the morning" 之后，教师让学生自己表演短剧 "What do you do in the morning"，学生带来不同的道具：牙刷、毛巾、梳子、牛奶、面包等，在不知不觉的表演中，再次复习了新知：Brush my teeth, Wash my face, Comb my hair, Eat breakfast 等。学生会个个积极表演、兴趣盎然。

（三）英语学习园地

这是一种扩展知识、发展写作能力的课外活动形式。内容主要围绕课堂教学中的语言知识和技能训练两个方面。例如介绍与课文有关的背景知识、英语学习方法，说英语国家的文化习俗，刊登一些短小有趣的故事、笑话、格言、谜语、英语语言发展知识，以及课文中的疑难解答等。

学习园地的栏目应丰富多彩，图文并茂，引人注目。以下标题是比较常见的："Poems"（诗歌）、"Humor"（小幽默）、"Correct the mistakes"（改正错误）、"Cultural Notes"（文化背景介绍）、"Letter Box"（读者来信）、"Knowledge"（百科知识）、

"Thinking"（思考）、"Do you know"（你知道吗）、"Study Method"（学习方法）、"All over the world"（世界各地）等。学习园地的稿件可以动员学生投稿或由教师指导推选，然后由学校英语板报小组或班级轮流主办。这样能使学生广泛地参与并关心学习园地，同时也起到了相互学习、竞赛，从而保证质量的作用。

二、组织竞赛，激发学生学习积极性

（一）英语朗读比赛

根据所学课文的内容或课外读物上的内容，要求学生按一定的语音、语调去朗读，参加人数不限，可以自愿报名，然后组织学生评委进行评分。

（二）英文歌曲卡拉OK比赛

教师在平时上课时教学生唱一些英语歌，到学期末可以举行一个英文歌曲比赛。学生们积极准备，买磁带、光盘、选歌、学歌。比赛时教师可邀请其他一些同行、校领导给学生打分。打分标准有歌曲类型、舞蹈编排、音色、音准加上服装、化妆等，所以从始至终，学生在比赛的过程中既锻炼了英语能力，又享受了英文歌曲，并尽情地展示了自我。

三、寓教于乐，培养学生学习兴趣

（一）记字母顺序游戏

参加游戏的人围坐一圈，一人当主持人，站在中央。主持人把球传出去，接着说出一个字母，球滚到谁的面前，谁就接住，并立刻按字母表顺序说出紧接着这个字母的下一个字母，然后把球抛回给主持人。主持人可以任意说1~3个字母，说错的学生要当场背诵字母一遍。

（二）传话游戏

参加游戏的人站成两排，人数相同，主持人到场对这两排的第一个人说一个英语单词或句子，然后由他们两人开始，将单词或句子分别在自己队伍中一个一个地传下去。传话要同时开始，传得快、传得准。这个游戏可以使学生复习旧单词和锻炼他们的听说能力。

（三）接词游戏

参加游戏的人分为两组，先由甲组派一个人在黑板上写一个单词，然后由乙组派一个人在黑板上写一个单词，这个单词的第一字母要与甲组的人所写单词的最末一个字母相同。然后由甲、乙两组轮流派人在黑板上写单词，要求同上。最后接不上的那一组为失败。

（四）击鼓传花游戏

参加游戏的学生围坐成一圈，由教师击鼓，学生传花。鼓声停止时，执花者从事先准备好的纸条中抽出一张，并按纸条上的要求去做。纸条上可以写一些问题，例如"How many days are there in a week?"也可以写其他与课堂教学有关的要求，例如"Recite the text of Lesson."之后由这个学生代替教师击鼓，使游戏继续下去。

（五）填字游戏

教师在黑板上画一定的空格，并给出某一字母，要求学生根据给出的字母填全单词，比速度，比正确率。

(六) 谜语竞猜

例如，"I have no hands and arms, but only legs and feet. I'm with at your meals, but never can I eat." 猜一种家具。谜底是 table。

四、动手创作，提高学生创新能力

出英语墙报是一种很好的帮助学生巩固所学知识，培养他们能力的方法。出英语墙报一般以小组为单位定期轮换。每次出墙报时，教师可以和学生一起选定墙报内容，如短小有趣的故事、谜语等。这样，既培养了学生的阅读能力，又提高了他们的书写水平。

总之，小学英语课外实践活动形式多种，内容丰富。教师在具体的教学中要根据教学内容设计出适合小学生年龄特点、知识能力水平的课外活动，对英语课堂教学必将有很大的促进作用。

思考与练习：

1. 你所熟悉的英语课外活动有哪些？
2. 如果你是小学英语老师，该如何开展英语课外活动呢？请举例说明。

第十二章　多媒体技术在小学英语教学中的应用

通过本章学习，需要达成如下目标：（1）了解多媒体技术背景下小学英语教育的意义，（2）了解多媒体技术辅助英语教学的基本原则，（3）掌握多媒体技术在小学英语教学中的应用。

《小学英语新课程标准》要求利用现代教学技术进行英语教学，为学生提供真实自然的交际情景。多媒体教学形象直观、生动活泼，有助于学生正确模仿、直接理解所学英语，强化记忆，促进学生用英语思维，培养他们直接用英语表达思想的能力。

我国心理学家朱智贤指出："小学儿童思维的基本特点是从以具体形象思维为主要形式逐步过渡到以抽象逻辑思维为主要形式。但这种抽象逻辑思维在很大程度上，仍然是直接与感性经验相联系的，仍然具有很大成分的具体形象性。"运用多媒体技术辅助小学英语教学，可以创设一个优良的情景，开阔学生的视野，使抽象的难以理解的知识具体化，变成直观、生动活泼的视觉信息，图、文、声、画并茂，全方位调动学生的视觉、听觉、触觉，使学生的认识渠道多元化；使课堂教学生动、形象、直观、感染力强，能真正发挥教师的主导作用和学生的主体作用，对于小学英语教学的改革具有积极的推动作用。

第一节　多媒体技术对小学英语教学的影响

一、多媒体技术辅助英语教学的特点

（一）生动性

多媒体教学软件由文本、图片、音频、动画等多种信息综合组成，图文并茂。它既要满足使用者视觉的审美需求，又要建立良好的人机交流通道，使用户可以按照自己的需要、兴趣、爱好和学习特点来选择、使用图、文、声等信息表现形式，进行人机间的信息交流与沟通。它使教学内容呈现出艺术的表现力和强烈的感染力，容易激发学生的学习兴趣。英语教学强调培养和提高语言学习者的语言使用能力和交际能力。通过声音、图像、动画、音乐、色彩的优化组合与运用，增强教学的直观性、形象化和生动性，提供有声有色、生动逼真的交际情景，有利于知识的获取和培养学习者的语言交际能力。

（二）交互性

交互性是多媒体技术应用有别于传统信息交流媒体的主要特点之一。通过界面的引导使课堂成为互动与交流的载体，可以真正实现以学生发展为本的教学模式。在多媒体教学模式中，学生和教师都是教学活动的主体，都是信息源，从而改变以往以教师为中心的、单向灌输的封闭式教学模式。这在一定程度上减少了教师的个性特点对教学活动的影响，

使之向主动的、双向交流的、开放的教学模式转变。

（三）可控性

可控性是指在多媒体教学过程中，教师按教学内容的要求，结合教学对象的特点，能灵活地调用多媒体来组织教学。

（四）高效性

多媒体教学模式因其能在单位时间里向学习者有效地提供高容量的语言材料而成为信息输入的有效途径。学习者在有限的单位时间里获得大量的信息与知识，从而可以大大提高教学效率。多媒体教学的非线性的特点将改变人们循环式的学习方法，可使学习对象摆脱章、节和页面的限制，开发出赋予个性的、自由的按需学习模式。

二、多媒体技术对英语教学的影响

（一）多媒体技术对英语教学内容的影响

教学内容是教学过程中传递的教学信息，是学生获取知识、培养技能、发展能力的主要源泉。传统的英语文字教材中，教学内容主要是描述性的文字和补充说明性的图形、图表，是以线性结构来组织学科知识结构，知识内容的结构及其顺序都是以教为主，阅读时顺序性很强。学生利用它学习自由度不大，灵活性不强。

多媒体的信息符号有文本、图形、图表、图像、音频、视频、动画等，而且多媒体技术存贮信息量大，任何教学内容都可以用最有效的方式来表现，甚至同一教学内容可以用多种信息形式来表现，易读性很强。例如，在英语口语教学过程中，通过视听媒体，播放有一定故事情节或真情实景的录像教学片，对提高学生在特定情景下的口语水平会产生明显的效果；又如，在阅读课程中，可以根据学生的实际英语水平，选择难度适当的教学内容。英语教学不仅涉及语言的自身规律，而且涉及英语国家的社会环境、风俗习惯、民族心理、历史文化等。在学习过程中，通过多种信息途径可以获得更多相关的信息和知识。多媒体计算机提供外部刺激的多样性有利于知识的获取与保持。

实验心理学家赤瑞特拉（Treicher）做过两个著名的心理实验，其中一个是关于人类获取信息的来源即人类获取信息到底主要通过哪些途径。他通过大量的实验证实：人类获取的信息83%来自视觉，11%来自听觉，这两个加起来就有94%。还有3.5%来自嗅觉，1.5%来自触觉，1%来自味觉。多媒体技术既能看得见，又能听得见，还能用手操作。这种通过多种感官的刺激获取的信息量，比单一地听老师讲课大得多。信息和知识是密切相关的，获取大量的信息就可以掌握大量的知识。多媒体计算机应用于教学过程不仅有利于知识的获取，而且有利于知识的保持。

（二）多媒体技术对英语教学组织形式的影响

任何教学活动都必须采取一定的组织形式才能实现。教学组织形式主要解决活动如何组织，教学时间和空间怎样有效地加以控制和利用的问题。传统教学组织形式是以班级授课制为主。教师是教学的中心，由教师决定教学内容、教学结构、教学方法及教学进度。传统的教学方法是以教为主，学生始终处于被动的学习环境中。现代多媒体技术进一步把电视机所具有的视听合一功能与计算机的交互功能结合在一起，产生一种新的图文并茂、丰富多彩的人机交互方式，而且可以立即反馈。这样一种交互方式对于教学过程具有重要意义。它能够有效地激发学生的学习兴趣，使学生产生强烈的学习欲望，从而形成学习动机。交互性是多媒体计算机所独有的，正是因为这个特点使得多媒体计算机不仅是教学的手段和方法，而且成为改变传统教学模式乃至教学思想的一个重要因素。现代多媒体技术的应用给教学形式最显著的变化是：以教师为中心的班级授课形式被打破，以学生为中心的个别化教学、合作化教学得以真正实现。建构主义学习理论提倡的学习方法是教师指导下的、以学生为中心的学习。在多媒体语言实验室进行的交互性学习中，学生以听为主、处在被动的信息接收者的地位被改变，学生有了主动参与的可能，有了发挥积极性和创造性的条件，真正体现了学习认知主体的作用。

（三）多媒体技术对英语教学方法的影响

教学方法是教学过程最重要的组成部分之一，是实现教学目的和教学任务的有效保证。现代化的教学方法变传统的课堂讲授式为启发引导式，追求教与学的合作化。教师以讲引导学生思维，激发学生学习的热情，并赋予学生学习的主动性，变学生的被动听讲为主动学习，由"要我学"转变为"我要学"。这是现代教学思想指导下教学方法的有效改进。多媒体技术应用于教学过程后，促使了教学方法向综合化方向的发展，为教师和学生的学习创造了多层次的教学需求。

由于英语教学的最终目的是使学习者能够运用英语这一交际工具进行交际活动，所以，在整个教学过程中，教师应当把英语作为一种工具来教，在听、说、读、写、译等交际活动中发展学习者的语言运用能力。"设境启思"教学是以多媒体语言实验室为条件和基础，创设直观、生动的语言环境和语言交际情景，引导学生去联想，进一步培养学生的创造思维能力。"设境启思"教学的目的主要是提高信息的真实性和全面性，调动学生多种感官的参与，加深印象，强化记忆。在这种情景教学中，学生参与教学活动包括思维参与、情感参与和行为参与三个方面。多媒体计算机教学能提供声画并茂的教学内容，语言的描绘、文字的表述、图像的演示、动画的模拟、音乐的渲染等为学生创设了一种具有生动形象的教学气氛，激发了学生的学习兴趣及学习热情；学生还能够以各种游戏、角色扮演等方式主动参与到教学过程中，领悟到所学内容主题的情感基调及基本内涵，做到情与理的统一。因此教师通过积极构建学生参与熏陶的教学气氛，如听音乐、表演、谈话等，使学生的思维、情感和行为融合起来，起到潜移默化的作用。

三、多媒体技术辅助英语教学的优势

（一）激发学习兴趣

"兴趣是最好的老师。"心理学家认为，凡是新异的、直观形象的、灵活多样的刺激物或手段，都容易引起学生的注意，唤起学生的兴趣，激发他们良好的学习情绪。从小学生的年龄特点来讲，新颖的活动最容易引起大脑皮层有关部位的兴奋，以致形成优势的兴奋点。传统教学强调以教师为中心，教师是取得教学效果的具有决定作用的因素，而学生这个主体未能参与控制。这种强制性学习，将会扼杀学生探求真理的欲望。多媒体技术介入课堂教学就能够很好地解决这个问题，教师恰当地把握小学生特别好奇、好动、好胜的心理特征，挖掘教材中的趣味因素，以生动的画面、鲜艳的色彩、恰当的解说、感人的音响等丰富的媒体表现形式，采用故事、游戏、直观、操作、设疑等方法，创设出一个个引人入胜的情

景，以此来调动学生学习的积极性和主动性，充分激发学生的学习兴趣和求知欲望，甚至把知识的学习融入到新颖别致的娱乐形式中，发挥寓教于乐的学习优势，使枯燥的学习变得轻松愉快。

例如，在三年级上册学习字母时，利用多媒体把学生带入字母屋里去寻找和学习 26 个字母，如椅子像 h、水壶把手像 p、杯子把手像 c、雨伞柄像 f，同时还把部分字母藏在房间的某些角落，有的露出个小脑袋，有的露出个小尾巴。这样，同学们的注意力被吸引了，学习热情被调动起来了，他们借助身旁熟悉的东西很快认读并记住了 26 个字母。借助多媒体使 26 个字母变得富有趣味性和吸引力，走出了看字母表认读字母的传统教学。在学习用品的教学中，利用多媒体把学习用品拟人化，使它们成为一个大家庭，有 bag 大哥、book 小弟、pen 大姐、pencil 小妹，它们都活泼、可爱，蹦蹦跳跳地向同学们走来作自我介绍，同学们很快与它们交上了朋友，并记住了它们的名字。

又如在教学"Let's go to the park"一课时，把常用的交通工具用幻灯片的形式演示，学生饶有兴趣地边看边学，很快就掌握了本课的主要内容；在学习"How are you?"一课时，通过让学生模仿课件中动画人物的动作，重复学习了本单元的主要句型，效果很好。这样充分运用多媒体技术，把有关的声音、图像、视频、动画、文本等多种信息载体融为一体，更清晰、直观地展现在学生的面前，使学生感到身临其境，有真实感，学习的积极性大大提高，注意力高度集中，学习语言的效果也增强了许多。

（二）刺激与丰富学生的想象

人是通过听觉、视觉、触觉和感觉等完成对事物的认知过程的。如果教师仅仅以单一的声音和文字信息刺激学生，既枯燥又容易使学生产生疲劳感。想象是在外界刺激物影响下，在头脑中对记忆的表象进行加工改造成新形象的过程。再造形象能形象地理解自己不曾感知或无法直接感知的事物。因此，利用多媒体课件这一刺激物调动学生的眼、耳、口、手、身等多种器官，激发学生的再造形象，有利于学生深化认识陌生及抽象的事物。合理使用多媒体课件，在视觉与听觉交织的立体空间，能促使学生展开想象的翅膀，丰富想象的内容，畅谈内心的感受，从而更快、更好地投入新的学习过程。例如，在教学"The Farm"一课时，利用多媒体课件展示优美的田园风光，使学生犹如置身于大自然之中。让学生在优美的画面中不知不觉地接受新知识，学会 cow、duck、farm、field 等单词及句型，加深了学生对学习内容的理解。通过对一幅幅彩色画面的再造想象，学习由抽象到具体，由枯燥到形象直观，同时激发了学生对美的事物和对美好生活的热爱与追求。

（三）增强学生的理解和记忆能力

采用现代化多媒体教学手段使声音、形象相结合，可充分调动学生的各种器官，提供真实的语言环境，增强学生的感知力。由于多媒体计算机提供的外部刺激是对多种感官的综合刺激，因此它对知识的理解、记忆和运用都起到了非常重要的作用。利用多媒体的动态画面、缤纷的颜色以及逼真的声音来刺激学生的视、听等多种感官，能够更好地引起学生的注意，激发学生的兴趣，从而提高教学效果。例如，在教学 PEP《英语》三年级上册第四单元的 A 部分 Let's learn 的内容时这样设计：首先利用多媒体给学生出示这堂课将要学习的动物玩耍的情景，随后点击单个动物进行学习，然后又让学生观看动物音乐会的场景，rabbit 在打大鼓、cat 在吹圆号、panda 在打小鼓、dog 在吹小号、monkey 在吹长号、duck 在打三角铁。看后教师分别问学生敲打每种乐器的动物是谁，学生很快就能说出几种动物的英文名称。

（四）培养学生创新思维能力

学生的学习不能仅限于课堂知识，更重要的是要为他们日后的社会实践作好准备，所以培养学生创新思维能力也是小学英语教学的一项至关重要的内容。创新思维能力的培养需要特定的教学环境的支持，而多媒体技术的超文本特性与网络特性的结合，正好为学生创新思维能力的培养营造了最理想的环境。在英语教学过程中，教师可充分利用 Internet 这一世界上最大的知识库、资源库。它所拥有的最丰富的信息资源都是按照符合人类联想思维特点的超文本结构组织起来的，它实现了枯燥问题的趣味化、静态问题的动态化，引导学生主动动口、动手、动脑，使外部的学习活动逐渐转化为自身内部的智力活动，促进了知识与能力的提高，激发了学生的创造性思维，极大地提高了课堂教学效率。

例如，授完"Holidays"这堂课后，可以提供一些本国和外国节日的由来和过节的风俗习惯，让学生了解外国节日的新奇之处，将语言学习与实际生活情景联系起来，使学生多角度、多层面地思考问题，在语言环境中学习、运用语言，达到学以致用的目的。又如，在教学有关问路用语时，可利用网络为学生提供课本以外的丰富有趣的资源，将课内延伸至课外。除了课本提供的情景和问路用语外，还可以创设更多情景及把有关问路用语的其他表达方式都呈现给学生。以询问去动物园的路为例，可以告诉学生如下表达方法。（1）Excuse me, could you tell me the way to the zoo?（2）Excuse me, could you tell me how to get to the zoo?（3）Excuse me, Where is the nearest zoo, please?（4）Excuse me, could you show me the way to the zoo?（5）Excuse me, is there a zoo near here? 为了引导学生进行创造性思维，课堂上可以提问学生，假设你们到国外不认识路，用英语问路该怎么问？让学生带着问题上网去寻找答案。学生了解到原来问路可以有这么多种表达方式。由于发挥了计算机的优势，让每个学生参与，避免了一两个优生占领课堂的现象，既激发了学生学习的主动性、积极性，又增加了学生思维的广泛性和灵活性，有利于提高学生的创新思维能力。

（五）拓宽学生学习英语的渠道

由于社会办学力量、家庭环境不同，在学校开设英语课之初，会遇到非常严重的"两极分化"现象。同一个班上，一部分学生英语基础非常好，另一部分学生却对英语了解甚少。如何才能全面、合理、科学地照顾到每一个学习层次的学生呢？现代社会网络媒体发挥了强劲的势头。眼下各种网络英语学习资源、电视科教片、电台英语节目层出不穷。例如，新浪网、搜狐网等各种网站都提供许多免费英语电子杂志、资料等。在这些英语学习材料中有趣味故事、小诗、童谣、谜语等，学生使用金山词霸等软件，可以进行自主阅读和自学，学生可以根据自己的英语学习基础自主选择学习内容和程度。多媒体和网络技术提供的友好界面、形象直观的交互式学习环境和图文、声像并茂的多种感官综合刺激，还能及时地为学生提供反馈信息。根据学生不同的情况给予帮助、指导、判定、打分，为学生提供个别化教学环境。从学生发展角度来看，网络教学可以根据每个学生的认知水平和智商的不同，进行适合学生的个体差异的分层教学，从而有效地缓解"两极分化"现象，同时也能使每位学生的英语在原有的基础上得到提高。

(六) 有利于学生自主学习

自主学习方式要求学习者在学习中的参与度更高，情感投入更丰富，因此也更受兴趣的影响和制约。《小学英语新课程标准》强调小学英语教学的目标之一是激发学生对英语学习的兴趣，培养学生良好的英语学习习惯。而多媒体网络教室具有模拟情景、激发兴趣、人机交互及资源共享、可以调节、遥控等功能，以直观形象的电脑显示和地道的语言材料，有利于培养学生细心倾听、积极模仿、大胆发言的良好学习习惯。模仿是英语学习成功的钥匙之一，而养成良好的模仿习惯，必须与儿童的兴趣需要结合起来。童谣、小诗常包含某些难念的音，并且在其中不断出现，让学生听、模仿和朗读，能提高他们的发音和朗读技巧。这种练习有利于学生在发展言语听觉能力的基础上，感受到内容、音韵的美，提高学生的学习兴趣。教师可选取意境丰富、易学上口的童谣、小诗输入电脑，以便学生自主选择模仿。在教学中进行模仿性游戏操作时，让学生比一比谁是最佳模仿者和最佳模仿搭档。请学生在计算机里选择自己喜爱的童谣、小诗进行模仿，模仿后请他们教自己的搭档。

多媒体计算机提供的外部刺激不是单一的刺激，而是多种感观的综合刺激。有研究表明："小学阶段正是情感性学习形成的关键时期。"这个阶段儿童的学习、活动带有很大程度的情绪化倾向。当儿童对学习有浓厚的兴趣、好奇心和强烈求知欲望时，不仅能产生情感迁移，而且注意力特别集中和持久，学习和交往能力迅速提高。孩子们操纵计算机自主地把教学过程中感兴趣的东西挖掘出来，有利于在轻松愉快的情景中积极思维，充分发挥其聪明才智。在看到自己的发现乃至创造才能时，他们对所学的知识便会感到由衷的兴奋。多媒体教学充分地发挥了学生的主体参与性，有利于学生自主学习。

第二节 多媒体技术在小学英语教学中的应用

一、多媒体辅助英语教学的基本原则

(一) 以教师为主导，以学生为主体

教学活动有赖于人的脑力劳动，人的脑力劳动往往不是机器能完全代替的。在使用多媒体教学的过程中，教师必须根据教学目的，选择多媒体手段和电教资料；结合大纲要求和教学目的，编拟出提纲和教案；精心准备多媒体教学课件，创造相适应的课堂教学环境、气氛，根据教案有条不紊地进行授课；课堂条理要清楚，师生要共同活动。大部分学生能在课件的引导下，展开热烈的讨论，积极参与到使用和思考语言的活动中去。在教师的指导下，较好地掌握所授内容，充分体现教师的主导作用和学生的主体作用。在多媒体学习环境下，学生的自主性更容易发挥，自我规划、自我组织和自我评估的自主学习会得到更大的发展。教师只是学生学习的合作者和教练，对学生的训练起到指导作用，指挥着学生在多媒体的辅助下进行练习。

(二) 互补性、最优化原则

互补性、最优化原则体现在：在某一方面知识内容的教学中，几种教学媒体都可用的情况下，选用教学效果最好的媒体；多媒体辅助教学集声音、图像、动画、形象于一体，

不同的内容，其表现的手段、结构的安排、角色的搭配、教法的选择及具体的运用都应有所不同。例如，听力训练可以声音和图像为主，语法的教学可以动画或故事的形式加以表现，阅读教学则可以侧重文本和声音的表现效果来进行。

（三）适应学生的年龄特征

小学低年级学生的理论思维较差，多是不随意的注意，而且注意力的稳定率较低。因此，在选择和使用多媒体手段时，应注意多给他们提供视觉材料，并注意其生动性、形象性和趣味性，以强化他们的注意，吸引他们的兴趣，从而培养他们的语言实践能力；同时，画面又不要过分鲜艳、繁杂，否则会把学生的注意力吸引到那些次要成分上去，以致忽视了主要部分。每次使用多媒体手段的时间也不宜过长。对于中、高年级学生，则需要更多地依靠教学内容本身去吸引他们。在选择和使用多媒体手段时，可用分析性的形式（如语法分析图表）、单一的形式（如只用录音或图像）提供语言素材，也可用综合的形式，使用时间也可长一点。

（四）直观形象与词语相结合

使用现代化的教学手段要与使用一般直观教具一样，遵从形象直观与词语相结合的原则。这一方面能使英语词汇的概念和表象相联系，使学生对所学英语词汇加深理解和加快巩固；另一方面能使多媒体内容和进程更紧密地与教学内容相结合，以加强英语的实践性，从而有利于培养学生的英语技能与技巧。如两者不相结合，就会形成为多媒体而多媒体模式，只会降低教学效果。授课教师要真正把这两方面有机地结合起来，使学生对所学内容加深理解，加快巩固，并切实培养学生的外语技能与技巧。

（五）与传统教学手段相配合

多媒体教学手段与传统教学手段相比，在许多方面都具有不可否认的优越性，但这种优越性不是绝对的，不能认为在任何条件下多媒体教学的效果都比传统教学手段好。传统教学手段有简单、易行、灵活、方便的优点。例如使用几张大挂图还是比制作课件省事、方便；有时在黑板上书写要比投影更清楚、醒目。在传统教学中，教师能用三言两语把某个复杂的问题讲得清楚、透彻，并带有强烈的感情色彩和逻辑力量，它是任何现代技术不能代替的。又如，传统教学中的讲授、演示、练习等教学方法至今仍有强大的生命力，即使是被批评得较多的"班级授课"制，也仍具有许多优势。使用多媒体教学手段，教师也难以根据课堂变化的情况对教案进行调整和补充。此外，多媒体教学也不能完全代替教师的个别辅导或课本。而且，如果一堂课一直处于光和电声的强刺激下也容易使人疲惫，大脑皮层会因而从兴奋转入抑制。因此，在采用多媒体教学手段的同时，还要注意有传统教学手段的配合。

二、多媒体辅助英语教学的基本模式

（一）教学演示

英语教学中的演示型教学，是指教师利用 Word 或 PowerPoint 等编写简单的教学演示文稿，并利用这些办公软件中的插入、超级链接功能把声音、图表、剪贴画或其他相关文件插入或链接到演示文稿中。它主要通过知识体系的完整再现知识节点的分析、知识进度的演示等，使教师、学生共同融入教学情景，形成教与学的有效互动。教学演示模式适用于教师指导的课堂理论教学。这是一种较为基本的教学方式。教师根据教学目的，可以选用现有的多媒体教学软件，也可以利用软件工具自己动手制作多媒体课件。

（二）虚拟情景教学

虚拟现实（Virtual Reality）是指将某一现实情景借助计算机技术处理后在课堂上演示。虚拟现实技术超越了时间和空间、静止和运动、语言和形象的障碍，变微观为宏观、静态为动态、抽象为形象。这种直观新颖的知识表达技术是常规教学手段无法比拟的。利用这种方式进行教学，可以使学习者真正进入真实的语言环境之中。通过这种教学模式学生可以对多媒体创造的虚拟情景，进行身临其境般的模拟练习，增加学习实践任务的真实性。虚拟情景教学模式适用于具有复杂的、短期不可实践的或费用较高的职业性实践教学，尤其对于英语教学而言，可以使学习者感受到仿佛置身于一种英语的语境之中。

（三）交互探讨

利用多媒体技术的交互性，教师和学习者能够与画面直接进行双向交流。由于在网上进行学习，学生可以通过电子邮件（E-mail）或公告栏（BBS）向周围的同学或老师发出信息或接收来自同学或教师传递的信息。借此，学生可提出问题，寻求帮助；也可以由大家共同讨论。如写作课教师就可以随时把某一范文或是某一学生的作文转播到所有学生的终端，进行讲评，让学生有直观、具体的认识。在该模式中学生能按自己所需随时、快捷、无延迟地从媒体获得信息。在这种实时的交互过程中，学生可以随时诊断、评价自己的学习效果。通过反馈结果学生可以了解到自己在学习过程中出现的失误并及时纠正和完善。在多媒体网络的实时交互过程中，学生还可以及时得到在线教师和其他学生的反馈信息，在辅助学习和协作学习的条件下促进自主学习。

（四）个别辅导

个别辅导教学模式的多媒体课件一般包括介绍部分、教学控制、激发动机、教学信息呈现、问题应答、应答诊断、应答反馈及补救、结束等。与其相对应的多媒体课件有两类：多媒体教材和教辅类电子读物。个别辅导教学模式可以使教学更加具有针对性，可以大大提高个人的学习效率。

三、利用多媒体优化小学英语课堂

（一）创设逼真的英语学习情景

我国学生学习英语缺乏一定的语言环境，缺乏语言实践的机会。现代英语教学最明显的特点之一就是高度的实践性。小学英语教学的目的是通过听、说、读、写等方面的基本训练，使学生获得一些最基本的语言知识和技能，培养他们初步运用英语的能力，为中学后继学习打下良好的基础。传统教学无法为学生营造一个真实的语言环境，小学生对于事物的理解具有一定的局限性。运用多媒体教学软件可以创设英语教学视、听、说的环境。通过人机对话，情景创设，模拟发音，以其光、电、声音、画面、人物和情景等功能，模拟现实生活的情景，使学生置身于语言环境之中。多媒体英语教学形象、直观、生动，它的动画效果更使抽象的语言知识形象化、具体化，帮助学生理解和掌握语言点。多媒体教学还可以把声音、文字、图片有效地结合起来，将语言知识图文并茂地呈现给学生。教师可以根据教学内容的需要，从网上选取相关的卡通动画，配上相应的英语对话，播放给学生观看，使教学内容更加生动、逼真。通过对小学生视觉和听觉上的刺激，提高学生的学习效率，有利于他们对知识的获取。

例如，某教师在教学单词pear, yellow, green时，先画了两只梨，并在梨上面画了眼睛和嘴巴。然后设计动画，第一只梨说"I'm a pear"时，单词"pear"用"green"闪动；第二只梨说"I'm a pear"时，单词"pear"用"yellow"闪动；再让"yellow pear"和"green pear"拉手跳舞。学生看了动画都哈哈大笑。在这样的轻松愉快的气氛中，学生的学习兴趣被调动起来了，他们也牢牢地掌握了pear, yellow, green等单词。

又如，学习"We like your farm"这课，利用"Old McDonald"这首歌来营造英语环境。伴随着动听的歌声，画面上同时出现了歌曲中提到的动物，加上动物的动作非常逗人喜欢，学生兴趣十足，情不自禁地跟着唱歌和模仿画面上动物的动作。播放几次后，学生对farm, cow, chick, pig, duck等单词的意思和读音都有了第一次深刻的感知，心理学实验证明，第一次感知对知识记忆起着十分重要的作用。接着利用动画引导学生学习bull, goose, goat, sheep, horse等单词。这样的教学符合小学生的天性——爱唱、爱玩、好动。学生在歌声和动画中学习知识，学得轻松愉快，减轻了学习的心理负担，提高了学习效率。

多媒体教学软件的运用，使学生的认识沿着从生动的直观到抽象的思维的正确路线前进，充分调动学生的智力因素和非智力因素参与认识活动，增强了认识的动力和能力，缩短了对所学知识理解和掌握的时间，加速了认识进程，提高了学习效率和质量。

（二）培养学生实践和交际能力

传统教学只注重句型的学习，忽视它的具体应用。因而不少学生能从原型例子和教材练习中获得固定的、孤立的知识点，但将这些知识迁移到实际生活情景的能力比较差，当他们遇到不同场合下的现实问题时就束手无策。通过多媒体，在课堂上模拟现实生活的情景，不仅缩短了教学和现实的距离，给学生提供使用英语交际的机会，而且满足了他们好奇、好动的心理。由于视听说相结合，增加了学生对语言的感知与记忆，创设了类似母语学习的环境。这种情景性学习在一定程度上促进了学习迁移，使学生产生需要学习和运用英语的激情和兴趣，从而积极主动地参与语言交流，在英语交际活动中提高了交际能力。

例如，在教学对话"Can I help you?"后，可通过多媒体设计几个情景：

（1）一个学生帮助一位老爷爷过马路。
（2）小猴子到小猪的水果店去买香蕉。

学生在这些模拟现实生活的情景中边看边说，不仅熟悉了"Can I help you?"而且知道使用这句话的具体环境、它所表达的意思以及其他一些相关句子的用法。基于情景的教学中，学生既要考虑所处的场合，又要使所表达的内容前后连贯，即把符合环境要求的一些句子组织在上下连贯、前后呼应的语篇中。在学习"Can I help you?"句型时，根据前面设计的情景，教师可以采用对话的形式，使学生自动联想以前学过的知识："Thank you. /Thanks."和"You are welcome. /My pleasure."等句型和单词，并将它们用到现在的情景对话中。这样，学生不但学习了新知识，还复习了原有知识，更重要的是培养了知识整合、灵活运用的能力。

(三）突破教学重难点，提高教学效率

在小学英语教学过程中，往往会有一些知识点，让学生难以理解、教师难以讲解和设置教学情景。这些知识点用传统的教学方式讲解，费时又枯燥，还难以给学生留下较深刻的印象，且长时的有意注意容易使学生感到疲倦和厌倦，影响课堂教学效率。多媒体教学能把有关文字、图像、图表、声音、语言等按一定的逻辑次序，根据预先的安排或现场反馈逐步呈现给学生，能变抽象为具体，变静态为动态，变枯燥为生动，从而降低认识难度，吸引学生的无意注意并维持他们的有意注意，帮助他们更好地掌握教学内容。多媒体有效地突破教学难点，改变英语课"费时较多，收效较低"的现象，提高课堂教学效率。

例如，小学英语"Buying fruits"一课中出现这样的句子："What are these/those? They're…. I'd like some…."为了更好地突出重点和难点，教师利用多媒体设计出买香蕉、桔子、苹果等场面。人物、场景随之变了又变，而且对话也进行翻新，使课堂教学形象化、趣味化、交际化和生活化，使学生在不知不觉中掌握课文的重点和难点。

又如，在学习"Happy Christmas！"一课时，首先用PowerPoint制作出教学课件，通过一幅幅生动的画面展示：Amy和朋友们一起唱圣诞歌曲—装饰圣诞树—交换礼物—吃花生和糖果等，帮助学生阅读和了解课文。然后设计有关问题，把学生带入一个具体而真实的情景中，达到语言的时间效果。其次是通过课件展示课文的重要语言点，并进行为达到熟练运用目的的训练。最后，提出问题"What do you think about Christmas?"学生采用小组合作的方式进行问答，然后运用所学知识分角色表演。这样，整个课堂学生情绪高涨，兴趣浓厚，大大提高了教学质量和教学效果。

（四）强化学生参与，突出主体地位

《小学英语新课程标准》关于教学中应注意的问题指出："在教学过程中，要始终体现学生的主体地位。教师应充分发挥学生在学习过程中的主动性和积极性。"课堂教学是实施素质教育的主渠道。如何通过课堂教学这一主战场来促进学生的主体性发展和能力提升，已成为广大教师努力探讨的问题。母语习得研究及英语学习研究均证实：英语教学的重点不应该再是"我们该教什么"，而是"促进英语习得的条件是什么"。多媒体技术的运用，为我们创造这些条件提供了极大的方便。

多媒体手段在课堂中的运用能突出教学重点、难点，提高语言信息量，多层次、多方位地展示教学内容，实现视听同步，模拟真实情景，将语言形式与语言意义结合起来，让学生在贴近真实情景的氛围中充分感受英语，并积极运用所学知识和所具有的语言技能进行交流，从而达到交流思想、情感和信息的目的。在学习PEP英语三年级上册Unit5 Let's eat时，将其中的食物和饮料做成幻灯片，结合传统教学法中的肢体语言，学生在课件逐步深入的过程中，自己能够通过图片、视频来判断是那种食物和饮料，哪些是有益身体健康的，哪些是有害。学生开始分组讨论（Group-work），接着每组向全班汇报，然后大家一起来总结原因，提出正确的做法。这样做，充分调动了学生的主体性和创造性，帮助他们跳出了被动灌输的困境，成为学习的主人，学生很自然地用英语思考，积极地进行英语语言输出。

（五）及时评价、反馈学生对知识的掌握情况

传统教学的作业设计往往是内容一样，要求一样，评价一样，不能及时、有效地对学

生进行评价，不利于调动学生的学习积极性。运用多媒体可抛开以往的答卷和回答问题的简单而机械的测试形式，采用图、文、声并用的多媒体形式，设计形式多样的作业，让学生有选择地完成。这既调动了学生的学习积极性，照顾了个体差异，又有利于教师较好地掌握学生的学习情况，及时给予学生评价。学生在学习过程中有很棒的表现时，可以通过多媒体给以动画笑脸、热烈掌声。学生优秀作业、作品也可以通过计算机多媒体的演示功能清楚、全面地展示给全班学生甚至是全校师生。给学生极大的成功荣耀，能够在很大程度上提高他们学习英语的积极性和自觉性。教师在制作多媒体课件时还可以把学生的英语对话录下来插入课件中，这样做对提高学生学习英语的积极性不言而喻。这也是教师对学生英语口语能力给予肯定的一种方法，能促使他们不断模仿语音、语调，激起他们与人交流与合作的愿望，从而提高他们的英语口语水平和能力。对其他同学而言这也是一种激励和一个努力的目标。在争取让自己的英语被老师录用的目的驱动下，他们也会更加注意自己的语音、语调，积极地去模仿并与人交流。

四、多媒体技术在小学英语教学活动中的应用

（一）语音教学中的应用

在自然的语言发展过程中，语音的发展是学生语言发展、特别是口语发展的重要前提。但是在我国目前小学英语学习的实际情况中，由于专业化师资匮乏，小学生在英语学习中获得准确的语音刺激以及开口进行语音练习的机会极少。而多媒体技术在小学英语学习中的运用可以切实弥补这种缺陷，促进学生英语语音的发展。例如，学生在多媒体条件下可以由视觉和听觉两个通道同时接受语言输入，可以不限场合、不限次数地接受标准的英语语音的刺激，模仿并获得针对性的反馈，从而有力地促进语音的发展。在一项研究中，让小学生观看多媒体动画进行目标英语单词的学习，随后要求学生模仿目标词以及非目标词（未在动画中出现过的单词）的语音，结果发现，学生对那些目标词的语音模仿成绩明显高于非目标词。这说明，小学生可以通过多媒体动画英语学习提高其语音模仿能力。在另一项研究中，分别在多媒体动画英语学习的前后对学生的语音模仿能力进行测验，结果发现，学生的语音模仿能力通过多媒体学习得到了显著的提高，语音模仿准确性的单词数量平均提高了1.4个左右；通过多次观看动画，学生的英语语音模仿能力得到了进一步的增强。

（二）单词教学中的应用

英语单词作为一种语言结构形式，若不与表象相结合则难以表达单词的意义。小学生的生活阅历浅，接触的事物不够广泛，缺乏学习英语的语言环境。在英语单词学习中，学生必须首先辨认出词形，才能接受符号的信息，再经过大脑编码加工，最后达到理解书面语言意义的目的。在多媒体学习条件下，文本、图形、图像、视频、声音等多种形式的信息结合在一起，围绕单词的学习，学生可以获得多感觉通道、多表征形式的语言刺激，从而加深了对词形的记忆效果。这是传统的文本词形教学和单一的视觉刺激远不能及的。利用多媒体技术创设的丰富语境则可以较好地改变孤立、机械的语义学习现状，使学生借助生动、形象的画面以及各种情景线索来比较、推理词汇的意义，通过利用更多有意义的信息去建构语言意义。同时，多媒体条件下学生能够获得丰富的语境信息，这又促使学习者

付出更多的心理努力，对学习材料进行深度加工，进一步促进学习效果的保持。让学生观看多媒体动画，在有中文翻译和主题提示两种学习支持的条件下，能够有效地提高学生英语单词的学习效果。

例如，某老师在教 color（颜色）这节课时，先画好了苹果，并在苹果上面画上了眼睛和嘴巴，然后设置动画。苹果说："apple, I'm an apple." 用红色加闪烁显示单词"apple"；老师按动鼠标，苹果变为红色，苹果说："I'm red." 单词"red"在旁边显示。再设置动画百叶窗，出现第二个苹果；第二个苹果说："I'm an apple." 用绿色加闪烁显示单词"apple"；老师按动鼠标，苹果变为绿色，苹果说："I'm green." 苹果立即换成"green"显示。依此类推，让 red apple, green apple, yellow banana, purple grape 等各色水果一一出现。这样，学生在轻松愉快的氛围中学会了本节课的新授单词。

（三）对话教学中的应用

在传统的对话教学中，老师大多利用图片或道具为学生创设操练情景，设置的情景往往给学生一种不真实的感觉，在这种非真实的情景中教师无法让学生进行大量的操练。多媒体课件的运用，能生动地创造出我们所需要的教学环境，学生的听觉、视觉都参与其中，有如身临其境，使他们能在最短的时间内进行大量的语言实践。

例如在教授"I love them!"时，可以设计如下情景：在一张家庭照片前，两个同学一边指着照片一边进行问答练习。课件先出示一张老奶奶的照片，同学 A 问："Who is she?" 同学 B 答："She is my grandma. She is kind. I love her." 按动鼠标，出现另一张老爷爷的图片，同学 A 问："Who is he?" 同学 B 答："He is my grandpa. He is kind. I love him." 随后，显示下一组老奶奶和老爷爷合影的图片，同学 A 问："Who are they?" 同学 B 答："They are my grandpa and grandma. They're kind. I love them." 老师按动设置在画面角上的喇叭，让对话反复进行；老师按动静音，声音消失，让学生来进行配音。等学生学会后，画面切换成一张大照片。里面包括 grandpa, grandma, mum, dad 等多种人物，同学 A 问："Who are they?" 同学 B 答："They are my families. They're kind. I love them." 最后，老师给学生提供学生熟悉的连续剧《家有儿女》的几组不同的场景，让他们做配音练习。栩栩如生的画面，学生犹如身临其境，练得积极，表演得兴高采烈。

（四）句型教学中的应用

传统的英语教学，一支粉笔一本书，加上图片和录音机已是绰绰有余了，于是句型教学就出现了老师讲、学生听，老师写、学生读的枯燥场面。利用多媒体技术进行句型教学，可以把教师从繁重的重复劳动中解放出来，让学生自己围绕教学目标，进行多次、反复、多种形式的练习。计算机信息存储量大，一张 CD-ROM 光盘可装下一部百科全书，学生可随意扩大知识面，不会受到任何限制。多媒体技术应用于英语句型教学的特点是：以情景教学为主要教学方式，以听、说、认、读为主要目标，借助多媒体技术手段培养学生在特定语境中领悟和使用语言，进行有意义的对话，提高交际能力。

例如，在学习"This is Jack."句型时，利用一组听力练习题，这组题目串在童话故事"白雪公主"中，故事中的每一个人物都先自我介绍"My name is…"接着请学生听音选人物。当听到介绍"This is…"后，就用鼠标点击听到的人物，点对了即播放过关音乐，并在设计好的小窗口再现人物头像。接着继续闯关，如果听错或点错，电脑即发出一声哀叹，小窗口破裂了，屏幕上显示出听错的句子。这样的听力训练，以动人的画面、鲜艳的色彩、悦耳的声音，深深地打动了学生的心弦。

又如，教师在教学 can 句型时，可以从《Kids Read》一书中选取 Little Duckling 这一故事。为了表现出小鸭子的心理变化的过程，教师可以通过多媒体生动地展示有关的声音、图像和文字，活生生地展示小鸭子由什么也不会到努力学习、并学会了本领的过程。在课堂上，一边放录音，一边按录音速度播放图片，学生都被深深地吸引住了。听了一遍，故事的情节已经基本掌握了，教师用自己的神情、动作和夸张的表情来反串小鸭子，激起学生们更多的共鸣。第二遍，先放故事的前一半录音，让学生就这些内容回答问题，帮助他们弄清故事的人物关系。然后让学生根据第一遍的印象把故事说下去。接下来不放录音，只让学生看着图复述故事。最后，学生合作把故事表演出来。学生在整个过程中兴趣盎然。在表演小鸭子被兄弟姐妹们问到"Can you…?"时，头慢慢地低下去，声音越来越轻，栩栩如生一副惭愧的表情。在暗暗下决心学本领时信心百倍地说："I think I can…. I must try."在终于学会了本领之后高兴的样子。学生们精彩的口头模仿及表演无不表现出小鸭子奋斗的决心。师生在教和学的活动中收到了事半功倍的效果。

(五) 阅读教学中的应用

充分利用多媒体，它可以帮助学生得到乐趣，获取信息，培养学生的英语阅读理解能力，使学生养成良好的英语阅读习惯，掌握正确的阅读技巧，拥有主动学习的能力和合作的精神，为终身学习打下基础。

1. 运用多媒体，让学生想读

语言有一定的创造性和灵活性，要想在课堂上培养学生阅读能力，创造情景是十分必要的。例如，在教授"My School life"一课时，多媒体软件向学生直观地呈现阅读材料，并通过材料的示范表情、动作，提供图文并茂的情景，使学生边看边听，形成立体感知，成为感知的主体，并顺利进行分析综合活动，以此来理解文字符号所表达的意思，从而提高阅读教学效率，有利于培养学生用英语思维的能力，增强学生阅读反应的敏捷性。

2. 运用多媒体，使学生会读

英语学习是一种语言学习，环境在语言教学中占有重要的地位。在阅读教学中，通过创设情景来促使学生会读。运用计算机技术，输入大量阅读材料，利用它具有的声画并茂、视听结合、感染力强的特点，制成动画，使学生多种器官同时受刺激，引起心理上的愉快。由于学生听觉敏捷，生性活泼，爱表现，当他们所喜欢的场景出现在屏幕上时，学生们仔细、认真地倾听，情绪处于极度兴奋的状态，个个跃跃欲试。这时教师不失时机地消掉课件中的对话的声音，让学生利用听到、学到的知识复述课件中的内容，满足他们的心理需求。

3. 运用多媒体，使学生善读

随着多媒体软件的开发和普及，可以利用多媒体技术创设必要的语言环境，促使学生善读。例如，多媒体展示所学对话、小品、课本剧情景，让学生观看思考有关情景的问题，然后在示范的基础上分小组改编、自编、自演对话、课本剧。各组学生编的对话不受教师思维的影响，不受教材内存的限制，有自己独特的想法，有助于培养学生善于创新的精神，促使学生善于表达，表现出思维的独创性。

网络巨大的信息包容量所提供的教育教学资源远远大于任何教师、任何教材，它是一个全球性的图书馆，其中有取之不尽的教育教学信息。通过网络传递和传播信息时，人与人之间存在信息差，由信息差可激起学生运用英语交流的欲望，从而达到学生之间、师生之间的合作与交流。

例如，教学"What's your favorite season?"时，通过网络向学生传递各个国家在这个季节中的天气情况，以及人们所开展的活动，引导学生根据自己已知和未知的信息进行调查。在此过程中信息差促使它们之间相互交流，在浓厚的交际氛围中，本课的单词与句型得到了充分运用，他们的交际能力和阅读能力也在调查中得到锻炼与提高。

(六) 歌曲教学中的应用

在教学中，运用多媒体教学经典名曲的效果会比较好。例如在教唱"Twinkle, twinkle, little star"这首歌时，由于它是一首英国民歌，老师在课件中设置英国的风景画面，随着画面的交替，切入夜晚繁星点点。音乐的响起、歌词的出现，使学生沉浸在美妙的歌声中。对于歌中难唱的地方，用红色标出来，老师按动鼠标反复教唱。这样，学生不仅学会了演唱，还了解了歌曲的背景。

在小学英语歌曲教学中，大多数歌曲都是帮助学生记忆知识的。运用多媒体教学，对于帮助学生掌握知识也非常有效。例如"This is a duck and that's a goose"是一首练习句型的歌曲，歌词为："This is a duck and that's a goose. Yes. I know. This is a duck and that's a goose."老师在设计课件时先用动画显示歌谱，再用百叶窗呈现歌词，并用红色显示。用"duck"和"goose"的图画来替代单词。老师按动鼠标，先教学生唱。等学生学会后，便用其他动物的图画来替代原有的"duck"和"goose"。老师边教唱边替换，不仅使学生复习和巩固了旧单词，也掌握了"This is a…"和"That's a…"两个句型。

五、英语教学中多媒体技术应用存在的问题

多媒体技术的功能强大，给教学带来了很多的便利，并对教学产生巨大的促进作用。但也不可否认，正因为多媒体技术带来了诸多好处，而导致在教学中过分依赖多媒体的现象，同时也出现了多媒体技术在教学中使用严重不足的问题。无容置疑，如果多媒体技术使用不当，对教学不仅无益，反而有害。目前在教学中多媒体技术使用不够科学或存在的问题还很突出，主要表现在以下几个方面。

(一) 教师缺乏相关计算机知识

有些教师缺乏计算机知识，不会使用相关的视频、动画、表格等软件，对于计算机的强大功能不熟悉，制作的课件成为课本的翻版，没有吸引力，不能真正发挥多媒体的作用；有的教师直接使用教材的配套电子教案光盘或别人的成品课件，这些教案和课件高度程式化，教师无法根据自己的需要来修改，课堂教学过程机械、呆板，脱离学生实际情况；还有的教师缺乏计算机培训，在课堂上经常因操作不当而停顿，不断打电话求助于技术人员而耽误时间，这使学生注意力分散，导致教学失误。

(二) 课堂教学过度依赖多媒体技术

多媒体是教学的辅助手段，本应使课堂教学更加生动、直观、有趣，但在实际使用中，由于其功能和作用被过度放大，有些教师过分依赖多媒体课件。在课堂上从头至尾都在用多媒体展示课件内容，用课件取代了板书。在整个教学过程中，教师坐在计算机前，教师的主要工作就是操作计算机，课件内容在银幕上匆匆闪过，由原来的照本宣科变成了照屏宣科，师生之间和学生之间的互动严重缺失。有的授课教师甚至因为课件不是自己制作，课前又缺少对课件作认真的研究和准备，以致在使用中不能反映出课件制作者的本意，对课件内容不加取舍，课件的重点和难点没有被突出。

（三）信息量过大，节奏太快

使用多媒体技术可以增加课堂教学的信息量，这一点毋庸置疑。然而，一堂课学生能接受的信息量是有限度的，超过就会适得其反。不少教师的课件内容过多，充斥着大量文字，密密麻麻，超过学生大脑接收限度。讲解速度过快，信息停留时间短，学生跟不上老师的节奏，更没有充分的时间理解、分析、整合和储存知识。由于课件内容过多，学生没有时间记笔记，无法把握教学重点。学生的思维活动受到限制，一堂课下来，学生头脑一片茫然，没有记住多少知识，达不到预期的效果。这又回到过去的"填鸭式"教学，只是由"人填"变成了"机填"。

（四）课件制作死板或过于花哨

由于教师制作课件的能力原因和审美差异，其制作完成的课件质量也参差不齐。有些经过教师多次修改和提炼的课件效果良好，但更多的课件只是将课本的内容照搬上去，形式单一，内容乏味，激发不了学生的学习热情和兴趣。而与此相反，有的课件图文并茂，声音、动画效果突出，课堂上既有栩栩如生的动画，又有美妙动听的音乐。多媒体伴随着整个课堂，学生的情绪一直高涨，犹如观看电影一般的感觉，几乎没有人在下面搞小动作。但课后调查却发现，让学生记忆深刻的，是教师播放的课件画面，是课件中难忘的曲子。而对课堂上理应掌握的知识，学生却是一知半解。多媒体课件不停地刺激学生的感官，导致他们的兴趣点转移到欣赏课件上。课件过于花哨，喧宾夺主。可见，课件过于死板或过于花哨都不利于课堂教学。

（五）师生缺少交流

英语是一门实践性很强的语言学科，要提高学生听、说、读、写、译各方面的实践能力，就要进行大量的师生之间、学生之间的互动与交流。有些教师在使用多媒体后，教学程序就是展示课件内容。教师变成"放映员"，学生变成"观众"。常常是教师一人唱独角戏，只管操作鼠标讲解，不看学生的反应，不与学生交流。多媒体教室灯光又比较暗淡，环境显得幽暗，学生在这样的状态和环境下学习容易疲乏而昏昏欲睡。多媒体教学取消了传统教育中的情感媒介，从根本上改变了传统的师生关系和交往方式。在网络教育条件下，电脑成为学生的专业教师，与机器交往的时间大大超过了与人交往的时间，师生之间原本存在的关怀、互助、倾诉、理解等种种情感可能淡化甚至消失。久而久之，由于完全是被动式接受，学生思维受到阻碍，英语的交际能力得不到提高，渐渐失去学习英语的兴趣。

六、多媒体技术应用问题的应对策略

多媒体技术在应用中出现这样那样的问题并不可怕，也是不可避免的。针对这些问题，关键在于查找问题产生的原因，探索解决问题的对策，从而更科学、更合理地使用好多媒体技术，为英语教学服务。

（一）结合实际制作课件

多媒体课件是强化教学效果、提高课堂效率的一种辅助手段，因而不能喧宾夺主，本末倒置。在课件制作中切忌滥用多媒体技术，要注重其实用性，重点考虑课件界面的布局、图片的使用和动画的运用等相互协调。一切服务于教学内容，不过分追求艺术效果，以免分散学生注意力。但也不能仅将课本内容单调乏味地搬到课件中，否则就发挥不了多媒体技术的优势。在传统教学手段做不到的方面，利用多媒体技术的声光等刺激效果，既使教学内容栩栩如生，呈现方式又能符合学生认知规律、思维特性和情感特征，从而增强教学内容给学生留下的印象，提高记忆效果。

（二）信息呈现以学生为本

课件中信息的呈现要最大限度地满足教学中学生的需求和特性，考虑到学生的心理、生理、个人背景和使用环境等各个方面。信息呈现要注意以下几个方面的问题。

1. 要使英语课堂的目标明确

要使英语课堂的目标明确、具体，而不是模糊、零散。让学生一开始就对本课的教学内容、任务、环节、重点、难点有明确的认识。这些信息的呈现有利于引导学生注意力，使他们更好地调整注意分配。

2. 课件要去除与课堂学习无关的信息

课件要去除与课堂学习无关的信息，也不要呈现所有与教学相关的内容。在课堂教学中，有些信息与教学没有直接关系，属于补充性的或装饰性材料，不应该在课件中呈现。同样，如果把所有与教学相关的信息都放在课件中，导致内容过多，即使是适当的教学材料，都会过度占用注意通道，消耗太多的注意资源，增加认知负荷，这无益于课堂学习。课件要突出重点、难点，简明扼要，条理清楚。另外，图片、音乐、视频等容易吸引学生更多的注意，干扰大于文字，教师在使用这些信息时必须谨慎，防止干扰发生。

3. 课件的界面设计要以人为本

界面的布局、外观、显示格式要保持一致，以减少学生认知加工的激活阀限和注意负担。课件的空间布局要简洁明了，突出重点。按照视知觉注意分布规律，课件的信息应排列整齐，每页内容不宜过多，一般以七行为宜，并设置合适的行距和字间距。界面设计时一定要留出一定的空白来突出教学信息，不能将整个画面充满文字和图片，让人眼花缭乱，影响注意。文字和背景的颜色对比要鲜明，要能突出教学内容。

（三）适度使用多媒体，注重课堂教学的交互性

在以教师为主导，学生为主体的课堂教学中，师生的互动必不可少。使用多媒体手段进行教学，教师除了在课前需要花费大量的时间和精力精心制作多媒体课件外，在课堂教学中，更要把握好多媒体技术的使用。及时观察学生的反应，做好师生互动。以学生能更好地理解和吸收教学内容，切实提高英语应用能力为前提。充分认识到多媒体技术只是教学的一种辅助手段，多媒体课件也仅仅是教学中的一部分。现代教学手段的应用不能全盘否定传统的教学方法，克服课件万能和多媒体垄断课堂的现象，实现多种教学媒介的优势互补，从而改变一键到底的教学方法。在课件制作中合理安排师生之间和学生之间的互动环节，使学生真正参与到课堂教学的活动中来，提高课堂教学的交互性，增进师生间的情感交流，营造良好的课堂教学气氛，以达到优化教学效果的目的。

（四）多媒体技术与传统教学方法相结合

多媒体利用现代信息技术带动了教学内容、教学方法和教学手段的全面改革。正确使

用多媒体可以提高教学效果，实现以学生为主体的教学模式。教师要意识到自身角色发生的重大变化，从传统的知识传授者、灌输者，转变成教学设计者、组织者、参与者、引导者和评价者。教师要正确认识现代教学手段与传统教学手段的关系，不能把多媒体视为黑板的替代物，把板书内容搬到课件中；也不能过度使用音频、视频等手段分散学生的注意力，片面追求热闹场面和轰动效果。教师还要认识到仅靠信息技术手段并不能保证提高教学效果，多媒体只是辅助教学，不能主次颠倒，本末倒置，要始终把培养学生交际能力、与学生互动放在第一位。如果被先进的技术所桎梏，教师的作用被抹杀，那么这种喧宾夺主的做法自然就违背了多媒体辅助教学的初衷。

在使用多媒体的同时，也不能完全摈弃传统的手段，在需要时结合使用板书、直观教具等方法，发挥传统手段的优势。例如，在利用多媒体演示资料的同时，加以适当的板书，让学生记笔记。这样可以突出教学重点，控制课堂节奏，给学生以时间消化吸收，可以起到事半功倍的作用。总之，在组织教学上，教师要灵活多变，避免模式化、呆板化，可以把交际法、听说法、情景法、讨论法等适当引入多媒体课堂。让现代教学手段与传统方法有机结合，互相补充，发挥各自的优点。

七、结论与思考

多媒体技术运用于小学英语课堂中，是在多媒体教学和网络环境教学下，在教师指导下的学生建构学习过程。它能突破过去那种以教材、教师为中心，教师教、学生跟着读的旧模式；能改变过去只注重音标、语法的传统英语教学方式。通过发挥现代教育技术的优势，可以促使教学过程四要素的转变：变教师"主讲"为"主导"，变学生"被动"为"主动"，变媒体"教具"为"学具"，变教学内容"以教材为中心"为"教材加生活"。通过这些转变，强化"学"的环境设计，为学生创造良好的语言学习环境。教师通过设计真实任务型活动（Task-based Activities），让学生在完成真实任务的心理驱动下开展语言实践活动，获得和积累相应的学习经验；让学生接触足够量的语言材料，保证输入量，把"习得"和"学得"有机地结合起来，在学中用，在用中学。网络教育充分体现了以学生为中心的特征，更多地赋予学生学习的自由，有利于构建自主学习模式。通过教师组织和指导以及其他软件和硬件的帮助，让学生学会自己学习。

综上所述，多媒体技术应用于小学英语教学中不仅是教学手段的改进，更重要的是它对教育教学观念产生了巨大冲击。当然，多媒体技术与小学英语的整合教学并非是常规教学的全部，也不是每堂课都适宜使用。如何根据建构主义学习理论来进行以学生为中心的教学设计，如何根据教学目标来更有效地把多媒体和网络技术应用于教学之中，使之为教学服务，还有待更多的英语教育工作者进行研究和探索。多媒体教学还有很多潜能和作用等待发掘和利用。

思考与练习：

1. 选择一般小学英语教材及其有代表性的单元，设计利用多媒体技术的教学计划，可以独立完成，也可以多人分工合作完成。

2. 如何利用多媒体技术辅助英语教学？在这种教学环境下师生各担任怎样的角色？

第十三章 小学英语教学科研

通过本章学习,需要达成如下目标:(1)了解教学科研的含义及其必要性,(2)了解小学教学科研的原则和步骤,(3)了解小学教学科研的基本类型。

第一节 教学科研的含义及意义

一、教学科研及其意义

教学科研是指教师和教育科研人员为了探索教学规律,改进教学方法,提高教学效率而进行的教学实验,以及撰写教研论文,进行教学研讨的活动,是提高教师教学水平和实践能力,学习国内外最新科研成果,促进教学改革的一个重要途径。

教学科研指导和推动着教学实践,引领着教师步入新课标,实践新课标,发展新课标,提高教学质量和效益,提升办学品位。教师要在原有的基础上大力开展教学的实践与反思,着力于实践研究。

进行教学科研也是追求成功的小学英语教师的自觉选择。小学英语教师只有通过对小学英语教学法开展系统的研究和学习,掌握大量先进的英语教学理论,提高自身的理论水平;在基本的先进的教学理论指导下,结合儿童身心特点和认知规律,进行理论与实践的探讨,边教边学边研究,不断总结经验,选择和运用而且创新出行之有效、适应小学英语教学实践的教学方法。

教学科研能力的提高有助于提高中小学英语教师的素质,同时提高教师自身的专业理论水平和业务能力。教育科研工作与实际教学工作相联系,能有效提高英语教学质量。而教育科研活动与实际教学活动相结合,能够将科研中的新方法、新观念与教学结合,有利于教学效果的提高。在素质教育中,传统的师生关系已经发生了变化,需要科研型的教师来推进由"应试教育"向"素质教育"转变的进程。新课标要求培养创新型人才需要教师,没有科研能力就没有创新的教育教学。教师要想在英语教学中达到新课标的要求,就必须转变自己的角色,尽快使自己成为教学问题的研究者,即研究型教师。

随着社会的转型,教育变革的不断深入,学校不可避免地会遇到许多新问题、新困惑、新矛盾,而这些新问题、新困惑、新矛盾又会在一定程度上制约学校的发展,影响学校教育变革的推进。如果不及时加以处理和解决这些问题,就难以使学校教育适应社会和学生发展的真实需求。但是,由于学校教育中的问题与矛盾总是伴随着社会转型和教育变革出现的,一味依靠原有的教育经验和办法往往难以奏效,学校必须借助教学科研来解决这些问题、困惑与矛盾,教学科研就成为解决这些问题与矛盾的基本途径。因此,提升学校教学科研水平就成为解决学校实际问题,推进学校教育变革,实现学校、教师和学生共同发展的关键之所在。

二、教学科研的必要性

近些年来，由于社会的进步发展，人们对于教师职业的认识更加深刻、科学和全面，越来越强调老师的专业化发展的特点，要求教师在全面提高自身素质的同时实现整个教师职业的专业化。由此可见，教师是一种专门人才，不再是"教书匠"，也不再是人们所认为的"园丁"、"蜡烛"。教师也有自己的生命，自身也需要不断成长和发展。而成为专门化教师的途经是什么？从事教育教学工作的人们，除了要具备学科扎实的基本知识外，还需要具有教育学、心理学等领域的基本理论知识，具备将这些理论运用到自己的教学实践中去的能力，具备策划教学方案、实施教学方案、调整教学策略的能力。而成为专门化教师最好的途经是参与研究，对自己的日常行为和学生学习进行系统、规范、严谨的探究。

教师作研究有几个方面的必要性。

1. 教师参与研究可以提升自己自我反思意识和能力，了解自己行为的意义和作用

教师只有对自己的课堂行为进行研究，才能了解自己在课堂上做了什么，为什么要那么做，这样做对学生有什么影响，这样做符合什么教学理念。只有这样教师才能够在不断发展变化的教学环境中成为教育教学的主人。

从教师的自身发展上来看，参与研究还可以帮助教师改变自己的生活方式。在这种生活方式中，教师能够体会到自己存在的价值与意义，可以逐步实现教师的专业自主化发展。

2. 教师参与研究还可以破除教师对于"研究"的迷信，增强自己的自尊、自信和自立的能力

在普通教师的眼中，研究似乎是很神秘和不可接触的领域，是专门的科研工作者的事情，与自己没有什么关系。其实，很多教师在实际工作中已经是在从事研究，但他们没有意识到。他们的手中掌握了大量的一手资料和经验，只是由于工作繁忙，缺乏科研意识及技术指导、帮助，最终没有能把这些资料和经验提升到理论的高度，没有系统化、严谨化。

3. 新课程的理念要求教师具有科研能力

与传统课程相比，新课程功能的发展性和学生学习方式的自主性使教师面临着新的问题与挑战。比如，教师如何改变自己的教学行为与学生的学习行为？如何引导和促进学生探究、自主、合作地学习？如何进行课程开发和利用各种课程资源？等等。所有这些，仅仅依靠过去的老经验是不够的。这就要求教师要从教育实践者向教育研究者转变。

4. 新课程要求培养创新型人才，需要教师具有科研能力

研究型的教师应当是新观念、新知识和新技术的源泉。教师应当具有创新精神，同时，也要为学生营造创新的学习环境和气氛，培养学生的创新精神。这种创新和研究活动是开展素质教育和创新教育活动的必要条件。知识的传授和创造，教学和科研是研究型教师岗位职责的两项内容。教师用自己的研究向学生示范最新的研究或者创新成果，使学生能够有机会积极参与受教育的过程，让学生感到学习知识是一种创造的行为。在研究型教师教育下的学生，与众不同之处在于他们是在一种研究性的学习中成长的，完全被浸润在这种创造与探索性的学习氛围之中，有强烈的求知愿望和探究精神。提高各级各类学校教

师的科研能力，是实现培育创造型人才目标的基础，缺乏这个关键环节是不可能培育出创造型人才的。

三、小学英语教师参加科研的意义

由于小学英语教学在我国开展的时间不长，小学英语教学的体系、模式、方法等究竟是怎样的，到目前还处在探索研究阶段。小学英语教学的教材体系及教学内容、课堂结构、运行方式究竟怎样才最科学，使学生具有什么素质，追求哪些目标，培养什么能力，为学生打好什么基础，树立怎样的意识、观念、理想；在这一过程中应如何管理、评价和进行质量检测，教师的作用有多大，如何发挥学生的主体意识、发展其个性等。所有这些疑问只有通过工作在小学英语教学第一线的广大教师悉心研究，竭力探索，形成理论，加以升华、完善，才能找到答案。因此，没有一大批素质精良的科研型教师，就难以完成素质教育的使命，难以保证小学英语教学的质量，难以培养出适应21世纪现代化建设需要的社会主义新人。教师的教育行为依赖教育科研，这既是现代化教育教学的重要标志，也是实现教育现代化的重要前提。所以建设一支科研型的小学教师队伍是全面实施素质教育，促进小学英语教学工作的必然要求。

教育科学研究不是孤立的，它是教师教育活动的一个有机组成部分，是教师在更高层次上拓宽知识面，完善知识结构，形成良好的教学技能，以便更好地为教育教学工作服务的一种职业行为。因此，教育科研能力的提高有助于提高小学英语教师的素质。

参加教学科研是提高广大小学英语教师素质的重要途径。教师素质的提高是当前小学英语教师队伍建设的主要任务，而教学科研是提高小学英语教师素质的重要手段和途径。

首先，教学科研包含了教育的一切行为，并能够延伸到社会和家庭，使教师的综合素质得到提高。

其次，教学科研能紧密地联系教师的实际，使其通过研究与实践过程，了解研究项目的国内外发展现状及成果，开阔视野，从而找出自身存在的不足，及时改进。

再次，提高教师素质的目的是提高教育教学质量，而教学科研就是针对教育教学中存在的问题进行实验论证，总结新经验，构建新模式。此外，对新的教育理论和教学方法的吸纳及探索、应用都离不开科学研究。因此，教学科研应紧密地与教学联系在一起，教学科研既提高了教师的素质，也提高了教学质量。

最后，教学科研的过程是一个学习的过程，通过科学的研究与实践，可以提高教师的专业理论水平，增强业务能力，掌握进行科研的方法，并将此迁移到教学方法上。事实证明，小学英语教师参与科研可以显著的提高自身的综合素质，可以使教师进一步明确教育规律，了解教育发展的趋势，提高教育理论素养。理性思维、实事求是和理论联系实际的科研精神和创造意识对教师素质的提高起积极的作用。

作为现代教师，只有具备了良好的综合素质和强烈的科研意识及创新精神，具备了先进的教育理念，完善并不断更新的知识结构，具备了较强的科研能力和实践能力，掌握必要的科研理论和科研方法，才能在素质教育的大潮中立于不败之地。倘若像以前靠经验吃饭的"教书匠"迟早会被淘汰。所以，迫切需要教师调整和确立一种新的观念、新的意识——教师即研究者，教育教学活动即研究活动。要树立牢固明确的科研意识，尽快适应素质教育的要求。既善于教学，又善于研究；既重视经验，又重视理论；既善于总结经验教训，也重视将经验教训升华为理性知识。努力实现由"经验型"教师向"科研型"教师的转变，做一名新世纪的"科研型"教师。

第二节 小学教学科研的原则和步骤

一、科研原则

(一) 教育性原则

1. 小学英语教学科研的目的、内容要符合教育目的的总体要求

小学英语教学科研的目的、内容要符合教育目的的总体要求，应具有教育意义，不能进行任何不利于学生身心健康的研究。教学科研当中不能提出与国家教育要求相矛盾的要求。

2. 教学科研的过程和结果要有利于学生身心健康和全面发展

不能为研究的需要随便增加学生负担，耽误学生学习，影响学生成绩。一些调查资料如果与被调查者的切身利益有关，则应注意保密。研究的设计和实施，要注意尽可能不影响教育过程的正常进行。每次实施研究过程的时间不宜过长，要考虑学生生理和心理的承受力。

总之，小学教学科研要把教育人、培养人、塑造人作为出发点和归宿，坚持把教育性原则贯彻于教育科学研究的全过程。

(二) 客观性原则

1. 收集的材料必须全面、真实、系统

教学科研的过程就是一个收集材料、揭示本质、发现规律的过程，没有足够的事实材料为依据，就不能有效地进行教学科研。因此，教学科研的首要环节就是尽可能全面地收集反映研究问题情况的材料，为分析研究提供可靠和充足的依据。教学科研的实践证明，所收集的材料越全面、越真实、越系统，就越具有代表性，越能反映问题的本质。零碎的、片面的材料是不能够进行科学的推断的。

2. 研究者要坚持客观的态度

收集资料、分析资料要客观，不带个人偏见和主观色彩。教学科研工作者必须尊重客观事实，收集材料要全面、系统，绝不能凭个人的好恶，想当然地对材料进行有选择的收集。在整理、分析材料时，也不能根据预先的假设，不顾客观事实，任意对材料进行删减甚至修改事实与数据。对于研究成果，更要强调实事求是。无论自己的研究成果怎样，都应如实反映，绝不应以个人的利害得失而违反实事求是的原则，因为事物的发展规律只能从客观事物本身的运动、变化的事实中引申出来。在教学科研实践中，只有以严格的客观态度忠实地反映客观事实，才能正确地反映客观事物中的因果关系和内在的必然联系，才有可能获得科学的结论。

(三) 系统性原则

系统性原则是指用整体的、系统的观点指导科研活动。小学教育不是孤立存在的，它是社会这个大系统中的一个小的子系统，更是教育这个系统中的一个子系统，所以进行研究时，要考虑教育与社会的相互联系。分析家庭环境、社会环境的影响，更要和其他层次

的教育联系起来进行综合研究，要考虑社会、其他层次的教育对教育的影响。另外，在教学科学研究中，思想政治教育、教学、课外教育等，彼此都是相互联系的，构成统一的整体。研究其中某一部分，也应把它放在全面发展的整体教育之中去研究。

（四）理论与实践相结合的原则

理论与实践相结合是指教学科研既要重视理论的指导，又要重视实践，将理论与实践辩证统一起来，密切联系教育教学实际，使一切科学研究的结论都建立在广泛的严格的科学实验基础之上。小学英语教学科研的课题主要存在于小学英语教学实践中，它的研究结果也多是为小学英语教育实践服务。但忽视理论指导、理论分析也是不行的。缺乏理论指导，往往会流于皮毛，流于形式，不深入，层次不高。研究过程必须在正确的理论指导下才能取得成效，研究的结果必须经过理性分析，上升到理论上才有普遍指导意义。反之，不重视实践，没有规范的教育实验，则容易停留在宣传、解释、注释教育方针、政策上，难以深入、具体，难以形成有说服力的理论。

（五）创新性原则

创新性原则指的是教学科研要有新意，能发现别人没有发现的问题，探索出别人没有实践过的富有创意的教育内容、方法、手段、措施等，即要在原有认识的基础上有所发展和创造。这主要体现在对前人没有研究或研究得较少，以及对前人已有研究但从深化或相悖的方向来展开的研究上。小学教学科研中的创新不仅是研究成果的创新，也包含研究内容、研究设计、研究方法以及研究技术的创新。教学科研中的新发现、新思想、新观点常常来源于研究设计、方法的创新。对小学教师来说，只要围绕自己教学、管理工作中实际存在的问题来展开研究，解决工作中的困难就是创新。

教学科研不是为了重复已有的理论和认识，它的目的在于通过研究获取新信息，掌握新特点，发现新规律，丰富和发展现有的教育理论知识宝库。从这个意义上讲，创新是教学科研（实际上是一切科学研究）的生命力之所在。没有创新，不能适应时代发展的需求，科研也就失去了意义。因此，在小学教学科研中，必须遵循创新性原则，这是衡量一项教学科研有无价值以及价值大小的最重要标准。

（六）定性研究与定量相结合的原则

客观存在的一切事物都是质和量的统一体。在教学科研中，同样应坚持定性研究与定量研究的结合，使科研规范化，使研究结果精确化。一切笼统和大概的东西都是没有地位的，对所研究的对象不仅应有定性的分析，而且应有定量的分析。定性常常是定量的前提，定量则是定性的精确化。这就要求教学研究者要深入实际，细致观察，了解事物的真相，掌握进行理论分析的丰富而生动的事实材料。通过分析、综合、分类、比较及归纳与演绎等方法，运用理论分析和逻辑分析，把握事物的因果关系，认识和揭示事物的本质及规律。要善于在感性认识的基础上，透过现象，分析主要矛盾，发现事物的本质特征，最终作出科学的准确的定性分析。同时，要在了解事物的质量时，注意事物的数量，包括事物的大小、多少、规模、时间、空间、强度、变化程度和发展速度等，依据统计学的方法进行整理和简缩，找出其分布特征（如集中趋势、离中趋势、相关程度等），计算出一些具有概括性的统计数据（如平均数、标准差、相关系数等）。借助这些概括性的数据，使人们从杂乱无章的资料中获取有意义的信息，以便对不同的总体进行比较，得出结论。

（七）可行性原则

可行性研究是指所选的教学研究必须具备保证其正常运作并取得预期成效的现实条件。包括主观条件和客观条件。主观条件包括研究者自身的知识结构、理论修养、科研能力与经验等，客观条件包括开展教学科研的有关资料、设备、时间、人员、经费和行政支持、时机等。

二、科研步骤

1. 确定论题

任何科研，首先要选题。教学科研要从当前英语教学实践中亟待解决的和对英语教学改革实践起指导作用的问题中确定选题。或在专业阅读中，或在教学实践中找到质疑点，在分析和阅读中逐渐明晰研究的突破口，然后把课题限定在一个既有一定研究价值又在自己能力、精力、财力等条件许可范围之内。选题十分重要，要注意以下几点：

（1）选题的题目不宜过大。题目过大，要说的东西太多，结果是讲不深、道不透。选题时可从小处着手，把题目缩小一些，使题目具体，有利于收集材料，出示论据。

（2）选题要新颖。创新是论文的生命线，尽量写别人未总结过的东西。选题要新颖并不是指不能写别人已写的东西。别人写过的老题目，可以从新的角度去写。从不同的角度看问题会有不同的发现，只要能给人以新的启示，同样能取胜。

（3）课题和题目在研究的过程中根据实际需要还可以修正。

2. 查找资料

资料可以从书籍（包括专著、论文集、教科书、工具书等）、期刊（包括学术性期刊、工具性期刊、政策性期刊）和一些没有出版的文献（包括学术会议论文集、学位论文、研究报告等）中查找。

3. 要草拟结构框架，写研究提纲或计划

写出研究提纲，包括所研究课题的必要性、可行性和着眼点，理出研究的依据和思路，包括论题、论点、目录、材料排列等。

4. 再查资料，充实论据或实验研究，收集数据

拟定好提纲后，可对资料卡片进行分析，重新排列组合，抽出拟撰写的论文需要的材料，或补充查找资料，或进入实验研究、收集数据阶段，为正式写作铺平道路。

5. 审订论点，修改提纲

6. 正式写作

三、论文写作

1. 撰写科研论文的原则和要求

（1）论文实事求是，例证材料丰富，数据真实，来源于自己教学研究的实践。

（2）论文有理论价值、应用价值、推广价值。

（3）观点明确，见解新颖，论证精辟，概括适当。

（4）行文有章法，逻辑严密，结构完整。

（5）文字通顺、简洁。

2. 论文类型

从研究方法来看，论文可分为分析评论型论文、描述推展型论文、文献综合型论文和自身设计型论文。

（1）分析评论型论文：主要是就某种语言观象或教学方法进行有理有据的分析，并在此基础上得出自己的结论。

（2）描述推展型论文：是指首先深入学习研究他人在某一问题上已取得的研究成果，然后进行归纳和介绍，并在此基础上作进一步的研究，从而得出自己的结论。

（3）文献综合型论文：要求作者大量阅读文献，研究学者们在某一方面已取得的学术成果，然后对其进行综合性介绍和客观的评价。

（4）自身设计型论文：主要是作者根据自己的知识积累、生活感受对某一问题展开研究讨论，表明自己对这一问题的观点，并加以说明和论证。

3. 论文格式

一般来讲，科研论文包括下列几个部分：

（1）题目：是文章的名称，点明文章的论点。

（2）摘要：简要地概述文章的最基本内容。

（3）导言：是论文的开头部分，主要是指出课题研究的动机、目的和意义，介绍相关的背景材料。

（4）正文：是论文的主要部分。作者提出论点，陈述论据，并加以论证。正文通常有几个部分，每部分可加上小标题，以使文章脉络更加清晰、明了。

（5）结论：一般指对引言部分提出的问题进行回答，对论文的研究成果（所提出的观点）进行总结和概述，对可能存在的问题或有待进一步研究的其他问题提出建议。

（6）注释和参考文献：注释是对文章中的某些内容加以揭示，一般在文章的结尾。参考文献是指在撰写论文过程中参考或引用的重要文献资料，放在注释后面。

第三节　小学教学科研的基本类型

一、校本教研

"校本"是一个外来的概念，即"以校为本"，是近年来国内外流行的一个教育理念。校本发展是一种重视学校自身力量和学校自身发展的教育理念，它主张在政府宏观调控下，社会积极参与，学校自主办学和自主发展。以校为本是当代基础教育改革的走向之一。

校本教研作为以校为本理念中的一个重要方面，已成为教育改革的一个新亮点。校本教研是保证新课程改革实验向纵深发展的新的推进策略。教师专业化发展是教育事业的长远需要，也是为适应新课程改革实验而亟待解决的一个问题。就学校工作环境而言，校本教研与教师专业发展需要相互支撑，相互依托，二者是相辅相成的对立统一体。

（一）校本研究的定位

校本教研作为一种研究取向或研究的理想状态，必须有一个合理的定位。它不是正式的学术研究，而是基于学校、为了学校、在学校中进行的教学研究；它也不是完全的教学工作或理论学习，而是一种教师的专业发展和学校有特色发展的途径。

1. 校本教研是一种研究取向

校本教研的主要目的，在于解决学校和教师在教育教学实践中发现的问题、遇到的困惑；在于提高教育教学质量，服务于学校，服务于教师，促进教师专业成长，促进学校个性化、人本化的建设和学校特色文化的形成。当然这一价值追求归根结底也是为了学生的发展。校本教研立足微观，以日常教学遇到和亟待解决的问题为视角和切入点，以实际问题的解决为目的，在研究方法上，会"主动吸纳和利用各种有利于解决教学实际问题并提高学校教育质量的经验、方法、知识、技术和理论"。

2. 校本教研在于促进教师的专业成长

校本教研是教师专业发展的最佳途径。教师的专业不是表现为其所教的学科内容，而是其教育行动和教育实践。教师的专业发展简单来讲就是教师教育实践知识的不断丰富、积累和教育实践能力的逐步提升；教师的专业发展还内含着一种自主、自律状态下完成其发展而不是外在环境强加的。校本教研作为一种新颖的教研形式，为教师的专业发展提供了契机，搭建了平台。校本教研可以解决工、学之间的矛盾，使教师的理论学习与教学工作统一于校本教研中，重建教师的日常生活。

新课标理念下，强调教师在教学过程中的主体性和能动性，要求教师在教学中发挥能动性和创造性。校本教研为教师实践智慧的生成与专业的自主发展提供了契机。

（二）校本教研的基本方式

1. 实践反思

"反思"单从字面意思来理解似乎是对过程结束后行为结果的再思考。其实这只是其中的一层意思，真正的反思是伴随整个活动始终的，是对整个活动的能动的警觉、质疑和追问，并以此发现实践过程中的问题并及时解决问题，提升实践活动的质量和水平。教学实践中的反思是教师以自己的教学活动为对象，对自己的教学行为及由此产生的结果进行审视和分析的过程，是一种理论与实践之间的对话，是这两者之间的相互沟通的桥梁，又是理想自我与现实自我的心灵上的沟通。

按上述理论，教师教学实践中的反思应分为教学前、教学中和教学后三个阶段。在教学前进行的反思具有前瞻性，能使教学成为一种自觉的实践，并有效地提高教师的教学预测和分析能力；在教学中进行反思，即及时地在行动过程中反思，这种反思具有监控性，能使教学高质高效地进行，并有助于提高教师的教学调控和应变能力；在教学后进行的反思具有批判性，能使教学经验理论化，并有助于提高教师的教学总结能力和评价能力。通过反思，教师不断更新教学观念，改善教学行为，提高教学水平，同时形成自己对教学现象、教学问题的独立思考和创造性见解，真正成为教学和研究的主人。

2. 同伴互助

校本教研是一个多方面参与的合作性研究，其中教师之间的相互协作是这一合作关系中的核心。校本教研不是单个教师的单打独斗，也不只是对教学经验丰富、教学成绩突出的优秀教师的成果分享，而是教师之间平等开展的专业切磋、协调和合作。教师之间要相互学习，彼此支持，共同分享经验，促进专业的共同成长，通过多种形式的对话、交往与互动，达成教师之间的互助与合作。例如，教师之间彼此的信息交流与经验共享，教师把在教学中获取的有效的教学信息传递给其他教师，相互取长补短，扩大和丰富教师的信息量和各种认识；教师把自己在教学中所总结的教学经验提供给其他教师共同分享，在彼此的经验交流中，原有的静态经验被激活、被分享，从而不断地扩展和升值。又如，进行主题讨论，大家坐在一起就教学中的典型问题进行专门讨论，不断提出各种看法和观点，不断提高自己和同事对问题的认识，促使个人的实践智慧不断得到变更、丰富和扩张。

3. 专业引领

校本教研不仅依靠校内教师的力量，还要依靠校外专业人员的引领和指导，因为作为工作在实践一线的教师，缺乏的正是系统的教育理论素养，而专业人员（主要包括教研人员、科研人员和大学教师）正好弥补了这方面的不足。因此，专业研究人员的参与是校本教研向纵深、可持续发展的关键。理论指导、专业引领是校本教研得以深化发展的重要支撑。

所谓专业引领，究其实质而言，是理论对实践的指导，是理论与实践之间的对话，是理论与实践关系的重建。从教师角度来讲，加强理论学习并自觉接受理论的指导，努力提高教育理论素养，培养理论思维能力，是从"教书匠"通往"研究型教师"的必由之路；而作为专业人员，在新课标背景下，也面临着如何把理论优势转化为实践优势的历史使命，面临着如何转变自己的职业角色和工作方式，以更好地发挥研究、指导、鼓舞诸多功能的崭新课题。因此，专业人员要想发挥自身的专业优势，在思想上要端正态度，不要把自己当做理论权威和思想教父；在行动上要走出"书斋"，走向沸腾的学校生活，要主动与学校沟通，与教师交流，在教学实践中升华自己的理论。

专业引领的形式是多样的，有显性的也有隐性的。教师要养成理论学习的习惯，教师自学理论是一种隐性的专业引领，小学教师更期盼的是专家以各种形式对教师进行的现行的专业引领。目前学术理论界和学校教师实践层面都在努力探索实施专业引领的途径和方式，做到专家不越俎代庖而教师又保持合理的能动性和积极性。现在也大致形成了一些基本方式，如专业人员的专题报告、理论学习辅导讲座、教学座谈等，其中教学的指导是最有效的，也是最受教师欢迎的形式。专业人员与教师共同备课、听课、评课，如果条件方便，专业人员可直接走上讲台为学生上课以身示范。

实践反思、同伴互助、专业引领三者相对独立又相辅相成，互相补充，互相渗透，互相促进。只有充分发挥三者的作用并注重相互间的整合，才能有效保障校本教研的顺利实施。

二、教学实验

教学实验法，是在近代自然科学实验的影响下兴起的一种科学而有效的研究教育现象、探索教育规律的方法。它在教学研究中起着非常重要的作用。大者如一种教育学说的创建、一种教育学派的形成，小者如一种教学方法的提倡、一种新教材的使用，往往以实验作为其立论的根据。我国的教育实验起步较晚，但发展较快。特别是近十年来，我国的教育工作者，适应教育改革的新形势，在全国各地开展了无数的大大小小的教学实验，以推动教育事业的发展和繁荣。教学实验的要素包括理论假设、实验变量和分析判断。

（一）理论假设

实验是在人为控制条件下研究对象的一种科学方法。是根据假设，在人为控制条件下，对实验变量的变化和结果进行分析解释的科学方法。因此理论假设是教学实验的第一个要素。

通常，科学研究起源于假设。假设亦称假说，指用来说明某种现象但未经证实的论题。假设一般分为三个步骤：第一步是提出假设，即依据发现的事实材料和已知的教育原理，通过创造性思维提出初步假定；第二步是作出预期（或推断），即依据提出的假设，进行推理，得出假定性的结论；第三步是验证假设，即依据假设和预期，设计实验方案，进行实验验证。其结果，假设或被否定，或被修正，或被证实。如果假设得到证实，预期得以实现，则假设或假说就可以转化为理论。故假设是教学实验的第一个要素。

（二）实验变量

实验的第二个要素是"变量"。实验的过程，实质是围绕实验假说操作实验自变量、控制无关变量、观测实验因变量的过程。在教学实验中设计的实验变量主要有实验自变量、实验因变量和无关变量。

实验变量的选择直接关系教学实验的操作，因此要认真选择在教学实验中刺激哪些变量，操作哪些变量。实验法的核心问题是条件控制，不严格控制就无法保证实验的科学性。因此，必须谨慎设计如何控制无关变量以保证实验结果，并在实验过程中及时收集数据。

（三）分析判断

教学实验的最后一步是对实验结果和实验数据进行科学的分析和解释，论证、说明实验中的自变量与因变量的因果关系，肯定或否定假设，从而得出相应的结论。由于实验的过程很复杂，涉及诸多变量，并受到很多因素影响，因此分析尤为重要。在统计分析中要采用恰当的分析方法，要从实验结果下结论；不可先下结论，再说实验结果，导致因果颠倒。

真实客观原则是教学实验所必须遵循的基本准则，即实验中的捕获、解释一定要实事求是，一切从实际出发，使获取的材料（事实、现象、数据）尽可能地反映客观事物的本来面目；不能主观臆造，不能凭空胡诌，不能片面武断。所谓事实，有两类性质：一类是"客观事实"，它是事物的客观存在，具原本性质；一类是"经验事实"，它是人们对客观事物的主观反映，具经验性质。实验即在于捕获真实客观的、能反映客观事物本来面目的经验事实，并加以合理的解释。

教学实验要起到教育科学生命源泉的作用，就不能只停留在实用性的目的上，而应在理论探究上多下工夫。教育理论工作者在从事理论研究的同时，应努力将理论成果介绍给中小学教师，促进教学实验的发展，并对教学实验中产生的问题及时引导，及时解决。要组成一支由教育理论工作者、教育行政人员和中小学教师组成的实验队伍，通过教学实验，总结、验证教育理论，揭示教育规律，创造教育教学的新方法，给教育决策部门提供新思路，使教学实验能够全方位地服务于教育事业。

思考与练习：

1. 小学教师为什么需要进行教学科研？
2. 如何进行教学反思？

附录1：小学PEP教材英语（三年级至六年级）单词分类总表

学习用品（school things）			
钢笔	pen	报纸	newspaper
铅笔	pencil	书包	schoolbag
铅笔盒	pencil-case	橡皮	eraser
尺子	ruler	蜡笔	crayon
书本	book	卷笔刀	sharpener
书包	bag	故事书	story-book
漫画书	comic book	笔记本	notebook
明信片	post card	杂志	magazine
身体部位（body）			
脚	foot	耳朵	ear
头发	hair	手臂	arm
脸	face	手指	finger
鼻子	nose	大腿	leg
嘴巴	mouth	尾巴	tail
眼睛	eye		
颜色（colours）			
红色	red	黑色	black
蓝色	blue	粉红色	pink
黄色	yellow	紫色	purple
绿色	green	橙色	orange
白色	white	棕色	brown
动物（animals）			
鸭子	duck	马	horse
兔子	rabbit	大象	elephant
猫	cat	蚂蚁	ant
狗	dog	袋鼠	kangaroo
猪	pig	猴子	monkey

(续表)

老虎	tiger	鱼	fish
绵羊	sheep	小鸟	bird
山羊	goat	熊猫	panda
奶牛	cow	熊	bear
驴子	donkey	狮子	lion
人物(people)			
朋友	friend	姐姐	sister
男孩	boy	兄弟	brother
女孩	girl	舅舅，叔叔	uncle
校长	principal	男人	man
大学生	university student	女人	woman
笔友	pen pal	先生	Mr.
旅行者	tourist	夫人	Mrs.
人们	people	小姐	Miss
机器人	robot	女士	lady
同学	classmate	妈妈	mom
父母	parents	妈妈（母亲）	mother
祖父母	grandparents	爸爸	dad
祖父	grandpa/ grandfather	爸爸（父亲）	father
祖母	grandma/grandmother	儿子	son
阿姨	aunt	堂兄弟（姐妹）	cousin
职业(jobs)			
教师	teacher	作家	writer
学生	student	男演员	actor
医生	doctor	女演员	actress
护士	nurse	画家	artist
司机	driver	电视台记者	TV reporter
农民	farmer	工程师	engineer
歌手	singer	会计	accountant
警察（男）	policeman	清洁工	cleaner
警察（女）	policewoman	棒球运动员	baseball player
销售员	salesperson	售货员	assistant
食品(food and drink)			
鸡肉	chicken	可乐	coke
猪肉	pork	米饭	rice
羊肉	mutton	面包	bread

(续表)

蔬菜	vegetable	牛肉	beef
沙拉	salad	牛奶	milk
汤	soup	水	water
冰	ice	鸡蛋	egg
冰淇淋	ice-cream	鱼	fish
曲奇	cookie	豆腐	tofu
饼干	biscuit	蛋糕	cake
果酱	jam	热狗	hot dog
果汁	juice	汉堡包	hamburger
早餐	breakfast	法式薯条	French fries
午餐	lunch	茶	tea
晚餐	dinner	咖啡	coffee
肉	meat	面条	noodle
水果/蔬菜 (fruit and vegetables)			
苹果	apple	橘子	orange
香蕉	banana	桃子	peach
雪梨	pear	西瓜	watermelon
大白菜	cabbage	葡萄	grape
西红柿	tomato	桃子	peach
土豆	potato	草莓	strawberry
洋葱	onion	青瓜	cucumber
茄子	eggplant	胡萝卜	carrot
青豆	green beans		
衣服 (clothes)			
夹克衫	jacket	衬衫	shirt
T恤衫	T-shirt	短裙子	skirt
连衣裙	dress	牛仔裤	jeans
长裤	pants	袜子	socks
鞋子	shoes	毛衣	sweater
上衣	coat	雨衣	raincoat
短裤	shorts	网球鞋	sneakers
拖鞋	slippers	凉鞋	sandals
靴子	boots	帽子	hat
便帽	cap	太阳镜	sunglasses
领带	tie	围巾	scarf
手套	gloves		

(续表)

交通工具 (vehicles)			
自行车	bike	公共汽车	bus
火车	train	小船	boat
轮船	ship	快艇	yacht
小汽车	car	出租车	taxi
吉普车	jeep	小货车、面包车	van
飞机	plane	地铁	subway
摩托车	motor cycle		
杂物 (other things)			
窗户	window	门	door
课桌	desk	椅子	chair
床	bed	计算机	computer
写字板	board	风扇	fan
灯	light	讲台	teacher's desk
图画、照片	picture	墙壁	wall
地板	floor	窗帘	curtain
垃圾桶	trash bin	壁橱	closet
镜子	mirror	床头柜	end table
足球	football	礼物	present
随身听	walkman	台灯	lamp
电话	phone	沙发	sofa
书架	shelf	冰箱	fridge
桌子	table	电视	TV
空调	air-conditioner	钥匙	key
锁	lock	照片	photo
图表	chart	盘子	plate
刀	knife	叉	fork
勺子	spoon	筷子	chopsticks
锅	pot	礼物	gift
玩具	toy	洋娃娃	doll
球	ball	气球	balloon
风筝	kite	拼图游戏	jigsaw puzzle
盒子	box	雨伞	umbrella
拉链	zipper	小提琴	violin
溜溜球	yo-yo	鸟巢	nest
洞	hole	管子	tube

(续表)

牙刷	toothbrush	菜单	menu
电子贺卡	e-card	电子邮箱	e-mail
交通灯	traffic light	钱	money
药品	medicine		
地点（locations）			
家	home	房间	room
卧室	bedroom	卫生间	bathroom
起居室	living room	厨房	kitchen
教室	classroom	学校	school
公园	park	图书馆	library
邮局	post office	医院	hospital
电影院	cinema	书店	bookstore
农场	farm	动物园	zoo
花园	garden	书房	study
操场	playground	食堂	canteen
教师办公室	teacher's office	图书馆	library
体育馆	gym	卫生间	washroom
绘画教室	art room	计算机教室	computer room
音乐教室	music room	电视机房	TV room
公寓	flat	公司	company
工厂	factory	水果摊	fruit stand
宠物商店	pet shop	自然公园	nature park
主题公园	theme park	科学博物馆	science museum
长城	the Great Wall	超市	supermarket
银行	bank	国家	country
乡下	village	城市	city
课程（classes）			
体育运动	sports	科学	science
思想品德课	Moral Education	社会课	Social Studies
国家（countries） 城市（cities）			
中国	China PRC	美国	America
联合王国	UK	英国	England
加拿大	Canada CAN	澳大利亚	Australia
纽约	New York	伦敦	London
悉尼	Sydney	莫斯科	Moscow
开罗	Cairo		

(续表)

气象 (weather)			
寒冷的	cold	温暖的	warm
凉爽的	cool	下雪的	snowy
晴朗的	sunny	炎热的	hot
下雨的	rainy	有风的	windy
多云的	cloudy	天气预报	weather report
景物 (nature)			
河流	river	湖泊	lake
河、溪	stream	森林	forest
小道	path	公路	road
房子	house	桥	bridge
建筑物	building	雨	rain
云	cloud	太阳	sun
山	mountain	天空	sky
彩虹	rainbow	风	wind
空气	air		
植物 (plant)			
花	flower	苗	sprout
草	grass	植物	plant
树	tree	玫瑰	rose
种子	seed	叶子（单数/复数）	leaf/leaves
星期 (week)			
星期一	Monday	星期六	Saturday
星期二	Tuesday	星期日	Sunday
星期三	Wednesday	周末	weekend
星期四	Thursday	工作日	weekday
星期五	Friday	一周	a week
月份 (months)					
---	---	---	---	---	---
一月	January	Jan.	七月	July	July
二月	February	Feb.	八月	August	Aug.
三月	March	Mar.	九月	September	Sept.
四月	April	Apr.	十月	October	Oct.
五月	May	May	十一月	November	Nov.
六月	June	June	十二月	December	Dec.

季节 (seasons)			
春	spring	秋	fall/autumn

(续表)

夏	summer	冬	winter
方位（directions）介词（prep.）			
南	south	在……里面	in
北	north	在……上面	on
东	east	在……下面	under
西	west	在……上方	over
左边	left	在……附近	near
右边	right	与……相邻	next to
中间	middle	在……前面	in front of
		在……后面	behind
患病（illness）			
发烧	have a fever	牙疼	have a toothache
疼痛	hurt	头疼	have a headache
感冒	have a cold	喉咙疼	have a sore throat
数词（numbers）			
一	one	十九	nineteen
二	two	二十	twenty
三	three	三十	thirty
四	four	四十	forty
五	five	五十	fifty
六	six	六十	sixty
七	seven	七十	seventy
八	eight	八十	eighty
九	nine	九十	ninety
十	ten	百	hundred
十一	eleven	第一	first
十二	twelve	第二	second
十三	thirteen	第三	third
十四	fourteen	第四	fourth
十五	fifteen	第五	fifth
十六	sixteen	第八	eighth
十七	seventeen	第九	ninth
十八	eighteen	第十二	twelfth
形容词（adj.）			
大的	big	更大的	bigger
小的	small	更重的	heavier

(续表)

长的	long	更长的	longer
高的	tall	更瘦的	thinner
短的；矮的	short	更小的	smaller
年轻的	young	好的	good
旧的；老的	old	好的	fine
健壮的	strong	很好的	great
瘦的	thin	重的	heavy
积极活跃的	active	新的	new
安静的	quiet	胖的	fat
好看的	nice	快乐的	happy
和蔼可亲的	kind	对的	right
严肃的	strict	饥饿的	hungry
聪明的	smart	逗人喜爱的	cute
滑稽可笑的	funny	小的	little
好吃的	tasty	可爱的	lovely
甜的	sweet	漂亮的	beautiful
咸的	salty	色彩鲜艳的	colourful
酸的	sour	漂亮的	pretty
新鲜的	fresh	便宜的	cheap
最喜爱的	favourite	昂贵的	expensive
干净的	clean	多汁的	juicy
疲劳的	tired	嫩的	tender
兴奋的	excited	健康的	healthy
生气的	angry	有病的	ill
高兴的	happy	有帮助的	better
无聊的	bored	高的	high
忧愁的	sad	简单的	easy
更高的	taller	骄傲的	proud
更矮的	shorter	有病的	sick
更强壮的	stronger	更好的	better
年龄更大的	older	更高的	higher
更年轻的	younger		
代词（pron.）			
我	I	他（她，它）们	they
我们	we	我的	my
你；你们	you	我们的	our

(续表)

他	he	你的；你们的	your
她	she	他的	his
它	it	她的	her
动词（V.）			
玩；踢	play	看	look
游泳	swim	猜	guess
滑冰	skate	帮助	help
飞	fly	传递	pass
跳	jump	展示	show
走	walk	使用	use
跑	run	打扫	clean
爬	climb	打开	open
打架	fight	关上	close
荡	swing	放	put
吃	eat	读	read
睡觉	sleep	写	write
像；喜欢	like	绘画	paint
有；吃	have	告诉	tell
转弯	turn	踢	kick
买	buy	反弹	bounce
买；带	take	骑	ride
居住	live	停	stop
教	teach	等	wait
去	go	寻找	find
学习	study	驾驶	drive
学习	learn	折	fold
唱歌	sing	寄	send
跳舞	dance	洗	wash
划	row	照耀	shine
做作业	do homework	变成	become
看电视	watch TV	感觉到	feel
读书	read books	思考	think
做饭	cook the meals	遇见	meet
浇花	water the flowers	落下	fall
扫地	sweep the floor	离开	leave
打扫卧室	clean the bedroom	醒来	wake up

(续表)

铺床	make the bed	穿上	put on
摆饭桌	set the table	脱掉	take off
洗衣服	wash the clothes	挂起	hang up
洗碗碟	do the dishes	穿	wear
使用计算机	use a computer	回家	go home
晨练；做广播操	do morning exercises	上床睡觉	go to bed
吃早饭	eat breakfast	玩电脑游戏	play computer games
吃晚饭	eat dinner	下棋	play chess
上学	go to school	做家务	do housework
上英语课	have English class	倒垃圾	empty the trash
进行体育运动	play sports	收拾衣服	put away the clothes
起床	get up	下车	get off
爬山	climb mountains	去旅行	take a trip
买东西	go shopping	阅读杂志	read a magazine
弹钢琴	play the piano	去看电影	go to the cinema
看望（外）祖父母	visit grandparents	参观长城	visit the Great Wall
去远足	go hiking	喝	drink
放风筝	fly kites	尝	taste
堆雪人	make a snowman	闻	smell
种树	plant trees	喂养	feed
画画	draw pictures	剪	shear
做饭	cook dinner	挤奶	milk
看书	read a book	见面	meet
接电话	answer the phone	欢迎	welcome
听音乐	listen to music	谢谢	thank
打扫房间	clean the room	爱	love
写信	write a letter	工作	work
写电子邮件	write an e-mail	到达	get to
喝水	drink water	骑自行车	ride a bike
照相	take pictures	拉小提琴	play the violin
观察昆虫	watch insects	制作风筝	make kites
采摘树叶	pick up leaves	集邮	collect stamps
做实验	do an experiment	收集树叶	collect leaves
捉蝴蝶	catch butterflies	写报告	write a report
数昆虫	count insects	下棋	play chess
收集昆虫	collect insects	举行野餐	have a picnic

附录2：常用课堂用语135句

1. 上课（Beginning a class）

    (1) Let's start now. / Let's begin our class / lesson.

    (2) Stand up, please.

    (3) Sit down, please.

2. 问候（Greeting）

    (4) Hello, boys and girls / children.

    (5) Good morning, class / everyone / everybody / children / boys and girls.

    (6) Good afternoon, class / everyone / everybody / children / boys and girls.

    (7) How are you today?

3. 考勤（Checking attendance）

    (8) Who's on duty today? / Who's helping this morning / today?

    (9) Is everyone / everybody here / present?

    (10) Is anyone away? / Is anybody away?

    (11) Is anyone absent? / Is anybody absent?

    (12) Who's absent? / Who's away?

    (13) Where is he / she?

    (14) Try to be on time. / Don't be late next time.

    (15) Go back to your seat, please.

    (16) What day is it today?

    (17) What's the date today?

    (18) What's the weather like today?

    (19) What's it like outside?

4. 宣布（Announcing）

    (20) Let's start working. / Let's begin / start a new lesson. / Let's begin / start our lesson.

    (21) First, let's review / do some revision.

    (22) What did we learn in the last lesson?

    (23) Who can tell / remember what we did in the last lesson / yesterday?

    (24) Now we're going to do something new / different. / Now let's learn something new.

    (25) We have some new words / sentences.

5. 提起注意 (Directing attention)

　　(26) Ready? / Are you ready?

　　(27) Did you get there? / Do you understand?

　　(28) Are you clear?

　　(29) Any volunteers?

　　(30) Do you know what to do?

　　(31) Be quiet, please. / Quiet, please.

　　(32) Listen, please.

　　(33) Listen carefully, please.

　　(34) Listen to the tape recorder / the recording.

　　(35) Look carefully, please.

　　(36) Look over here.

　　(37) Watch carefully.

　　(38) Are your watching?

　　(39) Please look at the blackboard / picture / map…

　　(40) Pay attention to your spelling / pronunciation…

6. 课堂活动 (Classroom activities)

　　(41) Start! / Start now.

　　(42) Everybody together. / All together.

　　(43) Practice in a group. / Practice in groups / in groups, please.

　　(44) Get into groups of three / four…

　　(45) Everybody find a partner / friend.

　　(46) In pairs, please.

　　(47) One at a time. / Let's do it one by one.

　　(48) Now you, please. / Your turn (student's name).

　　(49) Next, please. Now you do the same, please.

　　(50) Let's act. / Let's act out / do the dialogue.

　　(51) Who wants to be A?

　　(52) Practice the dialogue, please.

　　(53) Now Tom will be A, and the other half will be B.

　　(54) Please take (play) the part of…

　　(55) Whose turn is it?

　　(56) It's your turn.

　　(57) Wait your turn, please.

　　(58) Stand in line. / Line up.

　　(59) One by one. / One at a time, please.

　　(60) In pairs.

　　(61) Don't speak out.

　　(62) Turn around.

7. 请求 (Request)

  (63) Could you please try it again?

  (64) Could you please try the next one?

  (65) Will you please help me?

8. 鼓励 (Encouraging)

  (66) Can you try?

  (67) Try, please.

  (68) Try your best. / Do your best.

  (69) Think it over and try again.

  (70) Don't be afraid / shy.

9. 指令 (Issuing a command)

  (71) Say / Read after me, please.

  (72) Follow me, please.

  (73) Do what I do.

  (74) Repeat, please. / Repeat after me.

  (75) Once more, please. / One more time, please.

  (76) Come here, please.

  (77) Please come to the front. / Come up and write on the blackboard.

  (78) Come and write it on the blackboard.

  (79) Please go back to your seat.

  (80) In English, please.

  (81) Put up your hand, please. / Raise your hand, please.

  (82) Put your hands down, please. / Hands down, please.

  (83) Say it / Write it in Chinese / English.

  (84) Please take out your books.

  (85) Please open your books at page… / Find page… / Turn to page…

  (86) Please answer the question / questions. / Please answer my question (s).

  (87) Please read this letter / word / sentence out loud. / Please read out this letter / word / sentence.

  (88) Please stop now. / Stop now, please. / Stop here, please.

  (89) Clean up your desk / the classroom, please.

  (90) It's clean-up time. / Tidy up your desk / the classroom.

  (91) Put your things away. / Clean off your desk. / Pick up the scraps.

  (92) Clean the blackboard.

  (93) Plug in the tape-recorder, please.

  (94) Put the tape-recorder away.

  (95) Put the tape in its box / cassette.

  (96) Listen and repeat.

  (97) Look and listen.

(98) Repeat after me.

(99) Follow the words.

(100) Fast. / Quickly! / Be quick, please.

(101) Hurry! / Hurry up, please.

(102) Slow down, please.

(103) Slowly.

(104) Bring me some chalk, please.

10. 禁止和警告 (Prohibition and warning)

(105) Stop talking. / Stop talking now, please.

(106) Don't talk. / Everybody quiet, please.

(107) Don't be silly.

(108) Settle down.

11. 评价

(109) Good, thank you.

(110) Good! / Very good. / Good job. / Good work. / Good example. /Excellent! /Great! /Super/Wonderful! /Terrific!

(111) A good answer. / Nice work.

(112) Excellent. / Great! / Well done. / Very good. / I like the way you…

(113) That's interesting!

(114) Don't worry about it. / No problem.

(115) OK! / That's OK.

(116) I don't think so.

(117) That's not quite right, any other answers? / That's close. / That's almost right.

(118) Not quite, can anyone help him / her? / Try again.

(119) A good try. /Use your head

12. 布置作业 (Setting homework)

(120) For today's homework…

(121) Practice after class. / Practice at home.

(122) Say it out loud before you write it down.

(123) Copy / Print / Write each word twice.

(124) Remember (Memorize) these words / sentences.

(125) Learn these words / these sentences / this text by heart.

(126) Do your homework. / Do the next lesson. / Do the new work,

13. 下课 (Dismissing the class)

(127) Class is over.

(128) Time is up.

(129) The bell is ringing.

(130) There's the bell.

(131) There goes the bell.
(132) Let's stop here.
(133) That's all for today.
(134) Hand in your workbooks, please.
(135) Goodbye. / Bye. / See you next time.

参考文献

[1] Brown, H. D. Principles of Language Learning and Teaching [M]. 北京：外语教学与研究出版社，2002.

[2] Krashen, S. D. Second Language Acquisition and Second Language Learning [M]. New York: Pergamon Press, 1981.

[3] Linn, R. L. & N. E. Gronlund. 教学中的测验与评价 [M]. 北京：中国轻工业出版社，2003.

[4] 曹峰. 直接拼读法在小学英语词汇教学中的运用 [J]. 英语教育研究，2011.

[5] 陈军宏. 新课程背景下的小学英语学与教 [M]. 济南：山东教育出版社，2008.

[6] 陈军良. 自主性学习课堂教学模式初探 [J]. 新课程学习·下，2011，10.

[7] 杭宝桐. 中学英语教学法 [M]. 上海：华东师范大学出版社，2000.

[8] 何安平. 新课程理念与初中英语课程改革——全日制义务教育英语课程标准（实验稿）解析. 长春：东北师范大学出版社，2003.

[9] 何广铿. 英语教学法基础 [M]. 济南：济南大学出版社，1995.

[10] 胡德映. 当代英语教学理论与方法探索 [M]. 昆明：云南民族出版社，2006.

[11] 胡春洞. 英语学习论 [M]. 南宁：广西教育出版社，1998.

[12] 黄忠杰. 新课程说课与说课活动指导 [M]. 北京：电子科技大学出版社，2006.

[13] 纪琳. 高校专业英语教学中多媒体技术应用的问题及对策 [J]. 当代教育科学，2010 (17).

[14] 蒋丽珠. 小学英语教材教法 [M]. 郑州：郑州大学出版社，2004.

[15] 刘满堂，英语课程与教学论 [M]. 西安：陕西人民教育出版社，2008.

[16] 鲁子问. 小学英语教育学 [M]. 北京：中国电力出版社，2004.

[17] 申继亮，刘加霞. 论教师的教学反思 [J]. 华东师范大学学报（教育科学版），2004，3.

[18] 束定芳，庄智象. 现代外语教学——理论实践与方法 [M]. 上海：上海外语教育出版社，1996.

[19] 田式国. 英语教学理论与实践 [M]. 北京：高等教育出版社，2001.

[20] 田贵森. 中小学英语教学中的测试与评价 [J]. 基础教育外语教学研究，2003，5.

[21] 王凌珏. 提高英语教师听课和评课效果的策略 [J]. 基础英语教育，2009.

[22] 王琴. 新课程标准下小学英语语法教学的定位及策略思考 [J]. 外语教学与研究，2011.

[23] 王玉玲. 新课程理念下的小学英语语法教学 [J]. 大连教育学院学报，2010.

[24] 王电建，赖红玲. 小学英语教学法 [M]. 北京：北京大学出版社，2002.

[25] 王蔷. 英语教学法教程 [M]. 北京：高等教育出版社，2000.

[26] 万里虹. "以学生为本"的小学英语备课 [J]. 中小学英语教学与研究，2006.

[27] 王健. 多媒体技术与现代外语教学 [J]. 继续教育研究，2009，9.

[28] 王克强. 大学英语教学中多媒体技术应用的问题与对策 [J]. 江苏外语教学研究，2010，1.

[29] 徐明. 浅谈多媒体在小学英语教学中的应用 [J]. 中国信息技术教育，2010（24）.

[30] 英语课程标准研制组. 英语课程标准解读 [M]. 北京：北京师范大学出版社，2002.

[31] 教育部. 英语课程标准 [M]. 北京：北京师范大学出版社，2001.

[32] 岳蔚. 小学英语教学精彩片段和课例赏析 [M]. 宁波：宁波出版社，2011.

[33] 张琳琳. 小学英语课程教学论 [M]. 郑州：郑州大学出版社，2008.

[34] 张正东. 外语教育学 [M]. 北京：科学出版社，1999.

[35] 张正东. 外语教学技巧新论 [M]. 北京：科学出版社，1999.

[36] 张正东，黄泰铨. 英语教学法双语教程 [M]. 北京：科学出版社，1999年.

[37] 郑宇醒. 教材分析与教案编写 [M]. 宁波：宁波出版社，2003.

[38] 郑声衡. 国内外外语教学法主要流派述评 [J]. 江汉大学学报（社会科学版），2008，3.

[39] 钟启泉. 课程与教学论 [M]. 上海：华东师范大学出版社，2004.

[40] 周林康. 浅谈关于外语多媒体教学法的原则 [J]. 科学教育，2004（3）.